K-이노베이션

K-이노베이션

| 당신이 알던 혁신은 틀렸다 |

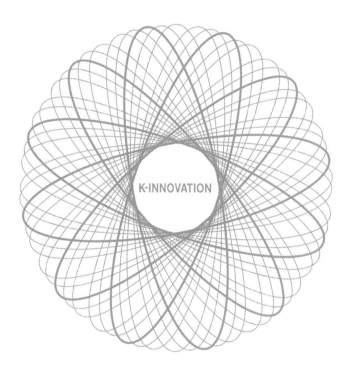

K-INNOVATION

홍종학 지음

이콘

서문

1부
네 가지 새로운 시각으로 밝히는 혁신의 이유

2부

개방형 혁신국가로
가는 길

스크럼으로 시작해서
오픈 이노베이션으로 끝나다

　'스크럼scrum'은 폭격기 조종사 출신 컨설턴트인 제프 서덜랜드Jeff Sutherland가 주창한 것으로, 이미 서구와 국내의 많은 스타트업 및 주요 기업에서 도입한 조직 운영 이론이다. 소수 정예의 팀원 간 활발한 정보 교류를 통해 신속하게 결정을 내리고, 수시로 조정하며 최선의 결과를 찾아 나가는 방식을 의미한다. 이 이론이 주목을 받는 이유는 '과거 조직들의 거대한 관료주의로 인한 비효율'을 극복하는 방식이기 때문이다. 더 나아가 신속한 의사결정을 강조하는 '애자일 agile' 조직 이론으로 발전하고 있기도 하다. 중소벤처기업부 초대 장관으로 임명되자마자 나는 '스크럼'을 조직 원리로 전면에 내걸었다.

"우리 간부들은 개개인이 장관이 되어
장관처럼 생각하고 장관처럼 행동해야 합니다."

간부가 장관처럼 생각하기 위해서는 장관과 같은 급의 정보에 접근할 수 있어야 했다. 나로서는 간부들과 정보를 공유하지 못할 이유가 없었지만 다양한 이유로 반대하는 이들도 있어 현실적으로 쉽지 않았다. 하지만 나는 확고했다. 효율적인 조직을 위해서는 정보의 소통이 가장 중요하다. 더군다나 벤처기업을 지원하는 중소벤처기업부에서 혁신을 시도하지 않는다면 어디서 한단 말인가? 나는 확대간부회의를 통해 모든 정보를 공유한 후, 의견을 모으고 그 회의에서 공동으로 의사결정을 하는 방식을 도입하기로 했다.

간부회의뿐 아니라 국이나 과 단위의 작은 회의에서도 스크럼 방식을 따라줄 것을 요청했다. 중간 위치에 있는 과장들이 중요한 역할을 해주어야 했다. 국장 주재 회의라면 과장들도 모두 국장 대행을 할 수 있는, 과장 주재 회의라면 과원 누구나 과장을 대리할 수 있는 정보와 역량을 가져야 했기 때문이다. 또, 과장급 간부들은 이미 여러 국에서 근무했던 경험이 있고, 앞으로 다른 국으로 전보 발령날 가능성이 많았다. 과거의 경험과 미래의 직위를 위해 정보 공유를 하는 것은 스크럼 신봉자인 내게 당연한 방식으로 보였다. 국·과장의 성격에 따라 차이가 있었지만, 이전보다 조금은 정보 공유가 활발해지는 것이 보였다.

처음에는 의심의 눈초리도 있었다. 공무원의 시각에서는 내가 책임회피를 위해 회의 시스템을 이용하는 것이 아닌가 하는 의심이 드는 모양이었다. 그래서 나는 정보를 공유하며 다양한 의견을 수렴하고 그 기반 위에 결정하되, 최종 책임은 장관이 진다는 것을 명확하게 했다. 간부들의 입장에서도 본인의 책임을 나눠서 질 수 있음은 물론이었다.

방식이 달라지자 사소한 문제들이 생기기도 했다. 일부는 공개된 회의석상에서는 이야기하기 곤란하니 이른바 대면 면담을 위한 '독대' 시간을 달라고 했다. 특정 의견이 소수에서만 오가는 것은 좋지 않다고 생각했기에 나는 다음과 같은 대답으로 이 요청을 단호하게 잘랐다.

"공개석상에서 이야기할 수 없는 것은 듣지 않겠습니다."

이전에는 그냥 시키는 것만 하면 되었는데, 이제는 전체를 파악해서 업무를 진행해야 하니 더 복잡해졌다는 불만들도 제기되었다. 불필요하게 회의 시간이 길어졌다는 의견도 있었다. 새로운 방향에 대한 필요성을 다들 체감하지 못하는 것 같았다. 스크럼 이론을 알지 못하는 공무원들과의 대화는 쉽지 않았다.

경영이론으로 보자면 스크럼은 모든 팀원이 현장의 상황, 주로 고객의 요구 사항에 대해 즉시 정보를 공유하고 신속하게 조치를 취해 최선의 대책을 만들어 내는 것을 의미한다. 즉 스크럼은 모든 관계되는 사람이 정보를 공유하고 의사결정을 하고 또 그에 따라 공통의 목표를 달성하기 위해 신속하게 행동하는 것이다. 소수의 인원으로 운영되는 스타트업들은 이 방식을 적극적으로 활용하고 있다. 스크럼의 창시자 서덜랜드는 폭격기 조종사로 월남전에 참전했을 때, 최전선에서 목격한 전장의 정보에 대해 자신만의 임기응변으로 위기를 탈출한 경험으로 스크럼 방식을 고안했다고 한다.

스크럼이라는 단어 자체는 여러 뜻을 가지고 있다. 번역하면 '대열' 정도가 될 것인데, 이것은 럭비에서 사소한 반칙 등으로 잠시 정지가 되었을 때 각 팀이 팀원들끼리 3열로 어깨동무를 하고는 서로 머리를 맞대는 대열을 의미한다. 이때 선수들이 동시에 힘을 가해야 상대 팀을 압도할 수 있는데, 그래서 스크럼은 팀원 간 조정이 잘 되어 최고의 기량을 발휘하는 조직을 의미한다.

우리나라에서 7~80년대 대학을 다닌 사람들은 또 다른 의미의 스크럼을 기억할 것이다. 발 앞에 최루탄이 터지고 진압봉을 든 전경이 다가올 때, 서로 용기를 북돋아 주던 데모 대열이었다. 대열을 이루는 이들이 겁쟁이가 되지 않도록 서로 떨리는 손을 잡아주는 기능을 했다. 역시 동료 간 최고의 성과를 내기 위한 대열의 모습이라 할 수 있다.

그런데 공무원 중에서는 스크럼 이론에 대해 아는 사람이 거의 없었다. 조직이론에 대해 혼자서만 공부하다 보니 그런가 생각도 했는데, 나중에 스타트업 대표들을 만나보니 그렇지 않았다. 스타트업 대표들은 이미 스크럼이라는 새로운 방식으로 경영하고 있었는데, 공무원들과 스타트업 대표들이 서로 깊이 있는 대화를 하지 않다보니 이런 조직이론을 접할 기회가 없었던 것이다. 민간 부문에서는 조직을 개선하고 혁신하기 위한 다양한 조직 이론을 연구하고 있지만, 공공 부문에는 그런 변화가 일어나지 않고 있었다.

공공 부문, 혹은 관료조직은 전통적으로 위계질서가 명확한 피라미드 방식으로 운영된다. 위에서 의사 결정이 내려지면 밑으로 계속 내려가게 된다. 하지만 시대가 변하면서 밑에서도 실질적인 정보가 만들어지기 시작했고, 조직이 비대해지면서 정보가 맨 위까지 올라가고 또 다시 밑으로 내려가는 일이 더 오래 걸리기 시작했다. 이미 민간에서는 이러한 비효율성을 인식하고, 스크럼 등의 방식으로 조직을 더 효율적으로 바꾼 경우가 많다.

심지어 가장 위계질서가 명확하다는 군사 조직도 바뀌고 있다. 미군은 효율성의 중심이 군기보다 수평적 조직 문화에 있다고 생각해 이를 받아들였다. 항상 전투에 투입되고 있는 이스라엘군도 마찬가지다. 경우에 따라 부대원들이 토의를 거쳐 지휘관의 교체를 요구할 수 있는 제도까지 있다고 한다.

이렇게 변화하는 세계의 조직들을 보며, 우리나라 공공기관도 변해야 한다는 생각이 들었다. 그리고 장관을 맡게 된 중소벤처기업부는 변화를 시작하기에 적당한 곳이었다. 조직 운영은 물론 중소기업의 지원 방식에 있어 스크럼 조직이론을 도입한다면 우리도 얼마든지 성과를 낼 수 있으리라 생각했다.

중소벤처기업부는 우리나라 중소기업과 창업기업을 지원하는 정부 부처로서, 기업의 고충에 대해 알고 그를 해결해주어야 한다. 중소기업을 처음 설립할 때는 누구나 어려움을 겪을 것이다. 설립한 다음에는 자금도 구해야 할 것이고, R&D 및 생산 과정에서도 도움이 필요할 것이다. 또 그다음 판매에 어려움이 있을 것이고, 수출이나 해외 진출을 생각했을 때 필요한 지원도 있을 것이다.

그러나 현재의 관료제 시스템을 몸소 겪어보니, 스크럼 방식의 도입이 불가능하다는 것을 깨달았다. 근본적인 문제는 기업에 필요한 지원을 각 부서가 개별적으로 하고 있었다는 것이다. 바람직한 모습은 각 부서가 애로사항을 해결한 경험을 공유하며 좋은 결과를 만들고 중소기업들이 수출까지 할 수 있도록 지원하는 것이다. 하지만 현실은 부서마다 따로 공고를 내고 있어서 기업들은 수출 지원, 마케팅 지원 등을 따로 신청하는 번거로운 절차를 거쳐야 했다.

좀 더 간략하게 중소기업을 지원할 수 있는 방법을 고민해야만 했다. 하나의 중소기업을 지원할 때, 각 부서가 모두 모여 이 기업이 필요한 것이 무엇인지를 종합적으로 진단하고, 그에 따른 최적의 지원 방법을 찾아 각 부서가 맡은 지원을 하는 방식을 시행하면 불편이 많이 줄어들 것 같았다.

하지만 아쉽게도 이는 부분적으로 도입하는 것에 만족해야 했다. 현재 공무원들에게는 자율적 판단이 허용되지 않기 때문이다. 모든 결정에 있어 외부 심사위원을 포함한 복잡한 심사과정을 거쳐야 한다. 부서 간 협업의 중요성을 인식하고 초보적인 단계에서 이해를 넓히는 효과 정도는 있었지만, 아직 해결해야 할 근본적인 문제가 많다는 것을 느꼈다.

오픈 이노베이션

많은 중소기업은 정부의 지원도 좋지만, 때로는 대기업의 도움을 원하기도 한다. 대기업의 기술 지원이나 신기술 제품 구매는 중소기업의 입장에서 큰 이익이 되지만, 보통 대기업이 중소기업을 상대조차 하지 않는 경우가 많으니 이런 상황에 대해 정부가 나서서 도와주기를 바랐다. 정부의 입장에서도 대·중소기업 상생을 강조하고 있었기에 이 부분에 역점을 두고 성과를 내기 위해 노력했다.

그러나 정부와 중소기업은 다음과 같은 난관에 부딪혔다. 대기업은 이미 자체 구매부서가 있고, 하도급업체를 관리하는 부서도 있어서, 중소기업을 위한 정부의 요구는 기업 내부의 의사결정에 관여하는 것이었다. 그렇기 때문에 정부가 나서는데 한계가 있었고, 정부로서는 대기업과 중소기업 상생을 강조하면서 대기업이 좀 더 전향적으로 나서기를 촉구하는 수밖에 없었다. 구조적으로도 중소기업은 대기업에 종속적인 관계에 있기 때문에 수평적인 협업을 기대하기도 어려운 상황이었다.

이러한 구조는 이미 우리 경제에 상당한 피해를 끼치고 있었다. 대기업과의 거래를 원하는 중소기업들마저도 불공정한 계약 관계가 될까봐, 기술탈취나 납품단가 부당인하를 당할까봐 계속 걱정하고 있었다. 하지만 대기업이 가진 마케팅 능력, 생산 능력, 해외 네트워크 등이 없이는 세계 시장에서 경쟁할 수 있는 제품을 만드는 것은 불가능에 가깝다.

게다가 기술 발전이 없는 분야의 부품회사라면 굳이 국내에서 생산할 필요도 없다. 기술을 그대로 해외 기업에 이전해 국내와 해외로 이원 생산하다가, 해외 공장의 품질이 안정화되면 국내 공장은 폐쇄하는 경우가 많다. 그러다 보니 좋은 기술을 가진 중소기업들은 대기업을 기웃거리기보다는 아예 해외 거래처를 찾기도 한다.

경제학자의 입장에서 보면, 이러한 잘못된 관행은 결국 대기업에게도 피해를 줄 것이 명확했다. 한국 대기업의 중소기업 쥐어짜기 전략은 단기적으로는 비용절감으로 이익을 얻지만, 장기적으로는 경쟁력을 스스로 훼손하는 행위가 아닐 수 없다.

반면 우리가 얘기하는 페이스북Facebook, 아마존Amazon, 넷플릭스Netflix, 구글Google(통칭 FANG) 같은 미국의 세계적인 IT기업들은 스타트업들의 혁신 기술을 적극적으로 수용하면서 고속 성장의 기반을 튼튼히 다져왔다. 기술을 가진 중소기업의 육성이 곧 대기업의 경쟁력을 좌우하는 시대가 열린 것이고, 이런 시대에 한국은 여전히 구조적 문제에 시달렸다. 시간이 지날수록 우리 기업들이 우위를 보이는 분야에서도 추월당할 것이 분명했다.

외국 기업들의 발전 뒤에는 기업 내부뿐 아니라 외부의 혁신 자원을 적극적으로 수용하는 문화가 있었다. 미국은 발전된 자본시장 위에서 다양한 인수합병을 통해 외부의 혁신 요인을 받아들이고 있다. 독일에서는 프라운호퍼 연구소가 허브가 되어 기업의 혁신을 돕고 있다. 일본은 대기업이 하도급기업의 혁신을 지원하고 그 성과를 공유하는 제도를 갖추었다.

이미 해답은 나와 있었다. 결과적으로 한국의 대기업은 기업 내부의 혁신에만 의존하고 있고 있었다. 그리고 대기업과 중소기업간 경제력 차이가 발생하면서 혁신의 방향은 폐쇄적으로 바뀌었다. 이를 타파하기 위한 정답은, '오픈이노베이션open innovation'에 있다.

오픈이노베이션은 개방형 혁신을 뜻하는 것으로, 정부와 대학의 연구진과 대기업과 중소기업 등이 모여 소통과 교류를 통해 연구를 진행하면서 개별 기관의 혁신 능력을 모아 수십 배의 시너지로 경쟁력을 높이는 방식이다. 그동안 대기업의 조직 혁신 방안으로 국내에 소개된 적은 있지만 조직 단위의 개선만을 위한 협의의 뜻으로 사용되었다. 반면 장관 시절부터 내가 했던 얘기는 광의의 개념이었다.

> 국가적인 차원에서 개방형 혁신이 활성화될 때
> 한국경제는 발전할 수 있다.

이를 들은 많은 경제학자와 기업인이 고개를 끄덕이며 동조했다. 하지만 더 이상 확산되지는 않았다. 이렇게 중요한 주제에 대한 논의가 이어지지 않고 확대 재생산도 되지 않는 걸 보면서, 이 문제의 해결이 정말 어렵겠다는 생각이 들었다. 하지만 지금은 혁신이 무엇보다 중요한 시기다. 비록 한국경제의 혁신 방법론에 대해 참고할 만한 연구가 많지도 않고, 또 사람들은 여전히 과거의 방법론만 외치고 있지만, 이에 대한 논의가 더 활발하게 확산되며 이루어진다면 한국 역시 새로운 혁신의 궤도에 올라탈 수 있을 것이다.

혁신이 이뤄지지 않는 것에 있어 가장 본질적인 문제는 '혁신하지 않는다'가 아니라 바로 이런 논의를 하지 않고 있다는 것이다. 대기업과 중소기업, 그리고 과학자 및 기술 연구소들이 이런 논의에 참여하지 않는 다면 아무런 소용이 없다. 한국경제의 상황은 답답할 정도로, 어떨 때는 두려울 정도로 변하지 않고 있다. 저성장과 양극화라는 한국경제의 위기를 극복하기 위해 이제 이런 중요한 문제를 논의해야 한다. 이 책이 미래세대를 위한 논의의 시작이 되었으면 하는 바람이다.

혁신의 중요성에 공감하고 적극 지원해 준 이콘의 김승욱 대표팀과 심재헌 편집자님께 감사드린다.

정치인의 가족으로서, 어려움을 겪으면서도 이 책을 내는데 격려와 성원을 아끼지 않은 가족들에게 미안하고 고맙다.

2020년 8월에

홍종학

1부
네 가지 새로운 시각으로
밝히는 혁신의 이유

0. 어떻게 바라볼 것인가?

1979년 12월 애플의 스티브 잡스Steve Jobs는 제록스Xerox의 팔로알토연구센터Palo Alto Research Center, PARC를 방문했다. 제록스는 원래 복사 기술 분야에서 독점적 기술을 기반으로 막대한 수익을 올린 기업이었지만, 기술의 특허 만료 기한이 다가오면서, 또 일본 기업들의 추격을 예상하면서 미래 먹거리를 위한 새로운 기술을 개발하기 위해 팔로알토연구센터를 만들었다. 당시로서는 파격적으로 충분한 자금과 함께 마음껏 창의력을 발휘하도록 제한 없는 연구 환경을 제공한 팔로알토연구센터는 당대 최고의 컴퓨터 천재들이 모여 있는 곳이었다.

그런데 문제는 소통에 있었다. 당시 팔로알토연구센터는 미국 서부에 있었고, 제록스의 경영진은 동부의 뉴욕에 있었다. 이 둘 사이의 먼 거리는 동부의 제록스 경영진으로 하여금 이 서부의 컴퓨터 천재들이 얼마나 중요한 신기술을 개발했는지 깨닫지 못하게 했다. 반면 실리콘밸리에는 이 연구소에서 혁신적인 기술이 계속해서 개발되고 있다는 소문이 자자했다. 이 소문을 따라 애플 직원들도 현장을 방문했고, 이후 스티브 잡스마저 방문하게 되었다.

후에 스티브 잡스가 인터뷰에서 회고하기를, 팔로알토 연구소를 방문했을 때 연구소 측에서는 세 가지 기술을 소개했다고 한다. 그리고 여기서 보여준 첫 번째 기술이 너무 인상적이어서 나중에 보여준 두 가지는 제대로 쳐다보지도 않았다고 한다. 스티브 잡스를 첫눈에 사로잡은 기술은 그래픽 유저 인터페이스Graphic User Interface, 이하 GUI였다. 그 이전까지는 명령어를 사용해서 컴퓨터를 작동시키는 방식인 CLICommand-line Interface 또는 CUICharacter User Interface 방식이었는데, GUI는 사용자가 그래픽으로 컴퓨터와 소통하는 새로운 기술이었다. 즉, 현재 우리가 마우스를 이용해서 컴퓨터의 다양한 기능을 사용하는 방식의 초기 단계였다.

GUI는 원래 1960년대 후반 스탠포드 연구소Stanford Research Institute가 개발한 것으로, 이를 제록스의 팔로알토 연구소에서 발전시켜 1973년 처음으로 컴퓨터 창과 메뉴판, 아이콘으로 구성된 시제품인 제록스 알토Xerox Alto가 나오기도 했다. 제록스의 팔로알토 연구소는 수년간 뉴욕에 있는 경영진들에게 그 중요성을 설득했으나, 그들이 복사기 판매에만 치중하고 서부에서 이뤄지는 혁신을 외면하면서 끝내 판매용으로 양산되지 못했다. 단지 팔로알토 연구소의 시제품 중 하나로 널리 알려졌을 뿐이다. 팔로알토연구소는 이 기술을 상당히 공개적으로 운영했고, 제록스 알토는 1975년에만 2,000명에게 시현되었다.

지금은 보편화된 기술이지만, 당시 컴퓨터를 조작하기 위해서는 컴퓨터 언어를 알아야만 했던 높은 진입장벽을 생각해보면 획기적인 기술이라 할 수 있다. 컴퓨터 언어를 알지 못하는 사람도 그래픽으로 표현된 인터페이스를 통해 쉽고 직관적으로 컴퓨터를 조작할 수 있었다. 스티브 잡스는 이 기술을 보고 10분 만에 모든 컴퓨터에 적용될 것을 직감했다고 후에 밝힌 바 있다.

GUI의 중요성을 깨달은 스티브 잡스는 애플의 프로그래머들을 보내 이 신기술을 파악하도록 했다. 애플의 기술진들은 1시간도 안 돼 GUI를 파악했고, 당시 조악하게 만들어진 제록스 알토의 기술을 발전시켜, 매킨토시 컴퓨터에 장착했다. 이 기술의 중요성을 한 눈에 알아 본 사람은 스티브 잡스뿐만이 아니었다. 빌 게이츠Bill Gates는 애플보다 앞서 이 기술을 이용해 윈도우를 출시했고, 이는 PC시장에서 마이크로소프트Microsoft가 세계 최고의 기업으로 올라서는데 결정적 역할을 했다. 그리고 바로 이 기술이 애플과 마이크로소프트의 길고 긴 소송을 하게 된 원인이기도 하다. 후에 승소한 빌 게이츠는 이 기술이 애플의 기술이 아니라 제록스의 기술이고, 애플이 기술을 훔쳤다면 애플이나 마이크로소프트 모두 제록스의 기술을 훔친 것이라고 말하기도 했다.

기술이 가진 잠재력을 파악하는 섬광 같은 통찰력이 제록스, 애플,

그리고 마이크로소프트의 미래를 바꾸었다. 제록스는 컴퓨터 업계를 지배할 기술을 가장 먼저 개발했지만 그 중요성을 인식하지 못했고, 그 성과는 고스란히 다른 기업에게 넘어가고 말았다. 제록스는 결국 컴퓨터 사업을 포기했고 지금까지 복사기 업체로 남아있다.

스티브 잡스의 이 뛰어난 통찰력은 이후 모바일 기기 개발에서 다시 한 번 결정적 역할을 한다. 아이폰과 아이패드에 장착된 인터넷 통신이나 터치스크린 등의 기술은 사실 애플의 고유 기술이 아니다. 대부분 미국 국방부의 연구지원에 의해 개발된 기술들이며, 스티브 잡스는 이러한 기술들을 소비자들이 가장 편리하게 사용할 수 있도록 최적의 조합을 찾아낸 것이다. 그 결과 애플은 당대 최고의 제품을 만들어 내며 세계 최고의 혁신 기업으로 우뚝 설 수 있었다.

컬럼비아대학교 경영대학원의 교수이자 글로벌기업 임원들의 전략 컨설턴트인 윌리엄 더건William Duggan은 이러한 '전략적 직관 Strategic Intuition'이 혁신의 핵심이라고 주장한다. 동시에 그는 자신의 저서 『제7의 감각』* 에서 카알 폰 클라우제비츠Karl Von Clausewitz 의 『전쟁론Vom Kriege』** 역시 언급한다. 경영에서는 혁신에 기초한 전략적 사고가 중요하다고 하는 더건이, 전쟁에 대한 이야기를 꺼내는 이유는 무엇일까? 바로 '혁신'이 승패를 좌우한다는 공통점 때문이다.

『전쟁론』은 수 많은 전쟁 영웅들 중에서 혁신적 지략을 뛰어나게

---

*   윌리엄 더건, 『제7의 감각』, 윤미나 옮김, 비즈니스맵, 2008, 원제는 Strategic Intuition.
**   카알 폰 클라우제비츠, 『전쟁론』, 김만수 옮김, 갈무리, 2016.

구사한 나폴레옹의 승전 비법을 잘 정리한 책이다. 이 책에서 클라우제비츠가 강조하는 것은 '쿠되이coup d'oeil'＊다. '쿠데타coup d'état'가 군대로 체제를 전복하는 방식인데 반해 '쿠되이'는 같은 대상을 보더라도 남들이 발견하지 못하는 것을 찾아내는 시각을 말한다. 나폴레옹이 거둔 수많은 승리는 바로 그러한 '쿠되이' 덕에 가능했다는 것이 클라우제비츠가 『전쟁론』에서 강조한 것이었다. 윌리엄 더건 역시 자신의 책에서 나폴레옹의 사례를 들며 이런 시각의 중요성을 재차 강조한다.

나폴레옹이 숱하게 전쟁을 치루던 당시에 경대포(이동식 대포)라는 새로운 무기가 발명되었다. 대포의 위치가 고정되어야 했던 이전과 달리 전장의 여러 곳으로 대포를 끌고 다니며 발포하는 것이 가능해진 것이다. 포병장교 출신이었던 나폴레옹은 포탄의 발사 각도에 따라 사정거리가 어떻게 달라지는지 계산할 수 있었고, 고지대를 선점하여 이동식 대포를 설치하면 전투에서 이길 수 있을 것임을 그 누구보다 빨리 간파해냈다.

그러한 위치 선점에 필수불가결한 자료는 등고선 지도였다. 등고선 지도는 이미 익숙한 것이었지만, 전장에서 경대포와 함께 사용한 것은 나폴레옹이 처음이었다. 등고선 지도를 통해 유리한 위치를 찾아내기 전까지는 차라리 도망을 다닐지언정 절대 싸움을 벌이지 않았지만, 상대의 진을 포격할 수 있는 고지를 찾고 나면 진을 친 후 전

＊　평범한 정신에는 전혀 보이지 않지만 오랜 조사와 반성 과정을 거친 뒤에야 보이는 진리를 순간적으로 발견하는 것.

쟁을 수행하는 것이 나폴레옹의 전략이었다. 이처럼 남들이 보지 못한 것을 간파해내는 시각으로 그는 수많은 승리를 거두었다.

이런 혁신적 시각의 계보는 현대의 스티브 잡스로 이어진다. '이런 기술들을 결합하면 사람들이 대단히 좋아할 것'이라는 간단하고도, 혁신적인 시각을 견지했기에 잡스는 애플을 세계적 대기업의 자리에 올려놓을 수 있었다. 말하자면 잡스는 이 시대에 쿠뒈이를 가장 뛰어나게 발휘한 인물이었던 것이다.

새로운 기술을 개발하는 원천창조자original creator도 중요하지만, 섬광 같은 통찰력으로 원천기술의 중요성을 인식해서 기술의 새로운 융합을 통해 새로운 전략을 구사하는 응용창조자application creator가 때로는 더 큰 변화를 만들어낸다. 한국경제의 혁신을 위해 우리도 새로운 통찰력이 필요하다. 지금 우리는 우수한 자원을 가지고 있는데, 그 중요성을 제대로 알지 못해 제록스와 같은 실수를 저지르고 있는지도 모른다. 다른 나라는 나폴레옹의 전략으로 경쟁하고 있는데, 우리는 그들의 전략을 모른 채 무모하게 전장에 뛰어드는 패장의 잘못을 범하고 있는지도 모른다.

이번 장에서는 이러한 쿠뒈이, 즉 객관화와 통찰을 바탕으로 우리 경제를 바라보는 네 가지 새로운 시각에 관해 이야기하고자 한다. 이 네 가지 시각에 대한 이해는 한국경제의 혁신을 주제로 이루어질 향후의 논의를 이끌어나가는 데 반드시 필요한 과정이다. 같은 대상을 앞에 두고서도 나폴레옹과 잡스의 시각에서 바라보면 분명 이전엔 몰랐던 다른 점이 눈에 들어올 것이고, 발전적이고 실질적인 논의도 그것에서 출발할 수 있기 때문이다.

1.
한국은 벤처로
고속성장한 나라

　한국은 2차 세계대전 이후 세계에서 가장 빠르게 성장했다. 1960년대 경제학자들은 자원도 자본도 부족한 나라이자 효율을 따지지 않는 유교적 사고를 가진 나라가 경제 발전을 이루기는 어렵다고 결론 내린 바 있었다. 하지만 한국은 '한강의 기적'이라 불리기에 손색이 없는 고속성장을 이뤄냈다.

　2차 세계대전 패전국이었던 독일이 이뤄낸 '라인강의 기적', 또는 일본이 이뤄낸 경제성장과 한국경제의 성장은 비교할 바가 아니다. 독일은 2차 세계대전 당시, V2 로켓으로 런던을 폭격해 영국을 공포에 밀어넣고, 최신 탱크와 잠수함을 대량 생산할 정도로 최고의 기술력을 보유한 국가였다. 일본은 19세기 명치유신 이후 일어난 산업기술의 발전을 바탕으로 1941년에 세계에서 가장 빠른 제로 전투기로 진주만을 공습하고, 여러 척의 항공모함을 건조해서 태평양 전쟁을 치를 수 있는 능력을 갖춘 국가였다. 전쟁 막바지에 물자를 생산하던 공장은 폐허가 되었지만, 이를 만들었던 인적 자원은 그대로 보유하고 있었기에 자동차나 전자 산업에서 다시 경쟁력을 회복할 수 있었다.

반면 한국은 해방 후 그야말로 백지에서 시작했다. 자본이나 기술이 하나도 없었던 것은 물론이며 기존의 국부마저 큰 타격을 입은 상태였다. 그리고 무엇보다도, 산업에 필요한 기술을 제공할 수 있는 과학기술자가 없었다. 그래서 한국의 경제적 고속성장은 여타 국가의 추종을 불허할 정도로 기적이라고 평가받고 있다.

그렇다면 무에서 유를 창조하다시피 한 이 고속성장은 어떻게 가능했을까? 경제발전 초기에는 높은 교육열을 통해 빠르게 인적 자원을 육성하는 한편, 경제발전 5개년 계획을 통해 수출주도의 경제정책을 추진했다. 또한 중후장대형 기간산업에 대해 대규모로 투자했다. 제철, 조선을 비롯하여 중화학 공업에 자본을 집중 투자하고 정부의 전폭적 지원을 기반으로 성공했다. 이는 학자들이 명명한 개발국가developmental state*의 성공 모형이라 할 수 있다. 그런데 현재 한국경제를 이끌고 있는 반도체와 디스플레이, 이동통신 분야에서의

＊ 국내에서는 발전국가로 번역하는 경우가 많지만 후반부에 개발네트워크국가(Developmental Network State)와 일관성을 유지하기 위해 개발국가로 번역한다.

성과를 따져보면, 이러한 개발국가 모형만으로는 설명할 수 없는 부분이 있다.

삼성전자와 현대자동차의 성장

1980년대 이후 한국에서는 민간의 성장이 빨라짐에 따라 자율화 정책이 추진되며 정부의 역할은 상대적으로 줄어들었다. 1983년 삼성전자의 이병철 회장이 발표한 '도쿄 선언'은 당시 민간이 발전을 주도했음을 보여주는 사건이다. 그는 메모리 반도체 산업에 본격적으로 뛰어들겠다는 패기 넘치는 포부를 세상에 발표했다. 반도체 산업은 당시 미국에서 반도체를 전공하고 모토롤라에서 근무했던 강기동 박사가 국내에 처음 한국반도체를 설립하면서 소개한 첨단 산업이었다. 안타깝게도 한국반도체는 자금난을 이기지 못하고 도산했고, 삼성이 이를 인수하며 '삼성반도체'로 새롭게 출발했다.

그래도 삼성반도체는 아직 기초적인 수준에서 선진 기술을 습득하는 단계에 지나지 않았다. 당시 삼성은 국내에서는 이미 대기업이었는지는 몰라도, 세계적 수준에서는 저품질의 가전제품을 만드는 한국의 작은 가전회사에 불과했다. 내가 미국 유학을 떠났던 1980년대 후반에는, 미국 TV 매장의 가장 좋은 자리에는 소니Sony나 파나소닉Panasonic 등 일본 기업의 제품들이 진열되어 있었다. 미국 기업인 RCA Radio Corporation of America의 제품조차 찾아보기 힘들었고, 삼성전자의 TV는 매장 제일 구석에서 찾는 사람이 없어서인지 화면도 켜지지 않은 채 있었다. 당시의 삼성전자는 기술력이나 인지도 면에서 현재 중국의 샤오미Xiaomi보다 한참 뒤떨어지는, 이름 없는 기업이었던 것이다.

그러던 기업이 덜컥 메모리 반도체 분야에 진입하겠다고 선언한 것이다. 1980년대 당시 최고의 반도체 기술을 보유했던 미국의 인텔Intel마저도 "우리는 비메모리 분야에 집중하겠다"며 방향을 선회할 때였다. 일본 기업들과 비용 면에서 경쟁하기 어려웠기 때문이다. 상대적으로 자본이 풍부한 미국 기업들도 포기한 메모리 반도체 분야에 자본과 기술 모두 부족한 한국의 작은 전자 회사가 뛰어들겠다는 건 상식적으로 이해하기 어려운 결정이었다.

그러나 삼성반도체는 1983년 독자적으로 64K D램 개발에 성공하면서 세상을 놀라게 했다. 이후 꾸준한 성장을 이뤄내면서, 도쿄 선언으로부터 10년이 지난 1993년에는 세계 메모리 반도체 시장 1위 자리에 올랐다. 일본 기업들과의 경쟁에서도 밀리지 않고 우위를 점하며 최근까지도 최고의 효율성과 신기술 개발로 1위 자리를 고수하고 있다.

반도체 분야에서 삼성전자가 성공을 이뤘다면, 자동차 분야에서는 현대자동차가 역경을 딛고 성공을 이뤄냈다. 현대자동차는 1976년, 한국 최초의 독자생산 자동차 모델인 포니를 개발하는 것에 성공하며 수출에 도전장을 던졌다. 남미의 에콰도르를 시작으로 유럽에까지 수출에 성공하며 해외 시장으로부터 합격점을 받았다. 그리고 1980년대 후반에는 미국에 '포니 엑셀'을 수출한다. 당시 유학생이었던 나는 유럽의 일부 국가들과 일본만이 수출하는 미국 자동차 시장에 한국 자동차가 들어온다는 것이 매우 자랑스러웠지만, 다른 한편으로는 현대자동차의 낮은 품질 때문에 미국 코미디 프로그램의 단골 소재가 되는 것이 창피하기도 했다.

현대자동차의 미국 진출은 대만이나 유럽의 기계 제조업 강국 유고슬라비아에게도 자극제로 작용했다. '한국도 했는데, 우리라고 못하겠냐'는 생각으로 그들도 미국의 시장에 진출했지만, 그들의 자동차들은 이제 박물관에서만 찾아볼 수 있다. 반면 현대자동차는 경쟁력 있는 기술, 가격 대비 높은 상품성, 세련된 디자인 등으로 소비자들을 사로잡으며 미국 시장에 무사히 안착하는 데 성공했다. 뿐만 아니라 외환위기의 고비도 잘 넘겼고, 앨라배마 공장이 설립된 2005년 이후로 꾸준히 성장을 거듭하며, 이제는 세계 굴지의 5대 자동차 메이커 중 하나로 인정받고 있다.

한국경제의 혁신을 고민하는 입장에서, 나는 80년대의 이러한 실험적 성공이 이후에 어떻게 이어졌는가를 보는 것이 중요하다고 생각한다. 반도체 산업의 경쟁력은 디스플레이와 태양광 산업 등으로 확산되었고 자동차 분야에서도 최신의 기술을 쫓아가며 전기차와 수소차 시장에서 치열한 경쟁을 하고 있다. 이동통신과 스마트폰 등 전자통신산업에서도 한국은 세계적인 기업들과 치열한 경쟁을 벌이고 있을 만큼 최상위 성적을 보여주고 있다.

한국경제의 고속성장은 바로 이들 기업의 성장과 궤를 같이 하고 있다고 해도 과언이 아니다. 이들의 성공을 두고 '정부가 대기업에게 많은 특혜를 제공해준 덕분'이라 이야기하는 이들도 있다. 그러나 정부가 기업 육성을 위해 대규모 자금을 지원했던 것은 한국뿐만이 아니다. 자국의 산업을 적극 보호했던 중남미 국가들이 동일한 성과를 거두지 못했다는 사실을 생각해보면 반드시 그 이유 때문만이라고는 할 수 없다.

반대로 민간의 발전을 중심으로 한 삼성전자와 현대자동차 경영진의 기업가 정신이 성공을 가져왔다는 주장도 있다. 그렇다면 이 기업가 정신이 지금은 왜 발휘되지 못하고 있는가? 이 의문은 다음과도 같이 표현할 수 있을 것이다. 예를 들어 지금 한국의 한 기업이 기초적인 기술 수준만으로 '인공지능' 사업에 뛰어든다고 선언한다면 향후 세계적인 기업이 될 수 있을까? 그런 기업이 나올 수 없다면 지금 우리는 무엇을 해야 하는가?

나는 바로 이 지점에서 우리의 시각을 제안하고 싶다. 누구나 알고 있지만 명확하게 이야기하지 않은 사실일 것이다.

'삼성전자와 현대자동차, 이 두 회사는 고위험 고수익을
추구하는 모험기업인 벤처기업으로 성공했다'

그동안 국내에서는 외환위기를 극복하기 위해 집중적으로 육성한 벤처기업들이 새로운 기술들을 개발하며 중요한 역할을 했다는 것이 정설이었다. 이들은 1세대 벤처기업으로도 불려왔는데, 내가 제안하고자 하는 새로운 시각은 고위험 고수익을 추구한 삼성전자와 현대자동차가 사실상 1세대이고, 이들은 그 뒤를 이은 2세대 벤처기업이라는 것이다.

새로운 시각은 곧 새로운 질문을 제기한다. 한국경제는 벤처기업

이 세계적인 기업으로을 커가면서 고속으로 성장했다. 그런데 이제
는 벤처기업이 세계적인 기업으로 클 수 없는 환경이 되었다. 2000년
대 이후로 한국경제에서 새로운 세계적인 기업은 거의 찾아보기 힘
들다. 이제 우리가 혁신의 정답을 찾기 위해서는 다음과 같은 질문이
중요하다.

그렇다면 삼성과 현대자동차를 세계적인 기업으로 키운 동력은
무엇이었는가? 당시 한국경제가 보유하고 있던 능력이 지금은 사라
진 것은 아닌가? 만약 그렇다면 그 능력을 회복한다면 다시 우리는
거대기업을 키울 수 있는 것일까?

이에 대한 답을 밝혀낸다면 한국경제는 다시 혁신할 수 있다.

2.
4차 산업혁명은
혁신의 속도를 바꿨다

공무원 문서 양식이라는 게 있다. 교수 시절 가끔 받아볼 기회가 있었는데, 이해하기 어려울 때가 많았다. 문서에는 정책의 결론을 뒷받침하기 위한 자료만 포함되어 있었기에 전반적인 상황을 파악하기가 쉽지 않았다. 그 당시에는 한 번 공표된 정부의 방침이 흔들리면 안 되기 때문에, 행정을 안정적으로 유지하기 위한 불가피한 선택이라고 이해했다.

그런데 중소벤처기업부 장관이 되고 나서 받아본 내부 보고서도 외부에서 받던 것과 같은 것이었다. 다양한 정보를 포함하여 합리적인 의사결정을 내릴 수 있는 보고서가 아니라, 이미 정해진 결론만을 위해 정보를 늘어놓는 방식이었다. 논의를 확대하는 것이 아니라 가급적이면 논의를 최소화하자는 구조임을 단번에 알 수 있었다.

더욱 놀랐던 것은 보고서의 디자인 양식이었다. 내가 보고서를 고치려 하자 전반적으로 모양이 흐트러지는 것이었다. 보기에 좋도록 다양한 글자 크기와 글자 모양, 문단 모양을 사용하고 있는데, 그 구조를 잘 모르는 사람이 수정하려고 하면 문서 전체가 어그러지는 복잡한 양식이었다. 문서를 검토하면서 고치고 싶은 부분이 있어도 수정할 수 없었다. 즉, 장관은 직접 문서를 바꾸지 않는다는 것을 전제로 한 업무처리 방식이었다.

문서를 바꿀 수 없는 건 장관뿐만이 아니라 문서 작성자를 제외한 모든 인원이었다. 수정 자체를 지양하는 이 분위기가 공무원들 사이에 퍼져있었고 자연스레 대부분의 고위직 공무원들도 컴퓨터를 들고 다니지 않았다. 문서를 작성하는 건 대개 사무관이었는데, 과장이나 국장이 요구하는 문서에 대한 수정 역시 그 사무관이 처리해야 했다. 매우 비효율적인 관행이었다.

나는 가급적 기존의 업무 방식은 흔들고 싶지 않았으나, 이 부분은 고쳐야 했다. 일단 내부 보고서는 모양을 무시하고 내용 위주로 최대한 간단한 문서로 작성하도록 했다. 폰트에 큰 비중을 두지 않도록 했고, 강조해야 하는 부분은 굵은 글자나 밑줄 치는 정도로 하자고 했다. 그런데 이 간단한 요구조차 반발에 부딪혔다. 어차피 내부 문서를 바탕으로 외부 문서를 만드는데, 두 문서의 양식에 차이가 나면 이중으로 작업을 해야 한다는 것이었다.

내가 요구하는 것은 단순히 작업 과정의 차이가 아니라, 어떤 문서

건 고위직 공무원이 직접 수정할 수 있게 하는 것, 즉 비효율성을 없애기 위함이었으나 이 의도가 제대로 전달되지는 못한 듯했다. 그리고 국과장들은 이미 그런 훈련을 거쳤기에 고칠 수 있다고 했지만, 실제로 그런 경우는 많지 않았다. 현대의 혁신은 속도전이다. 빠른 일처리가 중요한 시기에 이렇게 많은 시간을 문서 작성에 들이고 있는 게 이해할 수 없었다.

기존 방식으로 작성된 문서의 질이 떨어지는 문제도 있었다. 내용을 수정하고 싶어도 번거롭게 여러 사람을 거쳐야 했고, 또 때로는 내용이 왜곡되기도 하는 위험이 있었다. 그래서 조금 부족해도 수정을 생략하고 최초 작성한 대로 사용하는 경우가 많았다.

내가 보기에는 분명 비효율적이었는데, 오랜 기간 관행에 익숙해진 공무원들은 아무런 문제의식이 없었다. 사무관쯤이나 되어서 이런 문서 작성법을 익히는 훈련을 한다는 게 믿어지지 않았다. 문서 작성에 들이는 시간만큼이라도 논의하는 시간을 늘리면 더 효율적으로 일할 수 있을 텐데, 이 작은 변화도 당사자들에겐 받아들여지기 쉽지 않았다.

이렇게 무감각한 공직 사회의 관행에 비해 바깥에서 이뤄지는 혁신의 속도는 너무나도 빨라졌다. 내가 두려워하는 것은 이것이었다.

> 기존의 정부 운영 방식으로는
> 현재 진행되고 있는 혁신의 속도를 따라갈 수 없다.

세상은 하루가 다르게 변화하고 있는데, 대한민국 최고의 인재들이 문서나 다듬고 있다는 사실이 답답했다.

4차 산업혁명은 혁신의 속도를 바꾸고 있고, 그에 따라 한국도 신속한 추격자fast follower에서 선도자first mover로 가야한다고 다들 주장하고 있다. 그러나 그냥 오래전부터 이어진 주장으로 받아들이는 듯, 그 진정한 의미를 아는 이들은 없는 듯했다. 외부에서 일어나는 혁신의 속도가 빨라져도, 한국의 속도는 그대로였다. 그러는 사이에 팔로워가 설 자리가 점점 줄어들고 있다.

누가 변화를 시작하는가?

과학자들은 지식정보화의 고도화를 언급하며, 정보 통신, 사물인터넷, 빅데이터, 인공지능 기술의 획기적 발전이 4차 산업혁명의 핵심이라고 이야기한다. 한 걸음 더 나아가 이러한 기술들은 새로운 차원으로 합쳐지며, 기존의 산업들 역시 크게 변할 것이다. 이에 대처하기 위해선 능동적 태도가 필요하다고 한다.

산업의 변화를 설명하기 위해 나는 종종 일론 머스크Elon Musk의 사례를 든다. 1995년, 일론 머스크는 실리콘밸리에서 짚2 코퍼레이션Zip2 Corporation이라는 인터넷 시내 가이드 회사를 차리게 된다. 미국에서 옐로우 페이지라고 불리던 상호용 전화번호부를 인터넷에서 볼 수 있도록 한 것이다. 짚2는 대형 신문사에게 지역 정보를 전달하는 계약을 맺으며 성과를 올리지만, 머스크는 다른 이사진과의 갈등으로 회사 경영에서 손을 떼게 된다. 그리고 1999년 컴팩Compaq이 짚2를 인수하면서 그는 자신의 지분 7%만큼인 2,200만 달러를 수중에 쥐게 된다.

이 자금을 이용해 머스크는 1999년, 당시에는 희귀했던 핀테크 회사인 엑스닷컴X.com을 동료 3명과 함께 창업한다. 거대 금융기관들이 지배하는 시장에 도전장을 낸 것이다. 하지만 안타깝게도 그는 이번에도 반발을 겪게 된다. 다른 투자자들이 빠른 자금 회수를 원했던 반면, 머스크는 독자적 경영을 추구했기 때문이다. 결국 그는 CEO에서 해임되고 말았고 이후 이 회사는 2001년 페이팔Paypal로 이름을 바꾼 후 2002년 이베이eBay에 인수된다. 회사에서 나오긴 했지만, 지분은 유지했던 머스크는 1억 6,500만 달러, 우리 돈으로 약 2,000억 원의 현금을 받게 된다.

회사에서 손을 뗀 후 머스크는 아예 새로운 사업을 생각한다. 화성에 농장을 세우겠다는, 당시 SF 영화에나 나올법한 구상이었다. 그는 항공우주산업 관계자들을 만나러 다니기 시작했으며 이와 관련해 연구하고 조사하는 일에 몰입한다. 그리고 2002년, 막대한 재산을 확보한 머스크는 다른 부자들과는 달리 자신의 재산 전부를 걸고 새로운 사업을 시작한다. 본격적으로 우주산업에 뛰어들기 위해 스페이스엑스Space X를 설립한 것이다. 몇 번의 실패를 겪으며 투자금이 거의 떨어질 즈음까지 갔으나, 마침내 스페이스엑스는 민간기업 최초로 액체연료 추진 로켓인 팰컨1Falcon 1을 발사하는 데 성공한다.

스페이스엑스가 뛰어든 항공우주 분야는 당시 국가적인 단위에서도 시도하기 어렵고 조심스러운 분야였다. 막상 도전한다고 해도 그 비용이 천문학적인 단위라 성공 가능성이 희박한 사업이었다. 그러나 일론 머스크는 자유로운 민간기업의 기동성을 기반으로 혁신을 거듭하며 우주산업의 새로운 장을 열 수 있었다. 재사용 로켓 팰컨 9Falcon 9을 성공적으로 발사하는가 하면, 2019년에는 팰컨9의 엔진 세 개를 붙인 대형 로켓인 팰컨 헤비Falcon Heavy를 쏘아 올려, 통신 위성을 궤도에 올리는 데 성공하기도 했다. 2020년에는 마침내 민간 기업 최초로 유인 우주선인 크루 드래곤Crew Dragon을 쏘아올리는데 성공했다. 그동안 나사와 보잉, 록히드마틴 등 정부 기관과 대기업만이 할 수 있었던 분야에서, 민간 신생 기업이 오히려 기술을 선도하고 있다.

항공우주 분야 말고도 머스크는 전기자동차에도 큰 관심을 두었다. 그는 2003년 설립된 자동차회사 테슬라에 2004년 투자자로 참여했고, 2008년에는 CEO로 취임하면서 전기자동차의 새 장을 열었다. 처음에 머스크는 스포츠카 테슬라 로드스타Tesla Roadstar부터 시작해서 고급 전기차 모델에스Model S와 SUV 차량인 모델엑스Model X를 판매했다. 이후 기술이 안정되면서 대량생산이 가능해지자 가격을 인하해 대중적인 전기자동차 모델 3Model 3을 판매하기 시작했다. 테슬라는 신생 기업이지만 전기자동차 분야에서만은 선두를 달리고 있다. 다임러 벤츠나 도요타 자동차 등에 전기차 설비를 제공하기도 한다. 최근에는 휴대폰처럼 소프트웨어를 수시로 업데이트하여 소비자들에게 최첨단 주행기능을 제공하는 방식으로 자동차 산업을 이끌고 있다.

일론 머스크가 진입한 금융, 우주항공, 자동차 산업은 그동안 거대 기업이 장악하고 있어 스타트업의 진입은 상상할 수 없었던 분야였다. 그러나 머스크는 이러한 분야에 만연한 관료주의적 비효율성을 간파하고 더 효율적인 스타트업 방식을 통해 경쟁에서 이길 수 있다고 확신했다. 첨단기술 시장은 더 이상 거대기업만이 독점하는 것이 아니라 스타트업도 충분한 기술만 있으면 쫓아갈 수 있는 시장이라고 판단했다.

일론 머스크의 이야기는 혁신의 시대, 그것도 스타트업에 의한 혁신의 시대가 열렸음을 보여주고 있다. 한동안 신기술을 이용한 사업은 거대한 공룡기업들만의 전유물이었다. 하지만 4차 산업혁명은 그 어떤 산업혁명보다 삶의 큰 변화를 가져오고 있다. 새로운 시장의 기회가 수없이 많이 열리고 있다. 일론 머스크는 이 기회를 놓치지 않고 소수 정예의 직원들과 함께 새로운 기술과 경영기법으로 거대한 공룡기업들과의 경쟁에 뛰어들었고, 그 결과 그들을 위협하는 수준으로 성장했다.

반면 한국경제는 이때까지 신기술이 가져올 변화에 대한 대처가 너무 미흡했다. 새로운 산업에 대한 접근 방식에서부터 문제가 있는 것은 물론이고, 4차 산업혁명의 본질을 제대로 인식하지 못하고 있다는 더 큰 문제도 안고 있다. 4차 산업혁명은 단순히 혁신적인 기술을 개발하는 것이 아니다. 한 단계 더 나아가 기술과 기술을 융합해 또다시 새로운 기술을 만드는 융합의 시대에 뛰어드는 것이다.

이러한 시대에는 스타트업의 기동성이 뛰어난 경쟁력이 된다. 이제 한국에서도 일론 머스크의 기업과 같은 스타트업을 배출할 수 있는 생태계를 조성하기 위해 고민해야 한다. 어떤 시장의 어떤 강자든 새로운 혁신 능력으로 도전하는 스타트업에게 위협받을 수 있다. 그야말로 초경쟁 사회가 되었다. 전 세계 어느 분야에서 일론 머스크가, 혹은 제2의 일론 머스크가 출범할지 알 수 없다. 우리 기업들도 역시 앞서 나가지 않으면 추풍낙엽처럼 쇠락할 것이다.

다행히도 국내에서도 작은 단위로 4차 산업혁명에 맞춰가기 위한 시도가 이루어지고 있다. 과거에는 좋은 기술이나 혁신적인 아이디어가 있어도 만만치 않은 자본을 들여 직접 공장을 세워야 했다. 그러나 지금 스타트업들은 좋은 아이디어가 있으면 메이커 스페이스라는 곳을 이용할 수 있다. 문재인 정부에 들어서 많은 예산을 투입해 전국에 만든 메이커 스페이스에서는 시제품을 만들어 볼 수 있다. 이후 와디즈, 텀블벅 등 공동 구매 사이트에 올려서 주문을 받으면, 수량과 비용을 고려해 제조업체에 맡겨 제작 및 배달한다. 새로운 제품을 시장에 내놓는데 드는 많은 시간과 비용이 급감한 것이다. 테슬라는 이런 판매방식을 자동차에 응용했다.

또한, 정보통신기술의 발달로 더 이상 국경도 문제가 되지 않는다. 아이디어를 제품화할 기술자를 찾는다거나 자본을 투자할 투자자를 찾는 일에 있어 제약이 없다. 좋은 아이디어만 있으면 전 세계에서 지원을 받을 수 있다. 이미 많은 국가가 메이커 스페이스를 도입했기 때문에, 한국이 아닌 새로운 시장에서도 시작할 수도 있을 것이다.

이것이 내가 제시하는 두 번째 시각이다.

4차 산업혁명이 혁신의 속도를 바꾸고 있다.

이제 누구나 저예산으로 자신이 구상하는 신제품을 만들어 세상에 선보일 수 있게 되었다. 이런 경험들이 다양하게 쌓일 때, 새로운 혁신 제품이 더 많이 개발될 것이다. 그러나 이런 시각으로 한국경제를 다시 돌아보면, 한국경제의 전반적인 모습은 아직도 7~80년대의 사고방식에서 벗어나지 못하고 있다. 해외에서는 일론 머스크의 스페이스 엑스나 테슬라와 같은 새로운 기업들이 계속 나오고 있다. 우리가 계속 대기업에만 의존한다면, 새로운 시대에서 뒤처질 수밖에 없다. 그리고 이는 어느 정도 기정사실화되었다.

3.
세계는 지금
혁신생태계 경쟁 중

　중소벤처기업부 장관이 되었을 때 나는 벤처업계로부터 중국 베이징의 중관촌中關村과 프랑스 파리의 스테이션에프Station F를 가보라는 권유를 받았다. 업계에서 요구하는 지원방안을 수용하지 않는 현실을 타파하기 위해, 다른 나라의 정책을 가서 보고 스스로 깨달으라는 속뜻이 있어 보였다. 그들의 이야기를 경청하기 위해 귀는 항상 열어두고 있는데 정작 그렇게 말하니 답답하긴 했지만, 소통이 잘 안되는 것을 무조건 탓할 수는 없었다.

　중관촌과 스테이션에프에 대해 어느 정도는 알고 있었지만, 그래도 현장에 가면 새로운 통찰력을 얻을 수 있지 않을까 하는 생각도

들었다. 임기 중 1박 2일로 다녀온 중관촌에서, 나는 글로만 접했던 것보다 훨씬 많은 것들을 알게 되었다. 스테이션에프는 임기를 마친 후에 개인적으로 시간을 내어 다녀왔다. 중관촌은 나중에 자세히 설명하기로 하고, 여기서는 우선 스테이션에프를 소개한다.

스테이션에프를 한 마디로 표현하자면, 현재 세계 최대의 스타트업 인큐베이팅 캠퍼스라고 할 수 있다. 사비 2억 5천만 유로를 들여 스테이션에프를 만든 자비에 니엘Xavier Niel은 프랑스 통신사를 운영하는 거부로, 그전에도 스타트업 육성에 큰 관심을 갖고 다양한 지원을 해왔다. 스타트업의 중요성을 잘 알고 있는 사업자가 있다는 것도 대단한 일이지만, 자국 프랑스에 세계 최대 스타트업 캠퍼스를 만든 것은 더 많은 의미를 지니고 있다. 스타트업 시대에 이런 행동은 남들보다 한 발짝 더 혁신에 다가가게 해준다.

2017년 프랑스 에마뉘엘 마크롱 대통령도 참석한 개장식을 시작으로 본격적인 운영에 들어선 스테이션에프는, 폐기된 철도차량기지를 개보수하여 만들어졌다. 철도차량기지를 개조한 건물답게 중앙은 천정까지 뚫려있고, 양쪽에 사무실을 배치하여 개방된 느낌을 준다. 34,000m²에 달하는 이 방대한 단일 건물은 3,000개에 달하는 작업공간을 제공하고 있다. 현재 1,000여 개의 스타트업이 입주해 있으며, 수없이 많은 사무실에서 치열한 회의와 면담이 이루어지고 있다.

이곳에서는 스타트업을 위한 다양한 지원을 제공한다. 정부, 학계, 업계에서 제공하는 30여 개의 프로그램과 구글, 애플, 아마존이 참여하는 멘토 프로그램을 운영 중이다. 벤처캐피털 기업 40개와 정부기관 30여 개의 현장 서비스도 있다. 이러한 프로그램을 통해 스타트업이 필요한 지원이나 애로사항 해소에 관한 전문적인 컨설팅을 받을 수 있다.

개장 후 1년 동안 스테이션에프*에는 11,271곳의 스타트업이 지원했다. 프랑스 국내 지원이 67% 정도이며, 미국, 영국, 중국, 인도, 독일 순으로 지원이 있었다. 그리고 그중 스타트업 1,034곳의 4,882명이 1년간 상주했다. 국적에 상관없이 스타트업이 들어갈 수 있다는 것은 국내에서 잘 알려지지 않은 부분이다. 한국의 스타트업 지원 공간은 대부분 국내기업만의 지원을 위한 곳이다. 그러나 생태계를 중시한다면 국적을 가릴 필요가 없다. 좋은 기술이 있다면, 누구라도 교류하는 것이 중요하다.

스테이션에프는 스타트업의 소통과 교류에 최적의 공간이라 할 수 있다. 메이커 스페이스 같은 부수적인 공간도 중요하지만, 여기서는 아파트, 식당, 그리고 회의 공간이 보다 큰 의미를 갖기도 한다. 예를 들어, 다양한 먹거리를 제공하는 식당들은 혁신생태계의 소통과 교류에 있어 중요한 공간으로 기능한다. 사무실과는 조금 다르지만, 식당에서는 좀 더 편하고 자유롭게 대화를 나눌 수 있다. 창의적인 아이디어들은 이런 곳에서 나온다. 게다가 사무실은 이미 민간의 공유오피스에서 충분히 제공하고 있다. 정부가 추가적인 사무실을 제공할 필요는 없다. 정부는 민간에서 쉽게 만들 수 없는, 혁신을 위한 공간을 만들기 위해 힘써야 한다.

---

* stationf.co에서 더 확인할 수 있다.

또한, 스테이션에프는 스타트업 종사자들에게 10분 거리 내 600명이 거주할 수 있는 아파트 100채를 제공한다고 한다. 스타트업 종사자들은 집중해서 작업하는 것이 중요하기 때문에 회사와 가까운 거리에 정주여건을 마련해 주는 것이 좋다. 앞서 얘기했던 일론 머스크 역시 사업 초기 사무실에서 숙식을 해결하며 혁신의 발판을 준비했다.

스테이션에프는 스타트업 시대에서 나아가야 할 방향을 보여주는 상징이자 모범 사례이기도 하다. 지금 전 세계는 혁신생태계 경쟁을 하고 있다. 미국의 실리콘밸리는 이전부터 타의 추종을 불허하는 최고의 생태계를 보여주고 있다. 중국의 중관촌도 불과 10여 년 만에 실리콘밸리에 필적할 만한 혁신생태계와 혁신 문화를 만들어내며 바싹 추격하고 있다. 영국은 테크시티Tech City를, 프랑스는 스테이션에프를 만들었다. 핀란드도 한때 세계적인 영향력을 끼쳤던 노키아가 쇠락하며 전망이 안 좋았지만, 지금은 다시 노키아를 중심으로 스타트업 생태계를 세우며 새로운 도약을 준비하고 있다.

우리나라도 다른 어떤 나라에 못지않게 많은 투자를 했다. 수천억 원을 들여 서울 강남역과 연결된 경기도 성남시 판교에 테크노밸리를 만들었다. 하지만 나는 테크노밸리의 개막식에서 대략적인 모습만으로 이것이 핵심을 놓친 투자라고 판단했다. 혁신생태계를 만들기 위한 소프트웨어적 설계가 전혀 없었기 때문이다. 그저 사무실을 만들어 놓기만 하고, 스타트업을 모아두면 알아서 성과를 내줄 것이라는 무감각한 사고의 결과로 보였다.

판교 테크노밸리가 지어진 방식은 사실 산업단지와 같은 방식이다. 이처럼 혁신을 이루기 위한 스타트업 지원 공간이 기존의 산업단지와 같은 방식으로 만들어지고 있는 것이 한국의 현실이다. 공간을 지원하는 것이 중요한 게 아니라 혁신의 생태계를 만들어야 한다. 모범 사례들을 보며 어떻게 만들지 고민해야 하는데, 그만한 목표의식을 갖춘 기관이 현재 없다. 그러다 보니 토지와 건물 분양하고 정부 지원기관이 입주하는 기존의 방식에서 크게 벗어나지 못하고 있다.

다가오는 혁신생태계 경쟁에 맞서기 위해 우리에게는 테크노밸리 말고도 다양하고 새로운 공간이 더 필요하다. 나는 전국에 대규모 스타트업 캠퍼스를 만들자고 여러 차례 주장했으나 공감대를 얻지 못했다. 시대에 뒤떨어진 산업단지나 효율이 낮은 낡은 구조에 수조 원을 쓰면서, 혁신생태계를 위해 제대로 된 스타트업 캠퍼스를 만드는 예산은 편성조차 할 수 없는 현실이 안타까웠다.

세 번째 시각은 스타트업을 지원한다며 무분별하게 예산을 사용하고 있는 우리에게 성찰을 요구한다.

세계는 지금 치열한 혁신 생태계 경쟁을 벌이고 있다.

반면 한국의 생태계는 지금 제대로 작동하고 있지 않다. 우선 우리는 왜 우리의 혁신생태계가 작동하지 않는지 제대로 파악해야 한다. 그래야 한국경제의 미래가 보인다. 이러한 지각이 없는 상황에서 새로운 예산을 논의할 수 없는 것은 당연한 일일지 모른다.

4.
국가는
혁신 촉진자

일론 머스크처럼 민간 스타트업이 혁신을 주도할 수도 있지만, 이는 희귀한 사례다. 한국의 민간에서 이런 일이 나오길 바란다면, 최소한 국가에서 혁신을 위한 최적의 환경을 제공해야 할 것이다. 경제 혁신을 위해 국가가 할 수 있는 일은 무엇일까? 그동안 보수주의자들은 작은 정부론을, 진보주의자들은 적극적 복지를 위한 큰 정부론을 내세웠다. 정치적 수사로 강한 정부, 효율적 정부를 내세운 적도 있다. 주로 공정경제나 복지 관련해 많은 논쟁이 이루어졌으나, 의외로 혁신을 위해 정부가 무엇을 해야 하는가에 대한 논의는 많지 않았다.

시장경제를 주장하는 보수주의자들은 정부가 규제를 완화하는 등 가급적 시장에 개입하지 않으면 저절로 기업가 정신이 발휘되어 혁신이 이루어진다고 한다. 그렇다면 한국경제에서 정부가 손을 떼면 혁신이 활발히 일어날 것이라고 장담할 수 있을까? 한국 기업들은 과거에도 그랬고 지금도 정부의 막대한 지원을 요청한다. 간섭은 싫지만 정부의 대폭적인 지원을 바라는, 어찌 보면 모순적인 태도를 보인다.

현실적으로 한국을 비롯한 대부분 국가에서, 정부는 경제에 많은 예산을 사용한다. 대표적인 예가 중소기업 지원이나 과학기술 발전을 위한 R&D 예산이다. 이러한 예산에 대해서는 어느 누구도 문제를 제기하지 않는다. 보수 진보나 여야를 막론하고 더 늘려야 한다고도 주장한다. 따라서 이런 부문의 예산은 향후 상당 기간 지속되거나 늘어날 것으로 추정된다. 그렇다면 현재 한국의 이러한 예산 집행은 얼마나 효율적으로 진행되고 있는지 살펴볼 필요가 있다.

혁신을 위한 행사

중소벤처기업부 장관 시절에 나는 중소기업 지원에 들어가는 예산을 하나하나씩 전부 따져보았다. 개별 지원책에 대해서는 좀 더 성과를 낼 방법이 있는지에 대해 고민했고, 전체 지원책에 대해서는 자원 배분이 제대로 되고 있는지에 대해 따지고, 더 효과적인 지원책이 없는지 찾아보았다. 많은 개선점을 찾을 수 있었지만 대부분 장관 개인의 의지로 바꿀 수 없는 것들이었다. 장관이라는 자리가 기존의 관행에 크게 구속되지 않았고 상당한 자율성을 발휘할 수 있었음에도 정작 개선의 영역에서는 한계가 있었다.

중소기업이나 창업기업, 소상공인에 대한 지원의 목표를 명확히 설정하고 그 목표에 맞도록 세부 항목을 조정해 가는 것이 정상적인 정책 집행 과정일 것이다. 그런데 우리가 개선해야 하는 이 중요한 문제는 어느 단계에서도 전혀 논의되고 있지 않았다. 이런 문제를 다루도록 만들어진 공식 기구에서조차 제대로 된 논의가 이루어지지 않았다. 가장 중요한 기구인 국회는 개별 사업에 대해서만 논의할 뿐이었다. 국회를 보좌하기 위한 예산정책처나 입법조사처의 논의도 크게 다르지 않았다. 정부 차원에서 목표 달성 여부를 검토해야 할 기획재정부 예산실도 마찬가지였다. 정부 밖의 언론이나 학자들도 이런 문제에 대해 거론하는 경우는 많지 않았다.

예를 들면, 판교에 스타트업을 위한 대규모 오피스 공간을 만드는 제2테크노밸리 사업을 살펴보자. 이 사업의 목표는 한국의 실리콘밸리를 조성하는 것이었지만 사실 성공을 확신하는 이들은 거의 없었다. 조성 방식이 제1테크노밸리와 다를 것이 없었기 때문이다. 그렇게 만들어질 것이었으면, 이미 제1테크노밸리에서 만들어졌어야 한다. 혁신생태계를 위한 새로운 고민 하나 없이, 받아놓은 예산으로 건물만 지었다. 운영 방식 역시 개선이 없는 상태로 제2테크노밸리는 제1테크노밸리와 똑같은 길을 걷고 있었다. 스타트업 지원을 위해서라며 정부부서가 예산을 받아 가장 먼저 입주했다. 그리고 나서야 벤처캐피털 회사를 유인하기 위해 저가로 사무실을 제공했다. 시간이 흐르면 자연스레 실리콘밸리가 만들어지기만을 바라고 있다.

제대로 건설되고 있는지 점검하거나 더 좋은 실행방안을 고민하는 행정은 이루어지고 있지 않다.

판교의 제2테크노밸리와 유사한 사례는 많았다. 장관직에 취임하자마자 나는 11월에 대통령을 모시고 중소벤처기업부 출범식을 정식으로 가졌다. 마침 매년 열리는 스타트업 행사와 함께 진행하기로 해서 대통령께서 직접 스타트업 대표들과 만나서 현재 스타트업 현황을 파악하는 기회가 되기도 했다. 물론 당시 취임한 지 며칠 되지도 않아 업무파악도 제대로 되지 않은 상태였고, 모든 걸 새로운 눈으로 바라보는 시기에 참석한 행사였지만 뭔가 이상했다.

출범식은 중소벤처기업부를 중심으로 하는 행사였지만, 진행을 기획사에게 맡겨 놓고 있었다. 스타트업 제품 전시회와 스타트업들의 IR^Investor Relations 피칭대회, 그리고 전액 정부의 예산으로 포상하는 경연대회를 열어 시상을 하는 형태였다. 이후 참석한 대부분의 다른 벤처나 스타트업 행사도 유사한 방식이었다.

듣기로는 이런 방식의 스타트업 행사를 한 것도 그리 오래되지 않았고, 이런 행사의 중요성에 대한 인식이 늘면서 예산이 늘어 많이 내실이 갖춰지고 있다고 했다. 직원들도 나름대로 이런 행사에 대해 자부심을 가지고 있었다. 하지만 문외한의 눈으로 보기에도 그저 예산을 쓰기 위한 형식적인 것이 많았다.

"이 행사는 왜 하는 거죠?"

솟아나는 의구심에 나는 묻지 않을 수 없었다. 스타트업들이 자신의 기술을 알리고 투자를 받기 위한 행사이자 그들의 사기를 북돋아주기 위한 행사라는 답변이 들려왔다. 그러면 이 행사로 인해 그동안 만나지 못했던 벤처캐피털 임원들을 만나는 자리가 있어야 했다. 하지만 그런 기회 없이 그냥 전시회와 피칭대회만 치르고 있었다.

이 행사의 중요성에 대해선 이론의 여지가 없었다. 그래서 직원들과 함께 무엇을 위한 행사인지를 진지하게 고민했다. 우선 행사의 주체가 누구인지부터 시작했다. 이런 성격의 행사는 원래 민간이 해야 하는데, 민간에서 하지 않기 때문에 정부가 하고 있다고 했다. 민간이 여건이 되기를 기다리면서 정부가 마중물 역할을 하는 상황이었다.

여기서 말하는 민간은 대기업들로 구성된 경제단체였을 것이다. 나 역시도 그런 단체에서 어째서 의지를 보여주고 있지 않은지 이해하기 어려웠다. 한국의 경제단체들은 현재 스타트업의 중요성에 대해 제대로 인식하지 못하고 있다는 방증이기도 했다. 벤처업계도 마찬가지였다. 대기업만큼은 아니라도 어느 정도 규모가 되는 벤처기업이라면 스타트업을 위한 행사를 주최해 볼 수 있었을 것이다. 그래서 우리의 첫 번째 목표는 민간의 참여를 활성화시키고 정부가 손을 떼는 것이 되었다.

그렇다면 이런 지원을 필요로 하는 스타트업들은 무엇을 원했을까? 스타트업들은 벤처캐피털도 중요하지만 대기업 임원들도 많이 만나고 싶어 했다. 즉, 기존의 제품전시나 피칭과 더불어 관계자들을 많이 만날 수 있는 기회를 늘리는 것이 중요했다. 전문적인 기술 세미나가 더 자주 열려 과학자들과 얘기할 수 있는 것도 중요하다고 생각했다. 이미 이런 세미나도 하나의 행사로 치러지고 있었다. 그렇다면 두 번째 목표는 스타트업을 위한 행사를 교류와 소통의 장으로 만드는 것이 되어야 했다.

핀란드의 '슬러시Slush'는 이런 행사의 모범으로 많이 거론된다. 슬러시는 핀란드에서 열리는 스타트업 행사로, 2013년에 처음 열린 이후 세계적인 관심을 받으며 이제는 국제적인 행사가 되었다. 노키아 출신 기업인들과 스타트업, 대학생들이 주축으로 노키아의 몰락 이후 핀란드의 새로운 중심되어가고 있다. 이를 첫 번째 목표인 민간의 자발적인 참여를 근간으로 하는 행사의 사례로 참고하는 것은 물론, 슬러시를 바탕으로 세 번째 목표를 도출할 수도 있었다. 바로 국내를 너머 국제적인 행사로 키우는 것이다.

목표는 명확해졌다. 10년이고 20년이고 우리나라에서도 전 세계 유명 기업가와 벤처캐피털들이 몰리는 행사를 만들어야겠다는 열정이 생겼다. 전 세계에서 기술자, 과학자와 스타트업들이 새로운 정보를 얻기 위해 한국을 방문하고, 한국의 스타트업들이 안방에 앉아서 세계로 진출하는 장이 되는 모습이 눈에 그려졌다.

제일 먼저 해야 할 일은 행사가 끝난 후 평가회를 갖고 행사를 발전시킬 개선책을 찾는 일이었다. 장기적 목표에 맞게 행사가 진행되었는지를 검토하는 것이 필요했다. 검토 없이 진행되면 또 허울만 가득한 행사가 될 것이었다. 매년 검토하며 개선이 이루어지면, 언젠가는 목표를 달성할 것이다.

지금까지 사무관 한 명이 기획사를 통해 매년 상투적으로 진행하는 행사에서, 장관이 책임지고 매년 발전하는 국가적 행사로 인식을 바꾸는 순간이었다. 마침 다음 해는 부산에서 열릴 예정이어서, 부산

국제영화제를 본 따 민간의 조직위원회를 구성하기로 했다. 또한 기존 방식처럼 1년 예산 사업으로 추진해서는 해외 인사를 초청이 불가능하다는 제안을 받아들여 최소 2년 전에는 계획을 짜기로 하고, 향후 기간을 더 늘리도록 했다. 소통과 교류를 위한 행사와 세미나도 늘려서 전문적인 행사가 되도록 했다.

이 행사를 위해 스타트업 대표들과 만나기도 했다. 그들은 공무원들이 모든 걸 형식적으로만 처리하려고 한다는 인식을 갖고 있었다. 공무원들이 보수적으로 원칙에 입각해 일을 처리하기 때문에 어쩔 수 없는 부분도 있지만, 그 과정에서 발생한 우스꽝스러운 여러 사례를 듣게 되었다. 그러나 이런 행사 하나 관성적으로 이루어지는 것을 고치지 못한다면, 혁신은 더욱 더 불가능할 것이었다. 나는 행사를 민간 주도로 넘기고 새로운 창의적인 시도에 대해 적극적으로 지원하겠다는 계획을 발표했고, 이에 대해 스타트업 대표들은 놀라며 환영했다.

내가 퇴임하고 난 후, 2019년 민간 주도의 조직위원회가 진행한 최초의 행사 '컴업2019Comeup 2019'가 열렸다. 행사 이름부터 조직위원회에서 지었다고 들었다. 얼마나 목표를 향해 개선되었는지는 모르겠으나, 목표없이 진행되던 이전과는 확실히 달라졌을 것으로 기대한다.

이것은 작은 사례에 지나지 않는다. 정부는 혁신을 촉진할 권한과 자원을 가지고 있다. 그러나 현재 한국의 예산 시스템과 정부 조직이 걸림돌이 되어 혁신을 제대로 지원하지 못하고 있다. 누군가 멋들어진 목표를 제시하고 예산을 만들어내면, 자동으로 예산이 들어간다. 그러나 그에 대한 검토 및 평가는 이뤄지지 않는다. 예산이 원래의 목표를 달성하는데 얼마나 기여하고 있는지 아무도 관심을 갖지 않는다는 얘기다. 예산은 관행적으로만 집행되고 있다.

이런 시스템은 곧 예산이 낭비되는 것과 같다. R&D 예산을 한번 살펴보자. 한국의 R&D 성공률은 90%를 상회하며, 일부는 98%에 달하기도 한다. 그러나 정작 이들의 사업화 성공률은 낮다. 산업부나 중소벤처기업부가 지원하는 R&D는 사업화가 중요한데 말이다. 이것은 전형적인 관료주의의 결과다. R&D가 성공하지 못하면 문제가 있으리라고 예단하는 국회와 감사원으로 인해 일단 R&D 성공률을 높이고 보는 관행이 정착된 것이다.

모두가 R&D 예산을 늘려야 한다고 이야기하고, 간혹 한국의 R&D 시스템을 자체를 고쳐야 한다는 비판도 제기되지만, 정확히 어떻게 바꿔야 하는지에 대한 논의는 찾아보기 어렵다. 이해 당사자인 과학자들과 기업인들도 무조건적인 증액을 요구할 뿐이다. 하늘에서 돈을 뿌리듯 과학기술계에 돈을 뿌리면 성과가 저절로 나올 것이라고 주장하는 인사도 꽤 있다. 섣불리 결정을 내리기 전에, 우리는 최소한 정부의 시스템에 대한 검토를 해 볼 필요가 있다.

미국의 혁신 뒤에는 정부가 있었다

최근 미국에서는 조금 다른 논의가 진행되고 있다. 다시 애플의 이야기로 돌아가보자. 스티브 잡스는 1985년 이사회에 의해 애플에서 쫓겨났지만, 그가 자리를 비우자 애플은 점점 그 힘을 잃더니 한때 파산 직전까지 몰렸고 결국 1997년 그는 최고경영자 자리로 복귀했다.

스티브 잡스가 애플로 복귀했을 때 휴대전화 시장은 모토롤라와 노키아가 장악하고 있었다. 하지만 잡스는 이를 두려워하지 않고 다양한 기술을 창조적으로 조합한 스마트폰을 내세우며 시장에 커다란 충격을 주었다. 당시 아이폰에는 인터넷과 GPS, 터치스크린 기술, 통신 기술 등이 모여 있었고 이는 전 세계 소비자들을 사로잡았다. 이후로 애플이 스마트폰 기술 트렌드를 이끈 것은 말할 필요도 없다. 그리고 2018년, 애플은 상장기업 최초로 꿈의 시가총액으로 불리는 1조 달러를 달성했다. 스티브 잡스의 섬광 같은 통찰력이 만들어낸 기적이다.

이 혁신으로 스티브 잡스는 다시 한번 기업가 정신entrepreneurship 의 상징으로 주목받았다. 시장경제에서 창의성이 어떻게 실현되는지를 보여주는 사례로 널리 알려진 이야기이기도 하다. 정부가 아니라, 민간의 기업가가 혁신을 실행한 사례로 말이다.

그런데 이러한 애플 혁신의 뒤에는 미국 정부가 있다는 주장이 다양한 경로에서 제기되고 있다. 아이폰을 이루는 다양한 원천 기술은 미국 정부, 특히 국방부의 방위고등연구계획국Defense Advanced Research Projects Agency, 이하 DARPA의 지원이 있었기에 가능했다는 것이다. 미국 정부의 R&D 투자, 특히 국방부의 전략 무기 생산에 대한 연구가 대학이나 연구소, 기업을 지원하는데 상당 부분 사용되고 있다는 주장이다.

미국의 많은 경제학자, 정치학자들은 과거 이러한 투자의 결과로 애플의 아이폰이 만들어졌고, 따라서 혁신은 민간부문의 전유물이 아니라 정부에 다소 의존한 것이었다고 말한다. 그런데 혁신을 촉진했던 정부가 최근 그 역할이 축소되면서 미국의 혁신 능력이 저하되고 있다는 것이다.

이런 의미에서 내가 제안하는 네 번째 새로운 시각은 '혁신촉진자형 정부'다.

정부가 촉진자가 되어 혁신을 활성화할 수 있다.

정부가 혁신촉진자가 될 수 있다는 시각을 가져야 경제성장에 있어 한국 정부의 역할에 대해 과거의 성공과 실패의 원인을 따져보고, 그 기반 하에 미래의 정책대안을 재설계할 수 있다. 미국 학자들의 주장은 이 책의 뒷부분에서 집중적으로 소개할 것이며, 나는 이것을 한국경제에 대입하여 한국경제에 대한 새로운 해석을 시도해 보고자 한다.

1. 벤처로 성장한 한국경제

1.
1980년대 한국 금융시장

    기업에 있어 중요한 것은 경영, 아이디어 등 여러 가지가 있겠지만 기업의 근간이 되는 것은 운영과 투자를 위한 자금이다. 한국경제의 성장을 살펴보기 전에, 개인적인 경험을 섞어 한국경제의 금융시장에 대해 소개하고자 한다. 1983년 나는 대학을 졸업하고 한국종합금융주식회사 영업부에 취직했다. 종합금융회사 영업부는 당시 단자회사로 불렸던 투자금융회사의 어음할인 업무와 함께 투자신탁회사의 수익증권 판매를 담당하는 곳이었다. 종합금융회사는 그 외에도 해외 자본 유치나 합작 주선, 리스나 중장기 대출까지 해 주는 그야말로 종합적인 금융지원 회사였다. 그곳에서 나는 투자신탁과 관련한 금융상품 문의에 대해 답해주는 일을 맡았다. 당시 영업부에서는 어음을 배달하는 일도 많았기에, 직원들이 돌아가면서 어음 배달을 다녀오곤 했다.

어음 배달은 짜장면 배달과 크게 다르지 않았다. 대부분의 투자금융회사들이 명동에 있었기 때문에 기업의 자금 담당 직원들은 주로 명동에서 근무하고 있었다. 서울역 앞 대우빌딩에 근무하던 때라, 차를 이용해서 명동으로 배달을 다녔다. 어떤 때는 양복의 왼쪽, 오른쪽 안주머니에 각 수백 억원의 어음이 든 봉투를 넣고 나가서, 엄청난 액수의 수표를 들고 돌아오기도 했다. 액수가 너무 커서 누가 훔쳐가더라도 현금화 할 수 없었지만, 잃어버리게 되면 당일 우리 회사가 임시 부도 상태에 처하기 때문에 항상 긴장했던 기억이 난다.

기업에게 자금을 대출해주는 방식은 다음과 같았다. 자금이 필요한 기업이 12%의 이자를 지급하는 어음을 발행하고 우리는 그 어음을 구매하는 방식으로 대출을 해줬고, 기업에 여유 자금이 있으면 5% 이자율을 주는 우리 회사인 종금사의 발행어음을 구매하는 방식이었다. 며칠짜리 어음도 꽤 있었고 날자가 길어질수록 이자율도 높았지만 대부분은 주로 만기 하루짜리 어음이었다.

정부가 규제하는 대출 금리는 12%였다. 하지만 실제로 기업들이 부담하는 금리는 더 높았다. 자금이 급한 기업들은 당연히 금융회사들이 요구하는 수익률에 맞춰줄 수밖에 없었다. 이른바 '꺾기'였다. 100억 원이 필요할 경우 실제로는 200억 원을 빌리고 100억 원은 다시 금융회사 발행어음을 사야 했다. 이럴 경우 대략 예대금리 차이인 7%를 추가로 부담하기 때문에, 실제 100억 원을 19%의 이자율을 지불하며 빌리는 방식이다. 꺾기 비율에 따라 금리는 12%에서 거의 2~30%까지도 가능했다. 우리는 대출을 해준 후, 기업이 우리에게 얼마나 높은 이자율을 냈는지에 따라 우수 고객 여부를 평가했다.

금융당국에서 꺾기를 규제한다고는 했지만 여전히 성행했다. 금융시장 전반에 돈이 남아 돌때도, 남는 돈을 모두 싹쓸이 해가는 기업은 언제나 있었다. 당시 기업들은 언제나 자금이 부족했다. 이런 회사들은 한 금융회사에서 돈을 빌려 다른 금융회사에 예금하는 방식으로, 간접적으로 수익률을 맞춰주기도 했다. 게다가 정부가 이자율을 규제하는 공식 금융회사에서 자금을 구하지 못하면, 명동 사채시장을 이용해야 했는데, 거기서는 훨씬 높은 이자율을 부담해야 했다.

매일같이 자금이 부족한 기업들도 있었다. 1983년도는 막 중후장대형 산업에 투자가 활발히 일어나고 있던 시기였기 때문일 것이다. 건설회사들은 항상 자금이 부족했고, 중화학공업 기업이 많았던 현대그룹 계열사도 많이 빌리러 왔었다. 가장 사정이 좋지 않았던 기업은 우리와 같은 빌딩을 사용하고 있는 대우그룹 소속 회사들이었다. ㈜대우를 비롯하여 대우조선, 대우중공업의 자금 담당 직원들은 거의 우리 영업장에서 하루 종일 죽치고 있는 경우가 많았다.

금융회사도 자금을 맞추기가 쉽지만은 않았다. 일주일 이내의 어음들을 거래하기 때문에 매일처럼 어음 만기가 돌아오고 아침이면 수천억 원 단위로 자금이 부족한 상태에서 시작했다. 아침에는 어떻게 자금을 운용할지 전체적인 전략을 짜고, 점심 때 쯤 큰 자금을 맞추면서 여유가 있는 날에는 자금 운용에 대해 서서히 고민하곤 했다.

모든 거래가 전화로 이루어졌기 때문에, 오전에는 서로 자금사정에 대해 이야기하고 어떤 회사들은 미리 자금을 확보하기도 했다. 오후에 먼저 자금을 맞춘 기업들이 수표를 들고 오기 시작하면 우리 자금을 먼저 맞추고 나서, 여유 자금을 기업들에게 풀기 시작했다. 대략 저녁 8시가 되면 마감하고, 비싼 일식집에 가서 간단한 요기를 하고 거나하게 하루를 끝냈다. 우리가 받는 월급은 대기업의 거의 두 배 수준일 정도로 좋았다. 자금이 부족한 시장에서 금융회사는 엄청난 수익을 올리고 있었다.

기억에 남는 회사 중 하나는 현대엔진이었다. 조선 산업에 막대한 투자가 이루어지던 시기였기에 현대엔진, 현대중공업, 대우조선 등의 회사가 막대한 단기자금을 융통해 썼다. 지금은 한국의 조선업이 세계최고 수준으로 평가받고 있지만 당시에는 막 걸음마를 떼던 수준이었다. 자금 사정도 좋지 않은 신생 조선사들은 물불 가리지 않고 무모하리만치 싼 가격에 선박을 수주해서 생산했다.

현대엔진이 대형 선박의 엔진을 만들어서 현대중공업에 납품하면, 현대중공업이 선박을 완성해 발주처에서 대금을 회수하는 방식이었다. 현대엔진은 가끔 해외에서 거액이 들어오는 날에 그동안 자금을 빌렸던 금융회사들에 예금을 하면서 잔치를 벌였으나, 대부분 자금이 부족한 시기였기에 결국은 현대중공업과 합병한 것으로 기억하고 있다.

대기업들도 자금에 휘청거리는 경우가 꽤 있었다. 매일같이 수천억 원 단위의 자금을 융통해 쓰고 있었던 그들이 버티는 모습은, 옆에서 지켜보는 것만으로도 참 아슬아슬했다. 금융회사들은 정부가 최소한 며칠 내로 대기업이 도산하는 것을 원치 않는다는 것을 알고 있었기에 자금을 빌려주었다. 그래도 항상 조심하는 차원에서 길게 자금을 공급하지는 않았다. 3일짜리 어음을 받으면서도 간부들끼리 서로 얼굴을 맞대며 이 기업의 3일내 부도 가능성을 따져보는 경우도 있었다.

이처럼 기업들은 매일 엄청난 자금을 빌리러 다녔다. 그러다가 단기자본 시장에서 도저히 자금을 맞출 수 없는 날에는 1차 부도를 냈다. 대부분 밤늦게, 심지어 새벽에 자금을 막는 날도 있었다. 이런 경우 최종적으로는 대형 은행들이 나선 것이지만, 그 결정을 내리기 전에 대기업 총수들이 동분서주했다는 얘기도 들렸다. 또 이런 일이 있고나면 한동안은 자금시장이 괜찮았다가 서서히 다시 악화되기를 반복했던 기억이 난다.

이것이 1980년대 초반 단기 금융시장의 모습이었다. 지금 보기엔 기형적인 모습이지만 이런 환경이라도 조성하기 위해 정부는 많은 노력을 기울였다. 단지 얼마의 돈이 오갔느냐, 어떻게 오갔느냐가 중요한 것이 아니었다. 경제가 빠르게 성장하면서 같이 늘어난 기업들의 자금 수요를 충당하기에 기존의 금융시장은 충분하지 않았다는 것이 중요하다.

사실 정부는 1970년대 초반부터 새로운 금융기관을 설립해서 이 간극을 메워나갔다. 대체로 선진국에 있던 기관들을 국내에 도입하는 방식으로 금융기관들을 만들어가기 시작했다. 1970년대 초에는 대기업 총수들이 '광화문 곰'이나 '명동 백할머니' 등의 별명을 가지고 있는 사채업자들에게 사정하던 시기가 있었다. 명동 사채업자들의 이자는 40~50%에 달하여 기업이 실질적인 수익을 내기 힘들 정도였다. 그래도 자금이 부족한 대기업들은 이 사채시장에 의존할 수밖에 없었고, 사채업자들은 대기업의 생사여탈권을 가지고 마음껏 시장을 주무르고 있었다.

사채 이자 부담으로 힘들어진 기업들의 요청에 따라, 정부는 단계적인 조치를 취했다. 1972년 8월에 긴급명령권의 형태로 이른바 사채의 상환을 동결하는 '8.3조치'를 발표했고, 후속조치로 사채시장을 양성화하기 위해 투자금융회사들에 대한 설립인가를 내주었다. 1973년에는 한국투자금융을 시작으로 투자금융회사들이 설립됐다. 사채 시장을 대체한다고 했지만, 사실상 명동의 대형 사채업자들에게 공식 금융기관으로 전환할 기회를 준 것이었다. 1974년에는 한국투자신탁을 비롯한 투자신탁회사를 설립하여 일반인들이 회사채와 주식에 간접적으로 투자할 수 있는 창구를 열었다. 대기업들이 주식 시장과 회사채 시장에서 자금을 쉽게 조달할 수 있는 길을 열어 준 것이다.

1975년에는 원활한 외국자본도입과 선진 금융기법의 도입을 위해 금융선진국인 영국의 다목적 상업은행merchant bank을 본 따 종합금융회사를 설립했다.

외국금융회사와의 합작을 통한 종합금융사 역시 6개를 설립하였다. 외자도입에 어느 정도 성과를 내기도 했으나, 기업들이 요구하는 장기 자금을 공급하기에는 태부족이었다. 1980년에는 장기신용채권을 발행하여 장기자금을 대출하는 장기신용은행*이 설립되었다.

한국은 경제성장을 위해 대기업들을 육성했고 이들 대기업이 필요로 하는 자금을 공급하기 위해 1970년대 동안 많은 금융회사를 설립했다. 당시 대기업이 새롭게 진출하는 사업은 하나같이 미래가 불투명한 사업들이었다. 설탕(제일제당), 모직(제일모직), 라디오(금성사) 등 하나같이 최초의 국산 제품으로 시장에 널리 알려지기까지 상당한 기간이 필요한 것들이었다. 삼성이나 현대 역시 마찬가지로 수출을 위해 반도체 분야에 진출하거나 독자모델 자동차를 개발할 때마다 무모한 도전이라는 평가를 받기 일쑤였다.

당시 주식회사 대한민국은 한 마디로 벤처국가였다. 한국경제는 불모지였고 기업들은 한치 앞도 몰랐지만, 새로운 사업에 뛰어들며 성장할 수 있었다. 어느 정도 사업이 궤도에 오르면 다시 또 새로운 사업에 뛰어드는, 그야말로 벤처정신과 기업가 정신이 투철한 시대였다. 정부도 막대한 자금을 지원했다. 금융시장을 통해 정부가 유도한 방식이라고 보는 입장도 있다. 일반인들이 자금을 융통하기 어려운 상황에, 정부가 의도적으로 대기업의 투자에 자금을 집중 지원했다는 것이다. 강철규 등은 이를 재벌의 지대추구 행위로 규정하고 대표적인 재벌 특혜로 지적한 바 있다.*

대기업들도 이런 정부의 지원에 호응해 경쟁적으로 금융시장에서 막대한 자금을 빌려 썼다. 간혹 부실기업을 정리하는 일도 있었지만, 그런 부실기업을 다시 대기업에 맡기면서 또 다시 대출을 해주는 바

---

* 외환위기 당시 많은 기업의 도산으로 부실하게 되어 1998년 국민은행에 합병되었다.

람에 대기업은 더욱 커져만 갔고, 자금시장의 블랙홀이 되었다. 대마불사의 신화에 기대어 갈수록 더 많은 자금을 빌리게 되었고 이는 한국경제를 뒤엎은 사건을 초래하는 원인이 되었다.

무분별한 과잉투자는 결국 1997년, 외환위기를 불러일으키게 되었다. 대기업들이 연쇄적으로 도산하고 다른 기업들도 부실화되면서, 이들과 관련된 금융회사들도 모두 큰 타격을 입었다. 대형은행뿐만 아니라 투자금융사가 전환한 종합금융사, 투자신탁회사 등 역시 부실화되면서 많은 금융회사들이 퇴출되거나 다른 금융회사에 합병되었다.

외환위기와 IMF구제를 겪으면서, 한국 금융시장의 역할은 근본적으로 바뀌게 되었다. 금융회사들은 그동안 대기업의 방만한 경영을 견제하는 역할을 해내지 못했고, 오히려 그걸 더 부추겼다는 비판도 받게 되었다. 이로부터 벗어나야 했다. 금융회사들은 더 이상 기업의 성장만을 위한 종속적인 기구에 머물러서는 안 되었다. 독자적으로 건전성을 유지하며, 철저하게 수익성 위주로 기업에게 대출을 해주는 방식으로 금융시장은 재편되었다.

이런 과정에서 그동안 금융의 기능 중 벤처 사업에 대한 지원이 위축되었다. 그리고 한국경제는 오랫동안 벤처 금융이 주는 혜택 없이 성장해야 했다.

＊   강철규, 신봉호, 「금리규제하의 재벌의 금리차지대추구모형」, 한국경제학회, 1993.

2.
한강의 기적은
신화인가?

　1980년대 경제학계를 주도적으로 이끌면서 후에 노벨경제학상을 수상한 시카고대학의 로버트 루카스Robert Lucas 교수는 한국의 경제성장에 대해 '기적'이라 부르기를 주저하지 않았다.* 그는 1960년대 전반적인 생활수준이나 경제력 면에서 한국과 유사했던 필리핀을 예로 들며 설명했다. 1960년부터 1988년까지, 필리핀의 1인당 국민소득은 연평균 1.8%로 성장했다. 반면, 한국의 1인당 국민소득은 연평균 6.8%로 훨씬 더 빠르게 성장했고, 1988년 한국의 1인당 국민소득

＊　Robert E. Lucas Jr, "Making a Miracle", *Econometrica*, Vol. 61, No. 2, Mar, 1993.

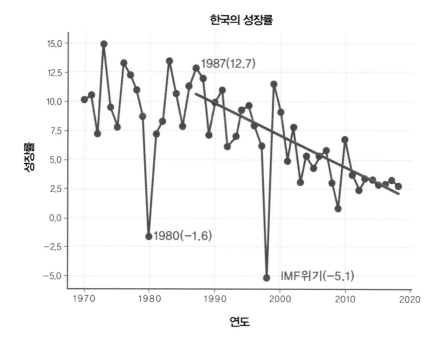

한국의 성장률

1987(12.7)

1980(−1.6)

IMF위기(−5.1)

은 필리핀에 비해 3배 더 많았다. 루카스는 한국경제의 고속성장이 경제학이 다뤄야할 중요한 과제임을 지적했고, 실제로 이후 경제학에서 성장론을 다시 한 번 중요한 과제로 다루는 계기가 되었다.

1970년대 이후 한국경제는 빠르게 성장했다. 특히 1986~1988년은 3년 연속 10% 이상 성장을 이룬 기간이었다. 1980년대 중반 이후 '저유가, 저금리, 저달러'를 의미하는 이른바 '3저 호황'이라는 우호적인 환경과 더불어 1986년 아시아경기대회와 1988년 올림픽경기 주최로 인해 많은 사회간접자본 투자가 이루어진 덕분이었다. 이 기간의 고속 성장은 1987년에 있었던 역사적인 시민혁명을 생각해

보면 그 의미가 더 빛난다. 민주화를 달성하면서 노동자의 임금이 오르게 되었고, 중산층이 두터워지면서 전반적인 생활수준이 향상되었다. 대한민국은 2차 세계대전 이후 식민지배에서 벗어난 국가 중에서 산업화와 민주화를 달성한 모범국가가 되었다.

앞서 경제학계를 선도하던 루카스가 한국의 기적을 중요 연구과제로 제시하긴 했지만, 이에 반대하는 비관적인 논문도 발표되었다. 1994년, 얼윈 영Alwyn Young은 한국을 비롯해 싱가폴, 홍콩, 대만을 지칭하는 '4마리 호랑이'가 이룬 고속성장은 생산성 증가가 수반되지 않은 상태에서 이뤄진 것이라 했다.* 이것은 노동과 자본으로 구성된 생산요소의 투입량이 늘어난 것에 기초한 성장이기 때문에 곧 성장이 정체될 것이라는 예측까지 곁들였다.

루카스는 높은 교육열로 인해 노동의 생산성이 증가했고, 생산이 늘어나면서 기술력이 향상하는 이른바 '학습효과learning by doing'가 성장의 원동력이라고 주장한 바 있다. 반면 영은 초기에 증가하던 생산요소 투입이 일정 수준을 달성하면서 생산성의 증가가 더 이상 이루어지지 않는다는 실증분석 결과를 발표했다.

대체로 경제학 논문은 발표되기 1~2년 전부터 워킹 페이퍼working paper 형태로 공개되기 때문에, 영의 주장은 루카스의 논문과 비슷한 은 시기에 나온 연구결과로 볼 수 있다. 특히 이들 경제가 당시 모두

---

* Alwyn Young, "Lessons from the East Asian NICS: A contrarian view", *European Economic Review*, Vol. 38, 1994.

고속성장을 하고 있는 가운데 나온 의외의 결론이었다. 그래서 제목에 조심스럽게 '반대론자contrarian'의 견해라는 부제를 붙였다.

이 논문은 후에 노벨경제학상을 수상하는 폴 크루그만Paul Krugman이 1994년 말에 다시 거론하면서 세간의 주목을 받게 되었다. '생산성의 증가가 이루어지지 않고 있다는 실증분석 결과에 기초하여, 동아시아 경제를 기적이라고 부르는 것은 잘못된 신화'라는 크루그만의 주장은 경제학계의 논쟁을 불러 일으켰다.[*]

얼윈 영의 주장이 옳았음은 의외로 금방 입증되었다. 1997년 동아시아를 휩쓴 경제위기는 이들의 경제적 취약성을 그대로 드러냈으며, 한국경제는 국가부도위기까지 맞으며 IMF와 선진국 금융기관들의 지원을 받아 가까스로 회생했다. 당시 IMF의 원인에 대해서는 일시적인 충격이라는 주장과 구조적인 문제의 발현이라는 주장이 학계에서 제기되었다. 주로 기업을 두둔하는 학자나 관료들은 일시적인 충격으로 보았고, 개혁을 주장해 왔던 학자들은 구조적 문제로 인한 필연적 결과라는 입장이었다.

많은 기업이 도산했지만 살아남은 기업들, 특히 수출기업들의 환경은 좋아졌다. 외환위기로 원화가치가 떨어지면서 수출이 대폭 증가했고, 이는 한국경제가 외환을 축적하면서 IMF의 대출금을 조기에 상환하는 쾌거를 이루게 해주었다. 기업들이 도산하는 과정에서 구조조정도 이루어졌고 경제구조의 근본적 변화도 추진했다. 그러나

---

[*] Paul Krugman, "The Myth of Asia's Miracle", *Foreign Affairs*, Vol. 73, No. 6, 1994.

사후적으로 평가해 볼 때, 이유야 어떻든 한국경제의 성장은 이전에 비해 둔화되었고 이러한 추세는 지금까지 계속되고 있다.

　일부에서는 이러한 저성장을 경제규모가 커지면서 어쩔 수 없는 현상으로 받아들여야 한다는 견해도 있다. 대부분의 선진국들도 고도성장기를 지나서는 저성장 국면에 접어들었듯이, 이는 자연스런 성장의 사이클이기 때문에 한국경제도 영원히 고속성장을 기대할 수는 없다는 논리이다. 그러나 최근 성장률이 소폭 상향 이동하는 추세를 보여준 미국처럼 성장률의 하락 추세가 바꿀 수 없는 것은 아니다. 환경의 변화에 따라 과거와 같은 고도성장을 기대하기는 어렵지만, 하락 추세를 저지하고 조금은 상향 추세로 전환하는 획기적인 노력이 필요하다는 데는 이론이 없을 것이다.

　앞서 밝힌 대로 영과 크루그만의 주장은 한국경제의 현재에 대한 예언이자 경고가 되었다. 그동안 혁신성장의 중요성은 이미 많은 학자들이 주장하고, 또 동의하고 있다. 그러나 실제로 혁신성장의 종합적인 청사진이나 구체적인 정책에 대해서는 논의가 많이 이루어지고 있지 않다. 성장추세를 전환하기 위한 답은 생산성 향상에 달렸다. 현재는 혁신성장을 규제완화로만 해석하는 협의의 해석과 그로 인한 갈등으로 인해 논의가 부족한 상황이다. 이제는 제대로 된 혁신성장 논의를 해야 할 때이다.

3.
대기업으로 성장하기 어려운 환경

　　2020년 4월 말 현재, 한국 주식시장에서 시가총액 20대 종목에는 어떤 기업이 있는지 살펴보자. 대부분 역사가 꽤 된 5대 그룹이나 공기업, 금융회사들이고, 비교적 최근 창업한 기업은 네이버, 셀트리온, 카카오, 엔씨소프트 정도가 있다. 국내 시장에서 시가총액의 30%에 근접하는 삼성전자는 다른 기업과 큰 차이가 있고, 최근 창업한 기업들과 비교했을 때는 더욱 그렇다.

한국 주식시장 시가 총액 20대 종목 *

(단위: 억 원)

	기업명	시가총액	설립연도
1	삼성전자	₩2,984,891	1969
2	SK하이닉스	₩609,338	1983
3	삼성바이오로직스	₩384,419	2011
4	삼성전자우	₩347,670	1969
5	네이버	₩324,420	1999
6	셀트리온	₩283,558	2002
7	LG화학	₩265,780	1947
8	LG생활건강	₩216,468	1947
9	삼성물산	₩201,071	1938
10	현대자동차	₩199,993	1967
11	삼성SDI	₩196,667	1970
12	SK텔레콤	₩170,777	1984
13	현대모비스	₩163,494	1977
14	POSCO	₩160,860	1968
15	카카오	₩160,001	1995
16	한국전력	₩153,108	1982
17	신한지주	₩147,383	2001
18	KB금융	₩144,493	2008
19	엔씨소프트	₩141,164	1997
20	SK	₩128,056	1953

* 2020년 4월 기준.

해외 주식시장 시가 총액 20대 종목

(단위: 억 원)

	기업명	시가총액	설립연도
1	Saudi Arabian Oil Company	$1,594,405	1933
2	Microsoft Corporation	$1,328,500	1975
3	Apple Inc.	$1,240,812	1977
4	Amazon.com, Inc.	$1,200,290	1994
5	Alphabet Inc.	$878,728	1998
6	Alibaba Group Holding Ltd.	$555,501	1999
7	Facebook Inc.	$542,080	2004
8	Tencent Holdings Ltd.	$500,852	1998
9	Berkshire Hathaway Inc.	$453,953	1839
10	Johnson & Johnson	$407,670	1886
11	Walmart Inc.	$366,574	1962
12	Visa Inc.	$360,123	1958
13	Nestle S.A.	$315,089	1866
14	Enercity AG	$309,030	1970
15	Roche Holding AG	$303,292	1896
16	Procter & Gamble	$294,057	1837
17	Spdr S&P 500 ETF Trust	$281,196	1993
18	JPMorgan Chase & Co.	$276,351	1871
19	UnitedHealth Group Inc.	$276,310	1977
20	Samsung Electronics Co. Ltd.	$271,527	1969

반면 해외에서는 신생기업들의 도약이 두드러진다. 미국 주식시장에서 시가총액 1, 2위는 1970년대에 설립한 마이크로소프트와 애플이라고 해도, 아마존(1994년 설립, 1.2조 달러), 알파벳(구글 지주회사, 1998년 설립, 8,780억 달러), 페이스북(2004설립, 5,420억 달러)* 등이 바로 그 뒤를 쫓고 있다. 같은 기준으로 작성된 삼성전자가 2,715억 달러 수준임을 고려할 때, 1990년대와 2000년대 설립된 기술기업들의 약진이 한 눈에 보인다. 중국에서도 상황도 마찬가지다. 알리바바(1999년 설립, 5,555억 달러) 텐센트(1998년 설립, 5,008억 달러) 등의 기업도 무섭게 빠르게 성장했다.

그렇다면 이들 신생기업이 보여준 고속성장은 왜 국내에서는 찾기 힘든 것일까?

한국경제의 실상을 파악해보기 위해서는 10위 안에 있는 두 기업, 삼성바이오로직스와 셀트리온을 비교해야 한다. 삼성바이오로직스는 삼성그룹이 2011년 설립한 바이오의약품 위탁생산 기업으로, 바이오시밀러 연구 개발과 생산을 위한 합작법인인 삼성바이오에피스를 자회사로 두고 있다.

2010년, 이건희 삼성전자 회장은 삼성그룹의 차세대 먹거리 사업 발굴을 위해 '삼성 2020년 신사업비전'을 발표하고, 자동차용 전지, 의료기기, LED, 바이오제약, 태양전지 등 5개 신사업을 선정했다. 삼성바이오로직스는 그중 하나인 바이오 제약 사업을 위해 바로 다음 해 설립한 것이다.

원래 바이오사업은 길고 긴 임상기간 동안 막대한 투자금이 들어

가는 사업이다. 그리고 많은 투자를 하고 나서도 실패하는 경우가 많기 때문에 성공하기 힘든 모험사업으로 여겨진다. 미국에서도 대형 제약사 아니면 뛰어들지 않으며, 투자 역시 충분하게 이루어지지 않는 분야다. 하지만 충분히 투자하면 고수익을 기대할 수 있다고도 알려져 있다.

삼성바이오로직스도 이런 위험 요소가 있었지만 삼성그룹이 공격적으로 지원하고 삼성전자의 막대한 자금이 뒷받침하고 있기 때문에 성장이 가능했다고 알려졌다. 처음에는 삼성전자와 삼성의료원이 주로 투자할 것으로 발표되었는데, 결국은 삼성전자와 에버랜드가 각 40%, 삼성물산이 10%, 그리고 다국적기업이 10%를 투자했다. 에버랜드는 총수 일가의 지분이 많은 곳이었고, 나중에 삼성물산과 제일모직(2014년에 에버랜드가 제일모직사명 계승) 합병시에 분식회계 논란에 빠지기도 했다. 2011년에 설립한 삼성바이오로직스가 현재까지 막대한 자본을 끌어들이며 성장한데에는 삼성그룹의 축적된 경영 기법은 물론 재무적 지원을 아끼지 않은 덕분임을 부정할 수 없을 것이다.

반면 2002년 설립된 셀트리온은 당시 신사업 진출을 모색하는 KT&G와 기술을 전수해 주는 미국의 벡스젠, 국내 바이오기업 넥솔 등의 합작 회사로 출발했다. 그러나 초기 이익을 내지 못하는 바이오 산업의 특성상 설립 후 5년 동안 심각한 자금난을 여러 차례 맞으며 도산의 위기를 겪었다고 한다. 당시 국내에서는 미개척지인 바이오 시밀러 시장에서 셀트리온은 악전고투를 거듭했다. 특허를 받은 의약품의 특허 만료 시점에 맞춰 동등한 약효를 지닌 물질을 만들어 내는 작업은 고된 일이었다. 처음부터 해외 시장을 목표로 한 사업이었기에 해외 규제당국의 허가를 받는 일은 쉽지 않았다. 셀트리온의 임직원들은 수많은 좌절을 겪어야 했다.

셀트리온은 막대한 자금이 소요되는 바이오시밀러 사업에 처음으로 국내 중소기업이 진출하는 경우라 금융회사들은 철저히 외면했다. 2000년대 이전과는 사뭇 다른 분위기였다. 이전의 한국경제는 바로 이런 기업들을 지원해서 미래의 먹거리를 만들어 냈다. 셀트리온은 그런 국가적 지원을 전혀 받지 못하는 상황에서 어려움을 스스로 극복해야 했다.

즉, 한국경제는 신생기업이 쉽게 지원을 받지 못하고, 대기업이 위주가 되는 환경으로 변했다. 이런 환경에서 셀트리온은 삼성그룹의 막대한 자금을 무기로 삼은 삼성바이오로직스와 경쟁을 해야 하는 어려운 처지가 되었다. 또한, 금융기관의 지원을 받지 못하는 한편 자본 공급의 원천이 되어야 하는 주식시장에서는 끊임없이 공매도세력과 싸워야하는 처지에 놓였다.

고군분투하는 셀트리온의 진가를 알아 본 재무적 투자자는 싱가폴 국부펀드인 테마섹Temasek *이었다. 테마섹은 2010년 2,079억 원, 2013년 1,495억 원을 투자했는데, 세계적으로 잘 알려진 국부펀드인 테마섹이 대대적인 투자를 했다는 것만으로 셀트리온의 재무적 안정성은 크게 좋아졌다. 2020년 테마섹은 셀트리온 투자 자금을 회수하기 시작했는데, 10배 이상의 수익을 올린 테마섹 최고의 투자였다고 알려져 있다.

　날카로운 눈으로 바라봐야하는 한국경제의 실상은 여기에 있다. 셀트리온은 주식시장의 이단아로 많이 거론되었지만, 한국경제 혁신을 위한 구조적 문제를 드러낸 사례로 제시된 적은 거의 없었다. 셀트리온은 현재 한국에서 벤처기업이 대기업으로 성장하기가 얼마나 어려운지를 보여주는 산 증인이다. 셀트리온 같은 벤처기업들은 미래 성장가능성이 충분하더라도, 국내에서는 적극적으로 지원받을 만한 금융회사를 찾을 수 없는 실정이다.

　한국의 혁신금융 시장에 심각한 문제가 있다. 그리고 이러한 사례는 자금 회수가 어렵다고 알려진 바이오의약품 산업에만 국한되지 않는다.

---

*　싱가폴 정부가 100% 소유한 국부펀드로 1974년 설립되었다. 2019년 자산총액은 3,130억 싱가폴 달러이었다. 2020년 4월 환율로 270조 원 정도이다. www.temasek.com

4.
한국의 반도체 산업이
던지는 질문

1982년 삼성 이병철 회장은 미국 보스턴에서 명예박사학위를 받고 돌아오는 길에 미국의 기술 수준을 파악하기 위해 실리콘밸리를 방문했다. 당시 실리콘밸리는 막 기술기업들이 입주를 시작하던 역동적인 시기였다. 그는 IBM과 휴렛패커드Hewlett-Packard Company를 방문하여 컴퓨터와 반도체 생산공정을 지켜보았다.

수많은 사업에 새로 진출해 성공시킨 이병철이지만 반도체 사업에 대해선 여전히 조심스러웠다. 사업 후계자였던 이건희가 삼성반도체를 통해 초기 단계의 연구를 하고 있었고, 그런 이건희가 반도체 산업 진출을 강력히 희망했다고 한다.

국제적으로는 미국과 일본이 산업을 주도하고 있었고, 기술 선진국인 독일이나 프랑스도 조심스럽게 진입 가능성을 타진하던 때였다. 미국을 방문하고 돌아온 이병철이 "반도체가 중요한 것은 알겠는데 너무 늦었기 때문에 쫓아갈 수 있을지 의문이다"라는 발언을 했다는 말도 있다. 당시 국내 기술로 어느 정도 성공을 이룰 수 있었을지는 몰라도, 신기술에 들어갈 막대한 자금을 감당할 수 있을지도 확신할 수 없었다. 엎친 데 덮친 격으로 재계 순위에서 앞서던 현대가 반도체 산업진출을 선언했기에, 삼성으로서는 더 이상은 고민할 수 없었다.

1983년 2월, 이병철은 도쿄에서 반도체 산업에 본격적으로 진출한다고 선언했고, 이것이 이른바 '도쿄선언'이다. 도쿄, 즉 일본에서 이 선언을 한 것의 의미는 꽤 컸는데, 당시 연초가 되면 우리나라 대기업 임원들이 일본에 가서 신기술 동향을 파악하고 사업기회를 살펴보는 것이 당연했던 만큼 일본에 대한 의존도가 높던 시기였기 때문이다. 삼성이 성공을 거둔 제일모직, 가전의 삼성전자 등 항상 새로운 사업은 언제나 모험적이었고 회사의 존망이 달려있을 정도로 그 위험이 컸다. 그러나 반도체 사업의 위험성은 이전 사업과는 비교가 되지 않을 정도였고, 이 결정은 삼성그룹 전체의 명운을 좌우할 일생일대의 도박이라고 할 수 있었다.

당시 여론은 그렇게 우호적이지 않았다. 시장 자율을 내세우긴 했지만, 군사정권의 위세가 대단할 때였다. 실제로 1985년에는 인위적으로 국제그룹을 해체하기도 했다. 산업정책을 담당했던 상공부에서도 삼성의 결정을 탐탁지 않게 여겼다고 한다. 국내에서는 삼성의 전자산업 진출이 어느 정도 성공했지만, 아직 TV 기술에서도 일본 기업을 쫓아가지 못하던 상황이었다. 대기업이 자금을 독식하는 상황에서, 성공이 확실하지 않고 대규모 투자가 요구되는 반도체 산업에 뛰어드는 것은 관료들 입장에서도 상당히 부담스러웠을 것이다. 이병철의 도쿄선언이 정부 관련 기관의 반대를 뚫기 위해 언론을 통한 홍보를 한 것이라는 분석도 있을 정도였다. 정부의 입장에서 삼성이 반도체에서 실패하면 삼성에 위기가 올 것이고 그럴 경우 취약한 경제 전반의 위기를 불러올 수 있으리라는 우려가 있었다.*

반도체 전문가들의 평가도 부정적이었다. 이병철의 도쿄선언에 대해 미국의 인텔은 "과대망상증 환자"**라고 평가했고 일본의 미쓰비시연구소는 한발 더 나아가 '삼성이 반도체 사업에서 성공할 수 없는 5가지 이유'라는 보고서를 내기도 했다. 그 5가지 이유는 '한국의 작은 내수시장' '취약한 관련 산업' '부족한 사회간접자본' '기업의 열악한 규모' '빈약한 기술'이었다. 이들이 내린 결론이 다소 격하게 표현된 것은 있으나, 그 진단 근거는 정확했다. 이병철 스스로도 삼성의 절반이 날아갈 수 있는 모험사업임을 알고 있었다고 인정했다.

삼성은 우선 기흥에 대규모 공장 부지를 확보하면서 본격적으로 반도체 연구와 생산에 착수했다. 당시 창립 직원들의 회고에 따르면 그들이 세운 목표는 64K D램을 개발하는 것이었고, 정신무장을 위

---

* 유귀훈, 「호암의 마지막 꿈」, 블루페가수스, 2018.
** 김현수, 염희진, 「'이병철, 반도체 진출 도쿄선언' 최고의 장면」, 동아일보, 2019년 12월 9월.

해 64km 산악행군을 진행하기도 했다. 그리고 이 무모한 도전은 불과 6개월 만에 64K D램 개발에 성공하는 쾌거를 이룩했다.

이후 삼성은 메모리 반도체 부문에서 선두로 치고 나갔다. 1992년 64MB D램을 세계 최초로 개발하면서 D램 분야에서 매출액 세계 1위를 달성했다. 또 2년 후, 1994년에 256MB D램 역시 세계 최초로 개발하면서 메모리 분야에서 1위를 유지하고 있다.

사실 삼성만이 반도체에 뛰어든 것은 아니었다. 반도체가 미래의 핵심 산업이 되리라는 것은 누구나 알고 있었기에 호황기에는 전 세계 굴지의 기업들이 뛰어들었다. 이렇게 경쟁도 치열한데, 컴퓨터 산업이 불황에 빠져들자 반도체 업계는 그보다 더 큰 영향을 받았다. 과잉 공급으로 가격은 원가 아래로 떨어졌고 반도체 기업들은 막대한 투자 이후에 큰 손실을 내기가 일쑤였다. 높은 효율성으로 원가 경쟁력을 갖고 있는 기업만 버틸 수 있었다. 몇 년의 시차를 두고 이 악순환이 반복되었고, 많은 기업이 이에 큰 피해를 입거나 파산했다. 일본의 반도체 선두기업들도 하나 둘 씩 무너져 갔다.

삼성을 비롯한 한국의 반도체 기업들이 살아남을 수 있었던 이유는 불황기에 더 과감히 투자했기 때문이었다. 웨이퍼에서 나오는 완성품에 불량이 없을 정도로 효율성을 높여 경쟁기업과의 가격경쟁에서 우위를 선점했다. 그리고 저가 경쟁 시기가 찾아오자 경쟁기업들은 손실이 늘어나 무너졌지만 한국 기업들은 시장 점유율을 높이고 수익을 확보하는 전략으로 여러 차례 위기를 넘겼다.

이러한 생존 과정에서 큰 역할을 한 것은 국가의 전폭적인 지원이었다. 반도체는 기업들이 모험사업을 마다하지 않은 기업가 정신의 발로이면서 동시에 정부의 적극적 지원에 의해 발전한 대표적인 사례이다. 정부는 대기업의 반도체 산업 진출에 회의적이긴 했지만, 반도체 사업 개발 초기에 상당한 성과를 거둔 것에 고무되어 국내 반도체 산업을 적극 지원하기로 했다. 1985년에는 '반도체 산업 종합 육성 계획'을 새로 발표하고, 연구비 지원을 큰 폭으로 늘리는 등 각종 지원을 아끼지 않았다.

정부의 지원 규모는 1991년 말 30대 재벌 주력업체 재무구조를 보면 알 수 있다.* 30대 그룹 주력업체 72개사의 평균 부채비율은 435.2%로 70년대 이후 재벌에 대한 금융지원은 지속되고 있었다. 1991년 말 반도체 기업의 부채비율을 보면, 삼성전자는 456.6%, 현대전자는 793.2%, 금성일렉트론은 943.5%에 달했다. 반도체 산업의 막대한 투자자금을 부채로 충당하고 있었음을 확인할 수 있다. 70년대보다는 많이 좋아졌고 수출이 늘어나면서 자금 융통에 여유가 생겼지만, 한국경제는 여전히 자본 부족에 시달렸고 금융시장에 대한 정부의 영향은 매우 컸다. 금융시장에서 대규모 투자를 뒷받침하지 않았다면 반도체 성공 신화는 불가능했을 것이다. 그리고 이 지원은 물론 정부의 적극적인 의지가 만든 산물이었다. 그 덕분에 삼성뿐 아니라 현대, LG도 세계 선두 수준으로 기술을 따라잡으며 한국은 반도체 강국이 되었다.

---

* 「30대재벌 주력업체 재무구조 악화」, 연합뉴스, 1992년 8월 3일.

반도체 성공신화는 또 한편으로, 민관과 산학을 망라한 전방위적 소통과 교류의 산물이기도 하다. 1985년 삼성, 현대, 금성은 대기업과 함께 관련 중소기업과 학자들이 대거 참여하는 연구조합인 한국반도체연구조합을 결성한다. 총 1,900억 원의 연구비 중 600억 원을 정부가 지원했다. 말 그대로 기업과 정부, 대학과 연구원이 모두 합심한 사업이었고, 단일 사업으로는 당시 사상 최대의 국책사업으로 알려진 초대규모 연구개발 사업이었다. 이 연구개발 사업으로 인해 금성과 현대가 세계 주요 D램 기업으로 성장하고, 한국이 D램 시장을 지배하게 된 원동력이 되었다.

반도체 산업은 한국이 벤처로 성장했으며 그 뒤에는 기업가 정신뿐 아니라 정부의 전폭적인 지원이 있었음을 보여주는 대표적인 사례다. 자본이 부족하던 시기에 정부는 이러한 벤처기업에 자금을 몰아주었고, 그 기업들은 각 분야에서 세계적인 성공을 이뤄냈다. 기업 간 그리고 민관, 산학 협동을 통해 만든 이 성공은, 지금 세계가 주목하고 있는 세계적인 스타트업들의 성공 과정과 큰 차이가 없어 보인다.

이러한 방식을 특혜라고 볼 수도 있지만, 사실 이것은 고위험고수익 모델이다. 우리나라 정부와 대기업, 학계와 중소기업들까지 모두가 위험을 감수하는 모델이었다. 이 모든 것이 총동원돼 한국의 반도체가 한 단계 발전하는 경험이었던 셈이다. 여담으로 이전의 삼성반도체, 현대반도체, LG 전자 이렇게 세 개의 기업은 외환위기 때 통폐합 과정을 거치며, 삼성과 SK 하이닉스, 이렇게 두 개로 남게 되었다.

한국 반도체 산업의 성공은 바로
개방형 혁신의 성과를
보여주는 대표적 사례이다.

물론 이런 고위험 사업에 대해, 정부가 막대한 지원을 하는 것에 대해 의문을 제기하는 이들도 많다. 성공률이 10%에 불과한 상황이지만, 실패했을 때의 그 부담은 세금을 내는 국민들에게 돌아간다. 반면, 성공하면 기업이 그 공을 가져간다. 이런 부당한 결과에 경제학자들이 재벌 특혜라고 하는 것이다. 앞서 말한 성공 케이스들도 있지만, 실패한 케이스도 있다. 대우 역시 정부의 지원을 받으며 고위험고수익 사업에 뛰어들었다. 하지만 대우의 실패는 국민들의 부담이 되었다. 이 배분에 대해서도 당연히 얘기해야 하겠지만, 지금 중요한 것은 저런 기업들을 만들어내기 위해 우리가 무엇을 고민해야 하느냐는 것이다. 삼성전자가 스타트업이었다는 말에 동의한다면, 우리는 다음 질문을 던져봐야 할 것이다.

"1980년대의 삼성이 그랬듯 지금의 어느 스타트업 하나가 난데없이 첨단 기술이 필요한 산업에 진출하겠다고 선언한다면 과연 20년 뒤 삼성 같은 대기업으로 성장할 수 있겠는가?"

이 질문에 대해 많은 이들은 그럴 수 없을 것이라고 대답할 것이다. 그렇다면 이유는 무엇인지, 또 어떻게 해야 그 답을 긍정의 것으로 바꿀 수 있을지 고민해야 한다.

삼성과 현대, LG, SK 등 모두 현재 세계적인 위치에 오른 대기업들은 1970년대 이후에 본격적으로 새로운 모험사업에 뛰어들었고, 1980년대에 세계적인 성공의 기틀을 닦았다.

위의 질문보다 좀 더 자세히 파고들고자 한다면 다음과 같은 질문들을 던져야 한다.

'무엇이 1980년대의 삼성과 현대를 성공하게 했는가?'

'최근 20~30년 사이에 세워진 한국 기업들 중 1980년대의 성공을 재현하는 곳은 왜 없는 것인가?'

'이제 막 세워진 한국 회사들이 20년 뒤 세계적 기업의 반열에 오르려면 무엇이 뒷받침되어야 하는가?'

2. 혁신의 속도가 빨라졌다

1.
신기술에 대한
대기업들의 대처

2004년 말 서울, 안드로이드의 창업자 앤디 루빈Andy Rubin은 삼성전자 임원진 앞에서 안드로이드 운영체제에 대해 프레젠테이션을 했다. 그의 발표가 끝난 후 잠시 침묵이 흘렀다. 임원 중 한명은 다음과 같이 물었다. "몇 명이서 이걸 만들겠다는 겁니까? 당신 회사는 6명밖에 없어요. 제 정신인가요?"* 루빈과 그 일행은 쫓겨나다시피 회의실에서 나왔다고 한다.

---

* 앤디 루빈의 전언을 옮긴 책에 따르면 이렇게 이야기했다고 한다. "You and what army are going to go and create this? You have six people. Are you high?", Fred Vogelstein *Dogfight: How Apple and Google Went to War and Started a Revolution*, Sarah Crichton Book, 2013.

안드로이드는 2003년 실리콘밸리의 팔로알토에서 앤디 루빈을 포함해 4명이 창업한 회사다. 처음에는 카메라에 장착하는 소프트웨어 개발을 목표로 삼았지만, 시장성이 없다는 것을 알고 휴대폰 운영체제를 만들기로 했다. 그러나 어느 벤처캐피털도 그들에게 투자하려 하지 않았다. 당시 휴대폰 시장은 통신회사와 제조회사 위주로 되어 있고 운용체제로만은 상품성을 인정받기 어려웠기 때문이다.

어느 곳에서도 투자를 받지 못한 상태에서, 루빈은 구글의 공동창업자 래리 페이지를 우연히 만나 안드로이드 운영체제에 대해 설명할 기회를 얻었다. 루빈의 얘기를 들은 페이지는 안드로이드의 가능성을 높이 평가하며, 구글의 임원진에게도 설명할 수 있게 해주었다. 2005년 1월 루빈은 구글 본사에서 구글의 공동창업자 페이지와 브린, 그리고 스타트업 인수를 돕는 벤처 어드바이저 조지 해릭Georges Harik를 비롯한 여러 임원에게 개방형 휴대폰 운영체제인 안드로이드에 대해 설명했다.

이 자리에서 페이지는 루빈의 과거 실적을 높이 사며 그를 소개했다. 로봇에 심취했던 루빈은 칼 자이스Carl Zeiss AG에서 로봇공학자로 일하다가 애플에서 휴대용기기를 위한 프로그램을 제작하는 등여러 회사를 다니며 명성을 쌓아왔으며, 이미 실리콘밸리에서는 유명 인사였다.

구글의 또 다른 공동창업자인 브린은 그가 이전에 만들었던 운영체제에 대해 꼬치꼬치 캐묻기도 했다. 그들은 아주 구체적이고 기술적인 문제들을 논했고, 전반적으로 건설적인 분위기였다고 전해진다. 그러나 회의가 끝났을 때, 루빈의 안드로이드 팀은 구글이 어떤 결정을 내릴지 알 수 없었다고 밝힌 바 있다. 애초에 당시 휴대폰과 큰 관련이 없어 보이는 구글이 왜 안드로이드에 큰 관심을 가지는지 이해하기 어려웠다.

그리고 45일 후, 안드로이드 팀과의 두 번째 미팅에서 구글은 안드로이드를 5천만 달러에 인수하겠다고 제안했다. 안드로이드 팀은 예상치 못한 제안을 흔쾌히 수락했고 바로 구글에서 안드로이드 운영체제를 개발하게 된다. 루빈은 이즈음에 삼성전자 임원으로부터 전화를 받았다고 후에 밝혔다. 아마 삼성전자는 이때쯤 자신들이 실수를 했다고 깨달았던 모양이지만 이미 늦었다.

구글 내에서 안드로이드는 그 독립성을 인정받아 거의 아무런 간섭없이 운영했다고 한다. 2005년 인수 이후 2006년까지 구글은 안드로이드를 기반으로 한 새로운 운영체제를 사용할 수 있는 방법에 대해 고민했다. 우선 구글은 안드로이드 운영체제가 작동하는 G1이라는 휴대폰을 개발했다. 그러나 적극적으로 관심을 갖는 통신회사는 없었고, 우여곡절 끝에 한 곳과 G1을 판매하기로 계약을 했다.

2007년 1월 루빈은 사무실로 가던 도중 스티브 잡스의 아이폰 공개 실황을 보며, '판을 바꿀game changer' 휴대폰이 나왔다고 직감했다. 터치스크린 등 다양한 기술을 앞세운 아이폰을 본 루빈은 그동안 개발했던 G1을 전면 수정해 아이폰과 경쟁할 수 있는 수준으로 만들어야 했다.

안드로이드는 이후 소스 코드를 공개하는 공개형 운영체제로 전환하며 애플의 아이폰과 경쟁하는 통신사와 휴대폰 회사들의 연합군을 지원하는 무기가 되었고, 세계에서 가장 많이 사용되는 운영체제가 되었다. 안드로이드 이전에 이미 개발되었던 마이크로소프트의 운영체제인 마이크로소프트 윈도우즈 모바일Microsoft Windows Mobile이나 심비안Symbian 같은 기존 주자들은 그 영향력에 압도당했다.

삼성전자도 뒤늦게 안드로이드 운영체제를 사용하며 노키아나 모토롤라, 소니 등을 몰아내고 세계 최고의 휴대폰 제조업체로 우뚝 올라섰다. 삼성전자의 저력은 이미 스티브 잡스가 있는 애플과의 협업으로 잘 알려졌다. 1983년 11월, 삼성전자가 막 64K D램을 개발하며 반도체 산업을 시작했을 때, 28세의 청년 스티브 잡스가 삼성의 이병철을 찾아간 것이다. 두 사람은 꽤 오랫동안 대화를 나눴고, 서로 깊은 인상을 남겼다. 이병철은 그를 IBM을 능가할 기업을 키울 사람으로 평가했다. 이 만남을 계기로 애플은 반도체를 삼성에서 구매하기 시작했고, 지금까지 거래를 이어오고 있다. 지금도 둘은 휴대폰 시장에서 세계 1, 2위를 다투며 경쟁하고 있지만, 핵심 부품을 삼성에서 조달하고 있다. 1980년대를 기준으로 이병철은 70대, 스티브 잡스는 20대였다. 연배는 다르지만 벤처기업인끼리의 유대감이 지금까지의 거래를 이어오는 것이 아닌가 싶다.

애플과의 관계를 생각하면 삼성전자가 안드로이드를 인수하지 않은 것이 더 좋은 결과가 되었다는 분석도 있다. 그러나 몇 달 사이 앤디 루빈의 프레젠테이션을 받은 삼성전자와 구글의 대응 방식에 큰 차이가 있었음은 주목해 봐야 한다. 구글의 페이지는 실리콘밸리에서 이미 루빈의 명성을 알았던 것이고, 삼성전자는 알지 못했던 것 정도의 단순한 차이는 아니었을 것이다.

구글과 삼성에는 외부 혁신을 수용하는데 있어
근본적인 기업 문화의 차이가 있다.

　사실 루빈의 프레젠테이션을 들었다는 것만 해도 삼성전자 입장
에서는 상당히 개방적인 자세였다. 한국에서는 이런 방식의 프레젠
테이션이 익숙하지 않았기 때문이다. 그러나 프레젠테이션을 통해
정보를 공유하고 새로운 기술에 대한 수용성을 높이는 것은 현대 경
제에서 매우 중요한 조직적 역량이 되었다. 불행하게도 국내 대기업
들은 이런 발전의 속도를 쫓아가지 못하고 있었던 것으로 보인다.

2.
구글은 미쳤다

최고의 검색 엔진인 구글은 스탠포드 대학의 대학원생이었던 래리 페이지와 세르게이 브린이 남들과 다른 검색 엔진을 만드는 것으로 시작했다. 이들은 기존 검색 엔진과 다르게 웹사이트 간 관계를 고려해 결과를 보여주는 검색엔진, 백럽BackRub을 만들며 구글의 기반을 세웠다. 하지만 이들이 세계 최고의 검색 기술을 개발했을 때만 하더라도 검색 기술이 막대한 수익을 가져올 것이라고 예측한 사람은 없었다. 이들은 소비자들에게 가장 편리한 검색 엔진을 만들었지만 정작 자신들의 투자자를 찾는 일에는 애를 먹었다.

다행히도, 같은 대학의 교수 중 하나가 소개한 앤디 벡톨샤임Andy

Bechtolsheim이 선뜻 투자를 결정해주었다. 그는 썬 마이크로시스템 즈Sun Microsystems의 공동 창업자 중 한명으로, 창업을 고민하는 그들에게 10만 달러를 주며 적극적으로 독려했다. 이렇게 구글은 1998년 무사히 설립되었다.

구글은 투자를 받고 미친 소리를 들을 만큼 기이한 사업에 손을 대기 시작했다. 투자자들에게 보내는 편지에도 자신들이 미쳤다는 소리를 듣는다는 것을 알고 있음을 밝혔다. 그러면서도 바로 그 미친 짓에 구글의 미래가 있다고 강조했다. 일반적으로 생각할 때 낯설고, 모험적인 영역에 도전하겠다는 의지를 밝혔다.

구글은 기존의 회사가 아니며, 기존의 회사처럼 되고자 하지도 않습니다. (중략)기업은 시간이 지나면 같은 일을 하면서 조금씩 바뀌가는 것을 편안하게 생각하는 경향이 있다고 우리는 오랫동안 믿어왔습니다. 그러나 혁신적인 아이디어가 미래의 거대한 성장 영역을 주도하는 기술 산업에서는 현재 관련된 사업만 유지하는 것에 다소 불편해 할 필요가 있습니다. *

구글은 2004년 상장하며 막대한 자금을 확보했다. 이후 구글은 거침없이 스타트업 회사들을 사들이기 시작했고, 때로는 모토롤라와 같이 덩치 큰 기존 기업도 과감히 사들여 전 세계 휴대폰 제조사들을

---

*   알파벳 홈페이지 https://abc.xyz

긴장시켰다. 페이지와 브린이 천명한대로, 그들은 시장과 멀리 떨어진 이상한 사업들에 거침없이 투자했다. 당시 구글이 인수한 회사만 무려 200개가 넘을 정도로 기록적인 인수 합병 경력을 보여주었다. 2010년과 2011년에는 일주일에 기업 하나를 사들일 정도로, 흥미로운 기술을 보유한 기업들을 무차별적으로 인수했다.

구글이 자신의 사업과 관련 없는 안드로이드에 보인 관심과 최종적으로 안드로이드를 인수한 것은, 이러한 구글의 호기심 가득한 성향의 결과라 할 수 있다. 후에 그들은 투자자들에게 자랑스럽게 이야기했다. 과거에 미친 짓으로 보였던 것들, 즉 'Google 지도' 'YouTube' 'Chrome' 'Android' 등은 결국 전 세계에서 10억 명 이상이 사용는 것이 되었다고 말이다. 물론 실패한 사업들도 많았을 것이다. 그러나 그들은 다른 사람들이 미쳤다고 생각하는 일들도 자신들을 흥분시키고, 또 의미가 있다면 당당하게 도전하고 있다고 밝히고 있다.

구글의 도전은 2015년에 그 범위를 더 넓혀갔다. 기업 인수와 인수 후 기업 통제를 쉽게 하기 위해 아예 알파벳이라는 지주회사를 출범시키며 본격적으로 세계적인 대기업으로 도약하기 시작한 것이다. 그들의 사업은 일반인들의 상상을 초월했다. 그들은 세상의 모든 문서를 디지털화하는 작업을 했고, 이를 통해 얻은 엄청난 데이터를 자동번역과 인공지능분야에 활용했다. 구글 지도에 들인 막대한 노력은 드론을 이용한 운송이나 자율주행차 등의 분야를 선도하는데 든든한 기초가 되었다.

대중들이 잘 인식하지는 못하지만, 구글은 번역 분야에서 현재 가장 큰 기여를 하고 있다. 구글이 제공하는 디지털 문서 번역 도구는 나날이 발전해 왔다. 특히 국가 간 인터넷 상거래를 하는 상인들이 말하길, 구글의 번역은 놀라울 정도로 빠르고, 또 그 수준 역시 개선되고 있다고 한다. 이런 번역 분야에서의 발전은 이제 국가 간 정보 교류를 새로운 차원으로 올려놓을 것이다. 최근 해외 언론 기사를 구글 번역기를 통해 본 사람들은 그 자연스러움에 놀랄 것이다. 이렇게 사람들이 점점 더 구글 번역기를 사용하게 되면, 구글의 인터넷 점유율은 더 높아질 것이다.

번역 기술의 발전은 구글의 음성인식기능과도 어우러져, 통역 기술의 발전도 가져왔다. 외국에서 물건을 사고자 한다면, 스마트폰이 제공하는 실시간 통역으로 판매자와 구매자가 문제없이 의사소통을 할 수 있는 수준이다.

구글은 기술뿐만 아니라, 지식 그 자체에도 큰 흥미를 가지고 있다. 이른바 지식산업이다. 세상의 모든 지식을 받아들이는데 적극적인 구글은 유명 저자들을 초청한 강연을 열고 이를 동영상 콘텐츠로 만들어 올리기도 한다. 나 역시도 미국에서 발행된 책을 읽기 전에 구글에서 만든 저자 대담을 동영상으로 먼저 본다. 미국에서는 이미 이런 방식으로 지식을 전파하는 것이 일상화되어 있지만 아직 국내에는 이런 역할을 하는 매체가 없다. 우리가 시대의 흐름을 따라가지 못하고 있음을 의미한다.

구글은 전문 지식인들을 대상으로 한 사업에도 적극적으로 투자하고 있다. 학술논문을 찾아주는 사이트들은 오로지 전문가들을 대상으로 하기 때문에 단기간에 많은 수익을 기대할 수 없을 것이다. 그걸 알면서도 구글은 이런 사이트를 만든 것이다.

　새로운 기술들이 물밀듯이 쏟아지면서 세계는 큰 변화를 겪고 있고, 구글은 혁신을 선도하는 기업다운 면모를 보여주고 있다. 예를 들어 구글의 브라우저인 크롬은 코딩에 필요한 여러 확장프로그램을 제공한다. 이는 지식정보화 시대에 구글이 그 누구도 넘볼 수 없는 독자적 영역을 만들어 가고 있다는 것을 의미한다. 그 변화의 속도를 따라갈 수 있는 기업은 많지 않을 것이다.

3.
모바일의 시대

    구글은 이렇듯 일반적으로 이해하기 힘들지만 항상 미래를 규정하는 경영을 해 왔다. 새로운 기술들에 대한 투자를 아끼지 않는 이구글이 다음으로 예견한 것은 모바일 시대의 도약이었다. 2010년 구글의 최고경영자인 에릭 슈미트는 곧 스마트폰 판매가 컴퓨터 판매를 앞서면서 '모바일 우선시대Mobile First'가 될 것임을 선포했다.

    그리고 그 말처럼 어느새 사람들은 모두 스마트폰으로 정보를 얻는 시대가 되었다. 한국 역시도 지하철만 타면 거의 모든 이들이 스마트폰을 보고 있다. 그런데 이 변화가 일어나기 시작했을 때 한국의 기업들은 여전히 데스크톱 컴퓨터를 위한 웹사이트만 운영하고 있었다.

한국에서 활성화되었던 데스크톱 시장은 오히려 모바일 우선시대를 맞이하는데 있어 걸림돌로 작용했다. 소프트웨어 산업은 관성적으로 그동안 진행해왔던 데스크톱 프로그램 개발에 대한 투자를 줄이지 않았고, 시대를 앞서가야 할 전문가들마저 여전히 데스크톱 프로그램만을 고수했다.

반면 중국은 달랐다. 중국은 인터넷 사용에는 후발주자였으나, 신생 기업들이 금방 자리를 잡으면서 모바일 우선시대에는 누구보다 빨리 뛰어들었다. 예를 들어 중국에서는 앱 위챗WeChat, 微信으로 일반적인 문자와 메시지 전송 뿐 아니라, 전자상거래는 물론 진료예약, 세금신고, 공유 오토바이 사용, 비행기표 예매 등을 모두 해결할 수 있다. 스마트폰 앱 하나로 생활의 많은 부분이 편리해진 것이다.

국내에는 아직 위챗 같은 슈퍼앱은 없지만, 이미 생활의 많은 부분에서 변화가 일어나고 있다. 대표적인 예로는 쇼핑이 있다. 사람들은 더 이상 백화점이나 마트에 직접 들르지 않고 앱만으로 필요한 물건들을 주문한다. 이처럼 언제 어디서나 편하게 쇼핑을 할 수 있게 해주는 쇼핑앱을 출범한 회사는 시장 점유율을 높일 수 있었다. 그 이전까지 쇼핑을 주도하던 TV홈쇼핑도 이제는 스마트폰을 이용하는 고객들을 잡는데 많은 힘을 쏟고 있다. 먼저 뛰어든 회사들이 우위를 점했음은 물론이다. 시대를 이해하고 먼저 규정하는 선두주자들을 쫓아가기는 어렵다. 하지만 뒤늦게라도 따라가지 않으면 그 성장은 더욱 어려워진다.

중소벤처기업부에서는 이렇게 뜨거운 경쟁이 펼쳐지고 있는 국내외 인터넷 쇼핑몰에 중소기업들이 입점하는 것을 지원하고 있다. 홈쇼핑을 비롯해서 최근에 매출액이 크게 늘고 있는 TV를 이용한 상거래 T커머스에도 지원할 수 있도록 다양한 논의를 한 적이 있다. 동남아시아 등에 자리를 잡은 국내 인터넷 쇼핑이나 홈쇼핑업체들에게 실질적인 지원을 하려면, 정부가 미래 산업발전을 예상하고 미리 대비하는 것은 당연하다.

그렇지만 여전히 국내에서는 시장의 속도를 너무 안일하게 생각하고 있다. 내가 보기에 국내는 항상 그 속도를 쫓아가지 못했다. 2018년 동대문 시장에 들렀을 때, 나는 국내에서 흔히 볼 수 없는 모습을 보게 되었다. 중국인들이 휴대폰을 들고 끊임없이 중얼거리며, 물건을 판매하고 있었던 것이다. 그들은 '왕풍網紅' 또는 '보따리상 BJ(인터넷 방송인)'이라 불리는 장사꾼으로, 멀리 중국에 있는 고객들에게 실시간으로 물건을 보여주며, 주문을 받아 대신 구매해 주고 있었다. 그들은 알리바바 그룹의 타오바오 쇼핑몰이 제공하는 플랫폼을 이용하고 있었고, 이것은 앞으로 등장할 새로운 형태의 상거래였다.

세상은 곧 이런 라이브 커머스live commerce
시대가 될 것이 분명했다.

우리 중소기업들도 이런 라이브 커머스 형태로 거래를 시작할 수 있도록 정부에서 지원책을 만드는 것이 중요해 보였다. 그러나 우리에게는 중국과 같은 플랫폼조차 없었다. 이미 중국에서 이런 서비스가 시작되었고, 곧 어디서나 유행할 서비스인데 국내에서 실마리조차 잡지 못하고 있는 모습이 답답했다. 국내 대형 마트들은 인터넷 쇼핑으로 어려움을 겪고 있다고 하소연 하는데, 또 해외 커머스들은 이런 새로운 형태의 시장을 열면서 매출을 올리고 있었다. 이런 새로운 추세에 적응하기 위해 노력하지 않는 것이 납득하기 어려웠다.

라이브 커머스 시대에는 그동안 대기업에게 계속 밀려왔던 중소기업과 소상공인들에게는 새로운 기회가 열릴 것이다. 그리고 소비자들은 이제 라이브 커머스를 통해 좀 더 자세히 제품을 살펴보고, 또 개인의 취향에 맞는 제품을 주문하는 시대가 올 것이다.

라이브 커머스 시대는 부띠끄 시장 같은 특색있는 소규모 가게의 소비를 촉진시킬 것이다. 특정한 소비 계층을 대상으로 전문판매자가 라이브 커머스를 진행한다면, 소비자와 제품이 좀 더 가까워지면서 시장은 성장할 것이다. 또한, 유튜브 등의 온라인 플랫폼을 통해 다양하고 편리하게 제품을 홍보할 수 있고, 이는 기존의 시장에서 입지가 거의 없었던 청년 창업자 및 소상공인들에게 필수적인 덕목이 될 것이다.

국내 대기업들이나 벤처기업들을 만날 때 마다, 나는 라이브 커머스 플랫폼에 대해 이야기했다. 중소벤처기업부가 적극적으로 지원하겠다고 공언도 했다. 중소벤처기업부의 소상공인 지원도 이런 시대에 맞춰야 한다고 직원들에게 요청했었다. 그러나 그런 말에도 모두가 기존의 방향만 계속 고수했다. 사람들은 여전히 홈쇼핑에만 목매고 있었다.

세상이 얼마나 빠르게 변화하는지를 실감하지 못하고, 세상의 추세에 대해 논의하지 않으면 기업의 경쟁력은 결국 떨어지게 된다. 그리고 우리나라 전체가 그런 성향에 빠져있으면, 국가적인 손실이 날 것은 당연하다.

다행히도 최근 네이버와 카카오가 라이브 커머스 서비스를 시작해서 꽤 인기를 끌고 있다는 보도를 보았다. 이런 사업에 뛰어들기엔 인터넷 사업자가 아무래도 제일 편하지 않았나 싶다. 반면 기존의 기업들은 여전히 전통적인 방식을 고수하고 있다. 아직 새로운 추세를 쫓아가기에는 변화에 대한 이해가 부족한 것으로 보인다.

4.
스타트업의 시대

기술기업들의 인수합병 열풍은 스타트업의 시대를 열었다. 앞서 예로 든 구글은 대표주자일뿐이다. 미국의 유수한 기술기업들은 지금도 수없이 많은 스타트업 기업을 사들이고 있다. 애플 역시 공개된 자료로만 봐도 100개사 이상을 사들였고, 비공개된 회사를 포함하면 훨씬 많을 것으로 추정되고 있다. 2019년 애플의 최고경영자인 팀 쿡 Tim Cook은 2~3주에 한 회사를 사들이고 있다고 밝혔다. 이처럼 미국의 스타트업 인수합병 시장은 경쟁적이다. 한 기업이 인수시기를 놓치면 금방 다른 기업이 채가기도 한다.

기술기업의 빈번해진 인수합병으로 유인구조가 바뀌자 두 가지 변화가 이뤄졌다. 첫 번째는 시장에서 이뤄지는 혁신의 속도가 훨씬 빨라졌다는 점이다. 보통 특정 기술을 가진 창업자가 그 기술을 시장에 정착시키려면 상당한 시간이 소요되었다. 상용화부터 시장 진출까지는 밤을 새도 수개월은 걸린다. 그러나 대기업들이 적절한 보상과 함께 이들 기업을 인수하자 해당 기술을 기존의 제품에 빠르게 적용할 수 있게 되었고, 이는 기술발전 및 상용화의 속도가 빨라지게 되는 결과를 가져왔다.

두 번째는 이렇게 대기업에 인수된 스타트업의 창업자들이 다시 산업생태계에 혁신의 바람을 불어넣고 있다는 점이다. 이 창업자들은 인수과정에서 막대한 현금을 받게 되는 경우가 많은데, 이 자금으로 다시 새로운 창업을 하는 경우도 있지만 벤처캐피털로 변신하는 경우도 있다. 그리고 스스로 기술개발을 해본 이들은 새로운 기술을 정확히 평가할 수 있는 역량을 가지고 있다. 이들의 경험이 담긴 투자는 스타트업 투자 시장이 효율성을 높이는 부수적인 효과를 발휘하고 있다.

이러한 경험이 시장 전체에 축적되기 위해서는 많은 시간이 필요하다. 스타트업을 인수한 후 그 성과를 제대로 평가하기 위해서는 10여 년의 기간이 필요하기 때문이다. 미국은 이런 경험을 수십 년간 축적해왔기 때문에 이런 선순환을 다시 맞이할 수 있었지만 한국은 아직 멀었다고 여겨진다. 국내에서는 이런 경험들이 일어나기 어려운 환경이기에 선순환은커녕 생태계간 간극이 자꾸 벌어지고 있는 심각한 상황이다.

이처럼 미국은 본격적으로 혁신의 궤도에 올라탄 상황이다. 스타트업이 새로운 기술을 개발하면, 그것을 빠르게 상용화시킬 수 있는 대기업들은 적극적으로 기술기업들을 인수하며 시장의 변화를 주도하고 있다. 그러나 한국경제는 이러한 추세를 쫓아가지 못하고 있다. 국내 대기업은 최근까지 국내 스타트업을 인수한 사례가 거의 없다. 당장 판매 제품에 사용할 수 있는 해외 기술기업을 소수 인수했을 뿐이다.

대기업의 관료주의와 보수적인 문화에 따른 문제도 있다. 국내 대기업들은 외국에 비해 직원의 직무 발명에 대해 충분한 보상을 하지 않고 있다. 2004년 삼성전자는 이른바 천지인 자판을 개발한 직원과 소송을 벌이기도 했다. 천지인 자판은 한글의 구성 원리를 이용해 휴대폰에서 글자를 입력하기 편하게 만들어졌다. 이러한 직무상 발명에 대해 직원은 소송을 제기했고 법원의 조정 결정으로 보상을 받은 바 있다. 2020년 4월 현재 삼성전자와 엘지전자는 전현직 직원들이 제기한 직무발명금 청구소송을 33개나 상대하고 있다고 하는데, 이만큼 대기업의 직원들은 자신의 발명품에 대해 기업으로부터 제대로 된 대우를 받지 못하고 있다고 느끼고 있다. 이러한 갈등 때문에라도 기업 내의 혁신에 대한 동기는 줄어들고 있다.

반면 스타트업이 새로운 기술을 개발하여 성공했을 경우 창업자들이 받는 보상의 규모는 천문학적이다. 물론 스타트업이 성공적으로 기술을 개발하고, 그 기술을 상업화하기는 매우 어렵지만, 그만큼 막대한 보상이 돌아오기 때문에 많은 스타트업은 기꺼이 정열적으로 기술개발에 매진하게 된다. 스타트업은 대기업보다 심리적으로 유리한 조건으로 새로운 기술을 개발할 수 있다.

그나마 삼성전자가 2017년 전장업체인 하만Harman을 9조 원 이상의 자금으로 인수한 사례는 예외적이다. 2015년에서 2018년까지 4년간 삼성전자는 17개사를 인수하거나 합병했다. 이 기간 동안 LG전자가 인수한 회사는 2개사에 그치는 등 대기업들은 거의 인수합병에 나서지 않았다. 오히려 인터넷 기업인 카카오(33사)나 네이버(20사), 게임업체인 NHN(25사)가 가장 숫자가 많고, 엔터테인먼트 산업에 투자하고 있는 CJ제일제당, CJ대한통운 등이 작은 기업들을 많이 인수하고 있다.*

500대 기업 M&A 금액 상위 20개 사(2015.1~2018.11)

(단위: 백만 원, 개)

기업명	전체금액	건수	2018년	2017년	2016년	2015년
삼성전자	1,149,100	17	−	9,272,702	601,075	275,325
롯데케미칼	3,050,000	2	−	−	3,050,000	−
CJ제일제당	2,539,373	11	2,166,762	276,059	90,162	6,390
신한지주	2,492,300	2	2,492,300	−	−	−
미래에셋대우	2,320,546	1	−	−	2,320,546	−
카카오	2,231,032	33	84,505	53,869	1,903,590	189,068
SK(주)	1,954,549	4	822,264	659,419	472,866	−
(주)한화	1,862,086	3	−	−	11,197	1,850,889
CJ대한통운	1,117,380	13	361,166	181,607	574,607	−
호텔롯데	1,000,985	2	53,500	−	−	947,485
LG전자	989,173	2	979,108	−	−	10,065

넷마블	845,811	1	−	845,811	−	−
CJ CGV	749,092	2	−	−	749,092	−
한화 에어로스페이스	689,702	1	−	−	689,702	−
한일홀딩스	682,164	3	−	622,111	60,053	−
화승인더스트리	627,000	1	−	627,000	−	−
SK네트웍스	610,000	1	−	−	610,000	−
세아베스틸	527,412	1	−	−	−	527,412
LG화학	503,564	2	−	−	503,564	−
LG상사	420,940	5	74,129	−	−	346,811
동원산업	416,242	1	−	416,242	−	−
아시아나 항공	379,414	1	−	−	−	379,414
이마트	329,357	3	310,379	−	18,978	−
SK이노베이션	310,550	1	310,550	−	−	−
LF	300,976	10	189,843	80,393	260	30,480
NHN 엔터테인먼트	273,109	25	65,119	45,727	19,189	143,074
한국타이어	263,053	6	208,283	54,770	−	−
LG 생활건강	261,200	8	209,757	7,945	12,256	31,242
NAVER	251,274	20	10,271	230,466	5,537	5,000
유진기업	203,862	1	−	203,862	−	−
20개 사 합계	35,362,209	107	7,033,734	12,538,578	11,636,452	4,153,445
전체 합계	42,908,807	372	9,110,269	15,066,594	12,506,698	6,156,395

*건수에는 인수가액을 알 수 없는 기업도 포함

출처: CEO 스코어

---

* 양희동, 「500대 기업, M&A에 4년간 42조 9,000억 투입…… 372사 인수」, 이데일리, 2018년 12월 16일.

구글이나 애플처럼 수없이 많은 기업을 인수하기 위해서는 전문 인력이 많이 필요하다. 항상 시장의 새로운 기술 동향을 얻기 위해 많은 노력을 기울여야 하기 때문에 이들은 스타트업과 소통을 전담하는 부서를 갖고 있다. 간혹 대기업의 전문 인력들이 새로운 스타트업들을 직접 찾아다니는 경우도 많다.

국내 기업의 문제는 이 같은 스타트업들과의 교류가 많지 않다는 것이다. 우리는 아직도 80년대 방식으로 새로운 기술을 대하고 있다. 상의하달식의 사고에서 아직 벗어나지 못했다는 얘기다. 예전에는 경제연구소나 비서실 등에서 미래 성장산업을 예측하고, 또 이를 최고경영자 회의에서 논의하는 방식으로 신사업을 결정했다. 그러나 새로운 기술이 계속해서 생겨나는 상황에서 이와 관련한 심도 깊은 논의가 이루어질 수 있는 소통과 교류의 장은 없다.

이런 기업 간 단절 문제에 대해 나는 장관시절에 대기업과 중소기업이 논의할 수 있는 장을 많이 만들고자 했다. 그러나 대기업들은 대부분 시혜적인 입장으로 있을 뿐이었다. 대기업 자체의 필요에 의해서가 아니라 정부가 권유하고, 또 중소기업이 원해서 벤처기업의 피칭을 마지못해 보러오는 듯한 무성의한 자세였다. 이런 문화로는 새로운 기술을 받아들이기 어려울 것이라는 인상을 받았다.

스타트업의 시대에선 스타트업의 기술 혁신을
빨리 받아들이는 것이 대기업의 혁신동력을
유지하는 중요한 수단이다.

속도 경쟁에 나선 세계적인 기업들은 모두 스타트업의 중요성을 잘 인식하고 있다. 최근에는 중국기업도 거의 미국기업과 같은 수준으로 새로운 기업과 교류하고 인수하고 있다. 속도가 빨라진 현대 경제혁신을 이해하지 못하는 한국경제만이 뒤처지고 있다.

5.
인공지능의 시대

2015년, 구글의 새로운 최고경영자인 순다 피차이Sundar Pichai는 '인공지능 우선시대AI First'를 선언하며 인공지능 기술이 만들어갈 미래를 이끌어 갈 것을 천명했다. 구글의 미친 짓이라 불렸던 수많은 기술기업의 인수합병이 새로운 시대를 열고 있는 것이다.

이 선언 이후, 구글은 2016년 한국의 이세돌 바둑 9단에게 바둑 경기를 제안하며 과감하게 그 첫 행보를 보여주었다. 2014년 구글은 인공지능 회사 딥마인드 테크놀로지DeepMind Technologies를 인수했고, 딥마인드가 개발한 알파고AlphaGo는 이미 각종 바둑경기에서 전승의 기록을 자랑하고 있었다. 바둑은 수없이 많은 경우의 수 때문에 당시의 인공지능 수준으로는 세계 최고 수준의 기사와 맞붙기에는 부족하다는 것이 일반적인 평가였다. 이세돌 9단 역시 질 것으로 생각하지 않았다. 그러나 '구글 딥마인드 챌린지'라 불리는 이 경기에서 알파고는 첫 경기부터 이세돌 9단을 몰아붙였고, 결국 4대1의 승리를 거뒀다. 국제적으로도 많은 관심을 받은 이 경기의 결과는 세계를 놀라게 했다. 인공지능 시대가 한층 더 앞에 왔음을 전 세계가 실감하는 순간이었다.

이에 만족하지 않고 알파고는 계속 발전을 거듭하여 2017년에는 세계 바둑 순위 1위로 알려진 중국의 커제조차 완파했다. 이제는 인간의 수준을 넘어서 인공지능끼리 경기를 벌이는 수준에 왔다. 스스로 수많은 대국을 두며 학습하는 방식으로 알파고는 다시 한 번 발전을 했고, 이전의 알파고와는 비교할 수 없는 실력을 갖춘 '알파고 제로', 그리고 다시 알파고 제로가 이길 수 없는 '알파 제로'로 발전하고 있다.

인공지능 시대의 또 다른 이름은, 이처럼 프로그램이 스스로 학습하는 기계학습machine learning의 시대라고 한다. 인공지능은 우리의 상상보다 훨씬 더 빠르게 발전하고 있다. 조만간 인공지능 시대가 열릴 것은 모두가 동의하는 사실이다. 그리고 구글은 그 시간을 앞당기고 있다.

구글이 빠르게 발전하는 만큼 다른 이들에게 돌아갈 자리는 줄어들 것이다. 우리가 심각하게 받아들여야 하는 것은 인공지능의 발전 속도이다. 인공지능은 분야를 가리지 않고 산업 전반에 놀라운 영향을 미칠 수 있는 기술이다. 국내에서도 그에 맞춰 인공지능의 중요성을 많이 강조하고 있지만, 과연 제대로 된 목표의식을 가지고 해외의 발전 속도를 쫓아가고 있는지는 의문이다.

인공지능 개발에 있어 필수학문인 신경망neural network 연구는 1980년대 중반부터 미국에서 각광받았다. 전공과 무관하게 미래에도 필수인 학문이라 여겨졌고 경제학에서도 첨단 연구로 생물학과 연계한 신경망 연구가 많았다. 최고의 계량경제학자들이 신경망 연구를 새로운 보고로 생각하고 뛰어들었었다. 그리고 30여년이 흘렀다. 그 사이 미국에서는 인공지능과 관련한 연구 결과가 폭발적으로 증가하고 있고, 산업기술에 접목하는 속도 역시 가속화되고 있다.

인공지능의 선구자는 비록 미국이지만 뒤따라 중국 역시 눈부신 발전을 보여주고 있다. 미국과 중국, 두 나라를 오가며 인공지능 연구를 이끈 리카이푸李開復는 저서 『AI 슈퍼파워』*에서 중국이 빠르게 추격해서 조만간 미국을 앞설 것이라 주장했다. 중국은 비록 후발주자지만 모든 분야에 인공지능을 접목하며 거국적인 발전을 이루고 있다. 기술수준이나 연구수준에서도 미국에 뒤지지 않으며 연구자들의 수에서는 미국을 능가할 정도라고 한다. 기계학습에 필요한 빅데이터 역시 대규모 인구를 바탕으로 수집하고 있어 미국보다 우위에 설 것이라고 한다.

미국과 중국이 이렇게 치열하게 서로 앞서나가려는 상황이지만 불행하게도 국내에서는 연구도, 기술수준도 뒤처져 있다. 그러면서

---

*　리카이푸, 「AI 슈퍼파워」, 박세정, 조성숙 옮김, 이콘, 2019

도 어떻게 쫓아가야 할지에 대한 기본적인 방향조차도 못 잡고 있는 상황이다. 미국과 한국의 상황을 단번에 비교해 볼 수 있는 예가 있다. 2003년 LG는 국내 최초로 전자동 로봇청소기를 출시했다. 초기에는 250만 원 정도의 높은 가격으로 나와 많은 소비자를 확보하지 못했다. 그러나 곧 2세대, 3세대 제품이 낮은 가격으로 나오면서 좀 더 대중으로 퍼지기 시작했다. 이 로봇청소기에는 지금 봐도 놀랄 정도로 상당히 정교한 프로그램이 장착되어 있다. 그러나 그 이후 얼마나 발전했는지 알 수 없을 정도로 큰 변화는 없다. 새로운 기술이 그렇게 많이 접목된 것으로 보이지 않는다.

반면 현재 미국 로봇청소기 시장의 강자 아이로봇iRobot은 대표적인 인공지능 연구소인 MIT대학의 인공지능연구소AI Lab 출신 과학자 3명이 만든 회사의 제품이다. 인공지능연구소는 우주 탐사와 무기개발을 위한 인공지능 연구를 하는 곳이고, 이들 연구원들이 1990년 세운 아이로봇은 군사용 로봇을 연구하는 회사였다. 이들은 DARPA의 지원을 받아 군사용 로봇을 개발하다가 2002년 이 기술을 가정용 로봇개발에 적용하여 로봇청소기 룸바Roomba를 개발했고, 이를 판매해 선풍적인 인기를 얻었다.

LG와 아이로봇의 차이는 새로운 기술을 얼마나 받아들이느냐의 차이다. 아이로봇은 무기 개발을 위해 연구했던 최첨단의 인공지능 기술을 민간에 적용했지만, LG는 대기업 내부의 기술개발에만 의존했다. 이런 방식을 계속 고집하는 것이, 이들과의 경쟁에서 뒤처지는 이유가 아닌지 되돌아봐야 한다.

6.
프로그래머의 시대

　기술발전을 가속하는 중요한 요인 중 하나는 바로 소프트웨어이다. 과거에는 일의 효율성을 높이거나 숙달된 노동력을 확보하는데 시간이 걸렸지만, 이제는 새로운 프로그램을 개발하여 그 지연시간을 점차 줄여나가고 있다. 프로그램의 장점은 쉽게 전파되고 퇴보하지 않는다는 것에 있다. 인간은 노동의 숙련도를 익히는데 많은 시간이 걸리고 때로는 단절되는 경우도 있지만, 프로그램은 한번 완성되면 후퇴하지 않는다.

　현재 미국의 거대 기술기업의 설립자들은 대부분 컴퓨터 공학을 전공한 프로그램의 천재들이다. 구글은 말할 것도 없고 아마존을 설립한 베조스도 컴퓨터 공학 전공이다. 테슬라의 일론 머스크는 대표적인 프로그래머 출신 경영자이고, 애플은 워즈니악이라는 최고의 프로그래머를 공동창업자로 두었다.

반면 한국 기업의 경영자들 중에는 프로그래머를 찾기 힘들다. 공무원들도 마찬가지고 의사결정자 중에 프로그램의 중요성을 인식하거나 그 기본원리를 잘 이해할 수 있는 사람은 많지 않다. 그런 그들이 혁신의 속도를 이해하지 못하는 것은 당연한 것으로 보인다. 국내 의사결정자들의 소프트웨어를 강조하는 발언이 공허하게 들리는 이유이기도 하다.

다시 일론 머스크의 예로 돌아가 보자. 일론 머스크는 프로그래머로 사업을 시작했다. 스타트업 시기에는 밤새워 코딩 작업을 하고 회사에서 잠깐 쪽잠을 자고 있으면 직원들이 와서 깨우는 식으로 일했다고 한다. 프로그래머로서는 당대 최고 수준의 효율적인 프로그램을 작성할 수 있는 능력이 있었다고 알려져 있다. 심지어 그는 자기가 고용한 다른 프로그래머의 코드를 바꿔서 프로그래머들의 자존심을 건들기 일쑤였다고 한다.

일론 머스크의 진가는 스페이스엑스에서 본격적으로 발휘되었다. 스페이스엑스에서 필요로 하는 소프트웨어를 직접 만들었던 것이다. 비슷한 목표를 갖고 있는 나사나 보잉 같은 대형 기관에서는 외부 업체 혹은 독립된 부서에서 프로그램을 제작했지만, 스페이스 엑스에서는 머스크를 중심으로 하드웨어 기술진과 함께 맞춤형 프로그램을 자체적으로 만들어 사용했다.

로켓 발사에 대해 잘 모르는 프로그래머가 만든 프로그램이었다면 효율도 떨어지고 문제가 생겨도 현장의 기술자와 소통하기도 어려웠을 것이다. 하지만 프로그래머이자 회사의 대표인 일론 머스크는 스페이스엑스에 가장 적합한 프로그램을 만들었고, 문제가 발생하면 현장에서 즉각 수정할 수도 있었다. 프로그래머가 직접 뛰어듦으로써 선두주자가 될 수 있었던 것이다.

일론 머스크의 뛰어난 프로그래밍 능력은 테슬라에서도 빛났다. 테슬라 자동차는 다른 자동차와는 달리 자동차에 장착된 소프트웨어를 업그레이드 하는 방식이다. 테슬라는 처음부터 소프트웨어를 자동차의 부수적인 요소가 아닌, 핵심 요소로 파악하고 제작했다. 소비자들은 이처럼 꾸준히 업데이트되는 소프트웨어에 큰 만족을 얻고 있다.

이러한 방식은 프로그래머가 아니면 생각하기 힘들다. 소프트웨어 업데이트는 원래 차량이 아니라 휴대폰과 같은 전자기기에만 사용되었던 방식이었지만, 프로그래머로서 일론 머스크는 자동차 역시 휴대폰과 같은 방식으로 기능을 개선하는 기계로 전환한 것이다.

테슬라의 소프트웨어적 접근은 자율주행차 개발에서도 빛을 발했다. 테슬라는 그동안 자사의 자동차를 통해 도로의 정보를 수집해왔고, 이는 자율주행차에 필수적인 데이터이기도 했다. 지금도 주기적인 소프트웨어 개선을 통해 정보를 수집하고 있으며 이는 자율주행차의 성능개선에 큰 도움을 준다. 이런 방식에서 탄생한 테슬라의 자율자동차는 세계 최고 수준으로 알려져 있다. 굴지의 자동차회사들보다 더 빠르게 새로운 자동차를 개발할 수 있는 테슬라 자동차의 능력은 소프트웨어 우위에서 시작되었다고 볼 수 있다.

인간을 뛰어넘는 인공지능이 하나 둘씩 등장하자, 곧 인공지능이 세계를 지배할 것이라는 미래에 대한 경고들도 많이 나오고 있다. 하지만 실제로 세계를 지배하는 것은 인공지능이 아니라 인공지능을 설계하는 소프트웨어 기술자이다. 이런 미래에 필요한 것은 소프트웨어에 무지한 정부와 기업이 아니다. 소프트웨어적 마인드를 장착한 프로그래머처럼 소프트웨어를 중심으로 의사결정을 내릴 수 있는 이들이 필요하다.

7.
2차 세계대전에서 배우는 혁신 I
– 변화의 속도

1939년 9월 1일 독일의 전차부대가 폴란드를 공격하면서 2차 세계대전이 공식적으로 시작되었다. 일명 전격전Blitzkrieg이었다. 이 2차 세계대전은 가슴 아픈 전쟁사이기도 하지만, 조직 내 혁신이 어떤 변화를 일으키는지 보여주는 중요한 역사적 사례이다.

독일은 전투기를 투입한 기습공격으로 폴란드의 방어력을 무력화시키는 한편, 전차부대를 이용한 빠른 기동전으로 불과 2주 만에 폴란드를 점령했다. 히틀러가 본격적으로 군비확장에 들어간 것을 미리 알고 1930년대 중반부터 나름 대비를 했던 폴란드가 불과 2주 만에 점령당한 것은 서구 유럽 전체에 큰 충격이었다. 폴란드를 공격한

이 전광석화와 같은 빠른 공격에 대해 언론은 전격전이란 이름으로 독일의 가공할 전술을 대서특필했다.

독일이 폴란드를 침공하자 영국과 프랑스는 독일과의 전쟁을 선언했으나, 이후 소극적으로 방어에 나서면서 이른바 '가짜전쟁Phony war'을 거치면서 향후 전투에 대비하는 기간을 갖게 된다. 프랑스는 1차 세계대전 당시 고착된 서부전선에서의 참호전 기억을 되살려 독일 전차부대를 효과적으로 막아낼 마지노선을 독일과의 국경 전역에 설치했다. 프랑스는 독일과의 전면전이 시작되면 마지노선으로 전선을 교착시켜 시간을 끌고, 이후 전반적인 전력이나 경제력에서 앞선 연합군이 역전할 것으로 판단했다. 모두 1차 세계대전의 승리를 바탕으로 마련된 전략이었다.

그러나 독일군은 신형 전차 등 새로운 무장으로 이 방어선을 무용지물로 만들었다. 1940년 5월 10일 독일군은 마지노선이 아니라 네덜란드와 벨기에 국경을 넘어 프랑스를 향해 빠르게 진군했다. 독일의 신형 전차는 아르덴 고원의 거친 숲길을 거침없이 뚫고 갈 수 있었다. 예상치 못한 기습작전으로 방어막은 한순간에 무너졌고 독일 전차부대의 속도전을 예상하지 못했던 연합군은 우왕좌왕 당할 수밖에 없었다. 연합군은 후퇴하기에 급급했고 결국 유럽 본토에서 쫓겨나듯 영국으로 피신할 수 밖에 없었다.

1차 세계대전 이후 20년에 걸쳐 새로운 병기들이 등장하며 전쟁 기술은 지속적으로 발전했다. 승전국이었던 나라들은 과거의 승리에 도취하여 전술에 변화를 주지 않았다. 반면 패전국이었던 독일은 새로운 방식을 통해 과거의 패배를 설욕하려 했다. 독일군의 전통적 전술에 신형 전차와 전투기를 조합해 새로운 방식으로 기존의 전술을 뛰어넘는 가공할 군대로 재탄생했다.

전쟁은 상상력의 싸움이다. 상상력이 부족한 군대는 오로지 과거의 방식대로만 전쟁을 하고, 새로운 상상력으로 무장한 군대는 신기술과 상대가 예상하지 못한 전략으로 전장을 제압한다.

그러나 새로운 전략이 항상 좋은 것만은 아니다. 모든 전략에는 각각의 위험이 뒤따르기 때문이다. 독일군의 전격전은 적진 깊숙이 들어갈 수 있었지만 그만큼 방어선이 길어지고 측면이 취약해진다는 단점이 있었다. 또한 보급선이 길어지면서 우월했던 전력이 역시 급격히 약화되기도 했다.

이런 부작용 없이 전격전을 시행하기 위해서는 완전히 새로운 군 조직이 필요하다. 공군과 전차부대, 보병을 일사분란하게 조율할 수 있어야 하고, 보급과 측면 방어 등 다양한 요인을 고려해야만 한다. 에르빈 롬멜Erwin J. E. Rommel의 독일 전차군단은 이러한 새로운 전술을 현장에서 실현한 최고의 군대였다. 고성능 전차부대를 일사불란하게 지휘하는 전격전을 통해 파죽지세로 유럽전역을 점령한 롬멜은 당대 최고의 지휘관이었다.

독일군에게 롬멜이 있었다면, 연합군에는 미국의 조지 패튼George S. Patton이 있었다. 1차 세계대전 중 파리에서 처음 전차라는 것을 경험한 패튼은 전차의 중요성을 깨닫고 전쟁이 끝남과 동시에 미군 내 최고의 전차 전문가가 되었다. 그리고 2차 세계대전이 발발하자 그는 1,000대의 전차를 동원한 대규모 훈련을 실시하는 등 미군에 대대적인 변화를 주려고 노력했다.

패튼은 전쟁사, 전략, 전차 등에 해박한 사령관임과 동시에 가장 중요한 '상상력'을 갖고 있는 인물이었다. 패튼은 2차 세계대전이 1차 세계대전과는 다른 양상일 것임을 예견했고, 그 누구보다도 혁신적으로 전쟁을 준비했다. 그는 전차의 기동성을 이용한 작전을 수행하기 위해 전투에 투입되지 않을 때도 병사들에게 강도 높은 훈련을 지시했다. 그리고 그 결과, 노르망디 상륙전 이후 시작된 연합군의 반격에서 패튼의 전술은 진가를 발휘한다.

패튼은 노르망디 상륙작전이 시작된 지 한 달 뒤에 제3군을 이끌고 프랑스에 상륙하며 숨 가쁜 기동전을 펼치기 시작했다. 적군이 의중을 파악하지 못하게 엄청나게 빠른 속도로 전진함과 동시에, 공군과의 협력을 통해 그 효율성을 더욱 높였다. 독일군 전격전의 기법을 한 단계 더 발전시켜 독일군에게 되갚아준 것이었다. 패튼의 기동전은 연합군 내 타 부대가 보조를 맞출 수 없을 정도로 빨라 종종 지휘부의 통제를 받기도 했다.

그 이후 연합군은 파죽지세로 베를린까지 진군하였고, 결국 2차 세계대전은 연합군의 승리로 끝났다. 패튼은 연합군뿐만 아니라 독일군에게서도 최고의 지휘관이라는 찬사를 들었다. 다른 한편으로 패튼은 저돌적이고 충동적이며 기획력이 부족한 지휘관이란 비판도 받아왔다. 그 자신도 그러한 비판을 잘 알고 있었기에, 자신의 판단이 결코 즉흥적인 것이 아니라 수년간의 연구와 고민을 거쳐 형성된 판단이라고 반박하기도 했다.

그는 지휘관들에게 전쟁사를 고대부터 최근까지 철저히 파악하고 있어야 함을 강조했다. 전장에서 전술을 짜기 위해선 과거부터 현재까지의 모든 전쟁의 경험을 파노라마처럼 그려야 한다며 누구보다도 전술의 치밀함을 고려한 전술가였다. 실제로 이탈리아를 공격할 때 로마와 카르타고가 격전을 벌였던 포에니 전쟁을 염두에 두고, 카르타고가 로마로 가기위해 사용했던 진군로를 사용했다고도 한다.

패튼은 전방의 상황을 제대로 알기 위해 매일 아침 정보참모^{G2}로부터 브리핑을 받았다. 기동전을 펼치기 위해서 이는 필수적이었다. 패튼의 제3군은 다른 부대보다 훨씬 규모가 큰 정보참모실을 운영했는데, 이는 같이 기동전을 운용하는 공군과도 협력하기 위해서도 중요했다.

기동전에서는 병참의 역할도 매우 중요하다. 그래서 제3군에서는 정보참모와 함께 군수참모^{G4}가 중요한 역할을 했다. 병참을 책임졌던 뮬러 대령은 유연한 사고와 현장의 적응력과 임기응변을 강조했다. 가공할 패튼의 기동전을 지원하기에는 지금까지의 병참방식으로는 한계가 있었기 때문이었다.

전쟁의 승패는 신기술을 새로운 환경에 적용하는 상상력에 의해 좌우된다. 패튼의 혁신적 전술은 전차부대가 전쟁의 중심이 될 것이라는 치밀한 계산에서 시작되었다. 거기에 동서고금을 막론한 대 전략가들과 창의적인 현장 지휘관들의 의견을 종합해 전쟁을 승리로 이끈 전술이 만들어졌다.

군이나 기업이나 국가나 모두 마찬가지다. 언제나 미래에 다가올 전쟁을 대비해야한다. 전담 부서와 인력을 들어 신기술의 동향을 파악하고 필요한 신기술을 조기에 수용할 준비를 갖춰야 한다. 상상력을 동원하여 다가올 미래의 모습을 그리고 그에 알맞은 기술을 개발하고 현장에 접목해야 한다.

2018년 성공적으로 치러진 평창 동계올림픽 개막식의 하이라이트는 1,218대의 드론으로 올림픽 오륜기와 평창 마스코트 수호랑을 하늘 위에 수놓는 장면이었다. 2016년 독일에서 이뤄진 500대의 드론 공연을 갱신한 세계최고 기록이었다. 1,218대의 드론이 각자 하늘 위에 미리 정해진 자기 위치를 찾아 비행하는 방식의 프로그램을 성공적으로 수행한 것이다. 이는 곧 드론 기술이 얼마나 섬세하고 화려하게 명령을 수행할 수 있는지 보여주는 것이었다. 1,000대가 넘는 드론을 동시에 통제할 수 있는 기술은 향후 플라잉카flying car가 보편화되었을 때의 모습을 미리 상상할 수 있도록 해 주었다.

신기술을 개발한 이들은 그 신기술을 기반으로 남들이 상상 하지 못한 혁신을 이어나갈 것이다. 그리고 그 혁신은 어느 나라에서나 일어날 수 있다. 혁신 경쟁의 승패에 따라 국가 경제의 운명이 좌우되고 있는 현재, 무엇보다 변화의 속도를 인식하는 것이 중요하다. 새로운 시대에 벌어질 기업 간 전쟁의 승패 역시 기업 내 전략가들의 상상력에 달려있다.

3. 혁신생태계를 가꿔야 한다

1.
중관촌은 어떻게 탄생했는가?

　앞서 소개한 리카이푸는 인공지능 전문가로 애플, 마이크로소프트, 구글을 거쳐 구글차이나 사장 자리에까지 오른 인물이다. 구글차이나 사장으로 중국에서 근무하면서 그는 자연스레 중국 스타트업들의 가능성에 주목하게 되었다. 그들의 열정과 경쟁력을 확인한 리카이푸는 2009년에 구글을 그만두고 시노베이션벤처스를 설립하며 본격적으로 중국 스타트업 육성에 나섰다. 그는 미국의 시스템을 잘 알면서 동시에 중국의 발전 초기부터 함께 해, 중국의 혁신생태계를 제대로 평가할 수 있는 인사로 알려져 있다.

　그가 시노베이션벤처스를 차리고 얼마 지나지 않은 2010년, 중관촌 관리자인 궈훙이 그를 찾아왔다. 중관촌을 중국판 실리콘밸리로 만들고 싶었던 궈훙은 리카이푸에게 미국 실리콘밸리에 관해 꼬치꼬치 캐물었다. 리카이푸는 창업 클러스터 타운인 실리콘밸리에서 기업가들과 벤처캐피털, 스타트업 간의 네트워크가 어떻게 작동하는지에 대해 자세하게 설명해 주었다. 이러한 조언을 기반으로 궈훙은 중국판 혁신생태계를 계획하기 시작했고 중국 정부도 적극적으로 지원해주었다.

귀훙의 계획이 중국 정부의 핵심사업으로 추진되면서 중국의 성공적인 기업들은 대기업으로 빠르게 성장했다. 자신감을 얻은 중국의 리커창 총리는 2014년 가을 톈진에서 열린 다보스포럼에서 "대중창업 만중창신大衆創業 萬衆創新"을 천명하기에 이르렀다. 누구나 창업을 하고 창조와 혁신에 임하자는, 그야말로 담대한 구호를 자신있게 전면에 내걸며 스타트업 시대에 출사표를 던졌다.

장관으로서 한국의 실리콘밸리를 만들기 위해 고민하던 나는 궈훙의 호기심에 백분 공감했다. 나 역시도 중소벤처기업부 직원들과 업계로부터 많은 조언을 들었지만 전체적인 윤곽을 잡기란 절대 쉽지 않았다. 중국보다 늦었으니 그만큼 더 적극적으로 창업을 지원해야 한다는 것은 동의할 수 있었다. 그런데 막상 '어떻게 지원할 것인가'에 대한 구체적 방안은 손에 잡히지 않았다.

중국을 이기기 위해 우리도 무언가는 해야 했으나 그런 의지를 이끌어낼 공감대는 없었다. 오히려 어떤 이들은 우리가 벌써 실리콘밸리의 외형 정도는 갖추고 있다고 했다. 우후죽순 쏟아져 나오고 있는 창업공간과 쉴 새 없이 벌어지고 있는 스타트업 행사 등을 거론하면서 이제는 스스로 꽃을 피우기만을 기다리면 된다는 것이다. 이런 상황을 개선시키기 위해 무언가를 해보려 해도 아무도 장기적이고 전체적인 정책을 위한 적극적인 의지를 보여주지 않았다. 정부는 현장의 요구에 대응하기도 바쁘다는 입장을 내놓을 뿐이었고, 현장에서도 역시 직접적인 혜택이 오는 정책 외에는 관심을 두지 않았다.

실리콘밸리의 핵심은 창업 생태계에 있다. 창업기업을 무조건적으로 지원한다고 해서 성공하는 것은 아니다. 수많은 창업기업 중에서 성장성 있는 기업들을 선별하고, 적절한 인적, 물적 자원을 제공하는 시장이 있어야 한다. 다시 말해 일명 '죽음의 계곡death valley' 등 창업에서의 단계별 난관을 극복하게 해주는 생태계가 있어야 한다. 우선 이런 생태계가 만들어져야 현장에서 더 적극적인 의지를 끌어낼 수 있다. 그런데 지금은 기업을 위한 공간만 열심히 제공했을 뿐이다. 전체적인 생태계를 어떻게 조성할 것인지에 대한 논의는 여전히 부족하다.

그만큼 생태계를 만드는 일은 쉬운 일이 아니다. 앞에서 우리가 확인한 80년대 한국이 이룬 그런 생태계는 국가의 모든 자원을 총동원해서 만든 것이었다. 한국은 일본의 시스템을 받아들여 대기업을 육성하는 정책을 폈고, 대기업들은 불안하고 절박한 심정으로 새로운 사업을 성공시키기 위해 노력했다. 그 결과가 지금 세계적인 경쟁력을 가진 기업들이다. 그러나 시대가 바뀔 때 우리는 제때 적응하지 못했고, 그 탓에 더 이상 세계적인 기업을 만들어내지 못하고 있다. 반면에 중국은 보란 듯이 짧은 기간에 중관촌을 실리콘밸리와 같은 생태계로 만드는데 성공했다.

귀홍의 중관촌 개편을 기점으로 보면 우리는 10년이 늦었다. 리커창 총리의 2014년 선언으로부터 보면 6년이 늦었다. 그러나 우리가 백지에서 시작하는 것은 아니기 때문에 열심히 노력하면 쫓아갈 수 있을 것이다. 제대로 핵심을 파악하고 적극적으로 투자하면 중국을 충분히 쫓아갈 수 있다.

2.
터스파크 방문기

2018년 6월 나는 주말을 포함한 1박2일 일정으로 중관촌을 방문했다. 제일 먼저 칭화대학에서 운영하는 터스파크TusPark, Tsinghua University Science Park를 방문했다. 차도에서 내려서 계단을 올라가면 양쪽에 빌딩들이 늘어서 있었다. 건물 1층에는 카페나 편의시설이 있어 자연스럽게 거닐면서 구경할 수 있었고, 건물 내부로 들어갔더니 기업들을 위한 공간과 창업자들을 위한 책상들이 빼곡히 들어찬 작업 공간도 있었다. 우리가 방문할 곳으로 이동 중에는 다양한 건물들을 볼 수 있었다. 한 조그만 건물 로비에서는 스타트업 행사를 위해 스피커를 설치하는 등 부산한 모습이었다. 옹기종기 모여 피칭하는 모습을 그려보니 역동성이 느껴졌다.

우리가 방문한 기업은 인공지능 분야에서 최초로 유니콘 기업이 된 센스타임SenseTime이었다. 본사는 홍콩에 있고, 터스파크에 베이징 지사를 두고 있었다. 특히 얼굴 인식 기술에서 세계 최고로 알려진 기업이었다. 수만 명이 있는 경기장에서 얼굴 인식 기술을 이용해 범죄자를 찾아냈다는 보도의 주인공이기도 했다. 찍은 사진을 동화처럼 예쁘게 보정하는 인기 앱도 이 회사 제품이라고 했다. 센스타임의 핵심 기술은 얼굴을 비롯한 이미지와 물체, 텍스트를 인식할 수 있는 인공지능 알고리즘이었다. 이를 통해 엔터테인먼트, 보안, 모바일 등 다양한 산업으로 진출할 수 있었다고 했다. 외부인에게는 최첨단의 기술은 보여주지 않았지만, 길거리의 CCTV를 통해 개인을 식별하고 마트 내에서 식별된 개인이 어디로 가는지를 자동적으로 추적해서 빅데이터를 축적하는 방식은 인상적이었다.

견학 후에는 터스파크 운영본부의 임원이 나와서 터스파크의 연혁과 운영에 대해 자세하게 설명해 주었고, 질의응답을 통해 궁금한 점을 해소할 수 있는 시간을 가졌다.

그 다음에는 유명한 중관촌의 카페거리를 들렀다. 중관촌 설립 초창기에 전국에서 창업자들이 이곳에 몰렸다고 한다. 시골에서 짐을 싸들고 온 청년이 카페에서 숙식을 해결하며 성공했다는 전설도 있다. 지금은 터스파크와 베이징 시내 전역에 창업공간들이 많이 생기면서 창업카페들은 많이 보이지 않았다. 카페거리는 중관촌의 역사적인 장소로 더 의미를 두고 있는 듯 보였다.

거리는 한산했지만 그래도 아직 명맥을 유지하고 있는 대표적인 창업카페를 들렀다. 천정이 그대로 보이는 인더스트리얼 인테리어 장식에 노트북 작업이 편리하도록 콘센트가 있는 넓은 책상이 빼곡 들어차 있었다. 가운데에는 피칭을 할 수 있는 작은 무대도 있었고 카페답게 커피머신이 한 쪽에 보였다. 한산한 거리와는 달리 카페는 거의 만석이었고, 노트북으로 뭔가를 하고 있는 청년들이 대부분이었다. 카페거리에 내려오는 전설을 증명하는 듯, 지금도 몇몇 자리에는 침낭같이 보이는 짐들이 쌓여있는 모습이 인상적이었다.

베이징에서 운영하는 중관촌 소개관도 들렀다. 소개관은 중관촌의 역사와 대표적인 기업들, 그리고 최근 스타트업이 개발한 제품을 전시하고 있었는데, 우리나라의 것과 크게 다른 것은 없어 보였다. 창업기업의 성장에 따른 단계별 지원책 역시 우리나라의 정책과 유사해보였는데, 심지어 시기적으로는 우리가 앞서기도 했다. 함께 간 직원은 우리 것을 모방했을 가능성이 더 높다고 이야기해 주었다. 10여 년 전만 하더라도 중국의 관리들이 한국에 와서 창업지원에 대해 많이 물어보았다고 한다.

카페거리에는 우리 과학기술정통부에서 운영하는 한국혁신센터 Korea Innovation Center, KIC도 발견할 수 있었다. 과기부 소관이라 과학자들의 교류센터인 줄 알았는데, 일반 창업지원센터와 비슷했다. 아마도 지금은 중소벤처기업부가 담당하는 창업이 이전에는 미래창조과학부의 소관이었기에 그리된 모양이다.

한국혁신센터는 현재 미국과 유럽 등에 4개의 센터가 있고, 2020년 운영예산은 50억 원에 불과하다. 한국혁신센터 건물의 크기는 대한민국의 위상에 걸맞지 않게 왜소했다. 우리가 중국의 중관촌에 창업센터를 만든다면 뚜렷한 목표와 함께 성과를 낼 수 있는 정도의 규모가 되어야 하는데, 창업공간 열 개 내외를 지원하는 시범적인 센터 정도로 보였다. 이 사안은 혁신 생태계를 조성하는데 매우 중요하므로 나중에 다시 거론하기로 하자.

성공적인 혁신생태계에 직접 와서 보고 듣는 일은 나에게 미처 몰랐던 새로운 것을 많이 깨닫는 계기가 됐다. 터스파크는 공공기관이라기보다는 짜임새 있게 운영되는 민간기업 느낌이 많이 들었다. 머릿속 퍼즐이 맞춰지는 느낌을 받았다.

혁신생태계를 바라보는 새로운 시각이 필요하다는 것은 터스파크를 다녀온 사람마다 하는 이야기다. 실제로 많은 사람들이 중관촌을 이야기하고 우리도 중관촌처럼 되어야 한다고 하지만, 그동안 중관촌의 핵심을 얘기하는 논의는 없었다. 이와 연관지어, 가보고서야 알게 된 중관촌에 대한 새로운 내 생각은 다음과 같다.

첫째, 외형적인 부분부터 말하자면 터스파크는 그야말로 공원이었다. 한나절동안 터스파크를 돌아다녀본 결과, 이곳에서 소통하는 이들은 큰 불편함 없이 자연스레 서로 만날 수 있을 것 같았다. 가장 인상 깊은 점은 한 번도 차도를 건널 필요가 없었다는 것이었다. 일정을 마무리하고 마지막 건물에서 나올 때 그제야, 나는 차들이 지하로 다닌다는 것을 알게 되었다. 애당초 차도를 없애고, 사람들이 다니는 곳을 산책로처럼 만들어 교류가 자연스럽게 이뤄지게 한 것이다. 또한, 터스파크는 청화대와도 유기적으로 연결되어 자유롭게 드나들 수 있도록 설계되어 있었다. 터스파크는 사람 간 교류를 중심으로 조성된 새로운 공간이었다.

한편 국내에는 서울 강서구에 마곡 사이언스파크가 있다. 해외, 특히 중국에 사이언스파크가 대거 들어서자 그에 맞춰가기 위해 우리도 서울의 미개발지를 이용해서 사이언스파크를 조성한 것이다. 아마 강변 옆에 있고 중간에 공원 부지를 크게 만들어 녹지 공간을 넓혔으니 사이언스파크로 부족함이 없다고 판단한 것 같다.

그러나 터스파크와 마곡 사이언스파크는 전체 공간을 구성하는 방식에서 큰 차이를 보였다. 마곡 사이언스파크는 도로로 조각나 있었다. 교통의 편의를 위해서라지만, 조각난 필지들을 분양하여 소유자들끼리 경계를 쌓고 건물을 짓는 방식은 그저 과거 공단이나 아파트 단지 분양 방식을 그대로 채택한 것이었다. 사이언스파크로서의 하드웨어적 특색은 보이지 않았다. 지하에 창업자를 위한 창업공간을 만들었다는 것을 제외하고, 이전에도 보았던 R&D센터가 들어선 것뿐이었다. 이 차이를 보지 못하는 것이 국내 혁신 논의의 현주소이다.

둘째, 터스파크를 조성한 것이 칭화대라는 사실에 우리는 주목해야 한다. 터스파크에선 칭화대 연구자들이 직접 기업들과 교류한다. 이런 대학 주도의 사이언스파크가 현재 122개의 대학을 기반으로 62개가 있다고 한다. 이는 중국에서만 일어나는 일이 아니다. 실리콘밸리에는 스탠포드대학이 있고 버클리 대학도 지척에 있다.

마곡 사이언스파크 근처에는 대학이 없다. 나는 개인적으로 대학이 없는 사이언스파크는 효과를 발휘하기 어렵다고 생각한다. 사이언스파크라면 최고의 연구진이 모여 있어야 하는데, 상대적으로 폐쇄적인 기업들은 클러스터 공간에서 시너지 효과를 발휘하기 어렵다. 국내에는 현재 대학이 조성한 사이언스파크가 없다. 정부가 대학 창업보육센터를 지원하는 수준이다.

대학과 연계되지 않은 사이언스파크를 조성한 것은 그냥 기업의 R&D를 지원하기 위해 특혜로 부지를 분양한 것에 지나지 않는다. 사이언스파크가 중요하다고 모두가 이야기하니 사이언스파크를 짓지만, 그 본질은 진정한 사이언스파크와는 거리가 있어 보인다. 그런데 아무도 이 문제를 지적하지 않으니 다른 분야에서도 같은 일이 반복되고 있다. 이 문제가 이 책의 핵심 내용 중 하나이기 때문에 나중에 추가로 다루기로 한다. 왜 우리는 대학에 사이언스파크를 조성하는 논의를 하지 않을까?

셋째, 칭화대는 2003년 4,000억 원의 씨앗자금Seed Money을 받아 칭화홀딩스를 설립했다. 이 회사의 자산 총액은 3조 6천억 원(2006년)에서 무려 60조 원(2016년)까지 늘어났다. 칭화홀딩스가 투자한 자회사의 매출액은 2016년에 12조 원, 칭화대와 명문을 다투는 베이징대 자회사의 매출액은 14조 원에 달했다. 이렇게 대학이 직접 투자하는 산학협동을 주목할 필요가 있다. 서로 이해관계가 다른 학자들과 기업들이 혁신적인 협업 작업을 하기는 쉽지 않은 것은 사실이다. 그러나 대학이 직접 투자를 하고 그 투자 수익을 높이기 위해 대학의 연구자들을 적극적으로 활용하는 것은 훨씬 효과가 클 수 있다.

2019년 말 기준으로 서울대학교가 투자한 회사의 매출액은 329억 원에 불과하다. 칭화홀딩스가 1,500개 기업에 투자하고 있는데, 서울대학교는 30개에 불과하다. 왜 우리는 중국처럼 대학에 투자자금을 지원하지 않았을까?

넷째, 터스파크는 독립적인 재단으로 운영되고 있었으며, 운영진들은 기업가 정신으로 모험을 두려워하지 않았다. 설립 초기의 기업들이 급성장하며 터스파크도 함께 성장할 수 있었다. 계속되는 투자로 재정이 넉넉해 보이지는 않았지만, 기본적인 부동산 수입을 바탕으로 운영과 투자를 확대하고 있었다. 왜 우리 대학에는 기업을 운영하듯 벤처기업이나 스타트업에 투자하는 독립적인 재단이 없는지도 함께 논의해봐야할 것이다.

다섯째, 터스파크는 중국 전역에 30개의 지사를 두고 있을 뿐만 아니라 해외에도 지사를 확장하고 있다. 이 사실은 내게 큰 충격으로 다가왔다. 터스파크는 미국, 캐나다, 영국을 비롯해서 세계 각 국의 주요 대학 인근에 지사를 설립하며 새로운 기술과의 접근성을 늘리고 있었다. 영국 캠브리지 대학에는 바이오혁신센터를 세웠다. 바이오 분야에서 성과를 내기 위해 전략적으로 진출한 것으로 보였다. 전 세계 최고 기술진과 소통하고 교류하겠다는 의지가 보였다. 재정이 빈약한 한국의 대학으로서는 꿈도 꿀 수 없는 이야기였다.

실리콘밸리만의 방식으로 창업생태계를 이뤄낼 수 있는 것은 아니었다. 내가 알고 있었던 실리콘밸리의 장점을 중국인들은 자신들의 방식대로 잘 살려냈다. 중관촌 성공의 핵심은 대학에 있었다. 중국은 베이징에 있는 수많은 대학을 중심으로 창업기업들을 지원하는 벤처캐피털과 인큐베이터, 행정 등 일련의 서비스를 잘 갖춘 생태계를 짧은 시간에 성공적으로 만들어 냈다.

중관촌 방문은 나에게도 생각을 넓힐 좋은 계기가 되었다. 그동안 주창해왔던 개방형 혁신, 오픈이노베이션open innovation의 중요성도 다시 한 번 깨닫게 되었다. 중소벤처기업부의 정책에도 큰 변화를 주었다.

<blockquote>창업생태계의 핵심은 개방형 혁신에 있다.</blockquote>

이로써 나는 최고 수준의 과학자와 기술기업들이 자유롭게 교류하고, 행정과 자금 지원을 위해 공무원과 벤처캐피털이 함께 소통하는 거대한 공원을 만들어야 한다는 구체적인 목표를 세울 수 있게 되었다.

2019년 3월 대통령께 제2벤처붐 조성을 위한 대책 보고를 드릴 때, 부처간 사전 조정과정에서 나는 매년 조 단위의 대학 지원 펀드를 요청했다. 한국 대학들이 이때까지 보여주지 못했던 기술지주회사를 운영하는 능력을 지금이라도 키워야 한다는 생각이었다. 지금부터라도 시작하면 십 년 후면 어느 정도 성과를 기대할 수 있을 것이었다. 어느 정도 실패도 있겠지만 제대로 운영하는 대학이 하나라도 나오면 한국경제의 혁신을 선도할 수 있다는 계산이었다.

대학이 창업기업을 키울 수 있도록 돕는, 중소벤처기업부의 지원제도는 다 마련해 놓았다. 기술에 대한 정보를 지닌 대학이 팁스Tech Incubator Program for Startup Korea, TIPS 운용사이자 벤처캐피털이 되어 창업기업을 적극 지원하면 큰 효과를 기대할 수 있을 것이다. 대학의 교수나 학생들에 의한 창업도 더 활성화될 것이다.

초기에는 연간 수천억 원으로 시작해 곧 조 단위로 올리는 정도의 과감한 투자가 필요하다고 보았다. 예산당국과 협의한 결과, 대학 기술지주회사 전용펀드를 만들되 첫 년도에 500억 원으로 시작해서 2022년까지 총 6천억 원을 지원하는 최종안이 만들어졌다. 우리 정부 내에 벤처를 지원하겠다는 공감대가 있었기에 가능한 것이었지만 나의 절박감을 충족시키기에는 아직 부족했다.

게다가 투자보다 더 중요한 것은 개방형 혁신이 가능한 창업생태계다. 벤처 투자를 강조했던 정부 내에서도 이 중요성을 설득하기는 쉽지 않았다. 이런 기반이 없다면 미국이나 중국과 경쟁했다가는 패배할 것이 분명했다. 미국이나 중국과 경쟁을 해보겠다는 적극적 의지도 없었고, 더 큰 문제는 실제로 그만한 노력을 하지도 않으면서, 우리도 그들처럼 다 하고 있다는 잘못된 믿음에 있었다. 즉, 효과를 내기 힘든 사이언스파크를 만들어 놓고, 우리도 사이언스파크를 만들었다고 생색내는 것이 전부였다.

초기에 사이언스파크가 중요하다고 주장하던 사람들은 특혜로 부지를 분양받고 나서는 더 이상 그 내용에 대해서는 거론하지 않고 있다. 실상을 잘 모르는 정치인들이나 일반인들의 입장에서는 부족함이 없다고 생각할 것이다. 그러나 현실은 R&D 센터들을 그저 한 곳에 모아놓고 뭔가가 이루어지기를 기대하는 정도다. 그 많은 돈을 콘크리트 단지에 쏟아 부으면서, 사이언스파크도 제대로 만들지 못하고, 또 대학기술지주회사 펀드조성에 돈을 아낀다는 것은 나로서는 답답한 노릇이었다.

나는 터스파크 방문 이후 많은 사람들에게 이 문제의 중요성을 강조했다. 기회가 있을 때마다 중국과 한국의 현실을 비교해가며 성찰의 기회를 가졌다. 강연을 하거나 언론인들을 만날 때마다 얘기했으나 공론화하는 언론은 없었다. 학자들도 마찬가지였다. 오픈이노베이션의 중요성을 강조하고 또 강조했지만 아무도 적극적인 관심을 기울이지 않았다. 정부 비판과 관련 없는 이야기에는 관심이 없는 듯 보였다. 이 중요한 문제에 공론의 장은 열리지 않았다.

3.
구글캠퍼스와 판교 테크노밸리

　스타트업 시대의 선구자인 구글은 세계 최고의 자리에 올라서도 안주하지 않았다. 실리콘밸리를 벗어나 창업열풍이 부는 전 세계 주요 도시에 구글캠퍼스를 내기 시작한 것이다. 구글은 현재 서울을 비롯해 런던, 마드리드, 상파울루, 텔아비브, 도쿄, 모스크바 등에 구글캠퍼스를 설치하고 스타트업을 지원하는 프로그램을 운영하고 있다. 이 캠퍼스는 구글의 지사와는 별개의 창업지원기관이다. 구글이 서울에도 캠퍼스를 냈다는 소식은 상당히 고무적인 일이었다. 벤처업계로부터 세계 기술기업들이 더는 한국을 쳐다보지 않는다는 이야기를 장관에 취임하면서부터 들었기 때문이었다.

영리기업인 구글이 이렇게 다른 나라의 창업자를 돕겠다고 나서는 이유는 무엇일까? 물론 소프트웨어 기업으로서 자신들의 지식을 전파하고자 하는 선의도 있겠으나, 더 중요한 것은 각국의 혁신기업들과의 교류를 활발히 해서 해외에서 나오는 혁신을 놓치지 않기 위함이다. 각국의 혁신 인재들과 교류해서 잠재적 가능성을 발굴하고, 그것을 구글의 자산으로 삼고자 하는 것이다. 구글은 혁신이 전 세계 어디에서나 일어날 수 있음을 알고 있고, 누구보다 먼저 접근해야 할 필요성도 느끼고 있다. 그리고 이는 혁신의 속도에 있어 매우 중요하다.

국내에서도 구글캠퍼스를 본떠 창업공간 만들기 열풍이 불었다. 2012년 5월 20개 금융기관이 5,000억 원을 출자하고, 은행연합회가 만든 은행권청년창업재단은 창업 생태계 허브인 디캠프를 설립했다. 디캠프는 선릉역 인근 건물에 입주해서 청년 창업공간을 지원하고 다양한 창업지원 프로그램을 운영하며 우리나라 창업지원프로그램의 선도적 역할을 했다.

정부는 정부대로 2015년에 중소기업청 주관으로 강남구 역삼동에 TIPS타운을 건립했다. 역삼동의 건물 두 동을 전부 빌려서 창업공간으로 운영하고 있고, 최근 홈페이지 소식에 따르면 운영사 9개 및 창업팀 51개, 창업지원기관 8개 등 총 569명이 입주해 있다고 한다. TIPS타운에서 열리는 창업관련 행사와 민간투자 주도형 기술창업지원 프로그램은 정부 사업으로서는 드물게 꽤 인기가 있었다.

TIPS타운이 많은 호응을 받는 것은 사실이지만, 실리콘밸리나 중관촌과 비교해 보면 아쉬운 점도 많았다. 제일 아쉬운 것은 위치였다. 물론 TIPS타운 조성 결정은 정부와 국회를 거쳐야 하는 것이기 때문에 당시 사정이 있었을 것이다. 또 창업공간이 많지 않던 당시에 이러한 결정이 창업지원에 크게 이바지했음을 부정할 수 없다. 하지만 만약 위치를 다시 결정할 기회가 된다면 나는 임대료가 비싼 역삼동에 TIPS타운을 만드는 것에 반대했을 것이다. 비싼 임대료만이 문제가 아니다. 이것은 대학 및 연구소와의 협업을 고려하지 않은 결정이었다. 이 지역은 대기업의 연구자들도 없고, 연구기관도 없으며 대학도 근처에 없다. 고급 과학기술을 접하기 어려운 지역이다. 차라리 서울대 앞의 고시촌이 쇠락한 신림동이나 대학들이 몰려있는 신촌에 TIPS타운을 설립하거나, 아니면 아예 대학 내 공간에 만들었을 것이다.

실제로 장관 재임 시절, 나는 TIPS타운을 대전 충남대 부지 내에 만들기로 했다. 카이스트가 건너다보이는 장소라 상당히 기대되는 위치인데, 예산의 제약으로 건물 한 동이라는 게 많이 부족하게 느껴졌다. 물론 건물이 중요한 것은 아니다. 충남대와 카이스트의 연구진들끼리 충분한 협업이 이루어질 수 있는 프로그램이 많이 만들어지기를, 성과를 내는 시범사업이 되기를 기대하고 있다.

최근 들어 대기업들도 창업공간 조성에 적극적이다. 삼성은 2012년부터 C-Lab^Creative Lab을 만들어 사내 벤처 육성 프로그램을 운영하며 100여 개의 프로젝트를 발굴했고, 2015년부터는 더 전문적으로 창업을 지원하고 있다. 한화생명은 2016년에 핀테크 스타트업 지원사업인 '드림플러스63'을 개장했고 2017년에는 '드림플러스 강남센터'를 열어 본격적인 스타트업 지원에 나섰다. 현대자동차도 2017년 미국과 이스라엘에 이어 2018년 국내에 '제로원'을 개장하는 등 세계 각지에 개방형 혁신 센터를 열어 전장기업의 M&A를 위한 전초기지로 삼을 것이라고 천명했다. LG도 마곡의 사이언스파크 내 청년창업 공간을 제공하는 등 대기업들도 창업공간과 지원프로그램을 제공하는데 열정을 보여주고 있다.

대기업의 기술력과 유통망에 접근하고자 하는 스타트업에게 이런 공간들은 매우 매력적이다. 그러나 중관촌과 비교했을 때, 대기업의 이런 창업공간 지원은 근본적인 한계를 가지고 있다. 오직 대기업과 창업기업만의 협업을 전제로 하는 것도 문제지만, 더 큰 문제는 현재 청년 창업을 지원하는 사회공헌 차원에서만 운영하고 있다는 것이다. 유행처럼 늘어나는 공공기관의 청년 창업공간 확대 역시 마찬가지다. 오로지 공간제공에만 힘을 싣고 있고, 그러다 보니 공간을 제공한 이후 혁신을 위해 무엇을 해야 하는지에 대한 고민은 상대적으로 부족해 보인다.

이런 상황에서 2017년 말 판교 제2테크노밸리 개장식이 열렸다. 정부에서 적극적으로 벤처투자정책을 취하는 가운데 열린 이 행사는 제2테크노밸리의 첫 번째 입주건물인 지원센터 완공을 축하하는 자리였다. 장관이 되어 얼마 되지 않은 상황에서 멋모르고 참석한 행사였는데, 당시에도 그렇게 인상적이지는 않았다. 이전의 공간들과 다를 바가 없었기 때문이다. 이미 판교에는 수많은 벤처기업이 터를 잡고 있었고, 굳이 국가까지 나서서 투자할 이유는 없었다. 벤처 타운으로 정해서 벤처기업들 위주로 입주기업을 정하면 될 일이었다. 제 2테크노밸리는 높아진 임대료 때문에 입주하기 부담스러워하는 스타트업들을 위해 공간을 제공하는 목적도 가진 것으로 보였다.

이곳도 다른 창업지원공간과 마찬가지로 필지 단위로 독립된 건물들을 만들어 놓고 경기개발공사와 LH공사가 각기 개발하는 방식이었다. 한쪽에 수익사업을 할 수 있는 공간을 만들어 놓고, 그곳의 분양을 통해 수익을 내서 다른 공간을 지원하겠다는 방식으로 보였다.

그런데 정부가 바뀌면서 어느 부서가 주관할 것인지 애매하게 되었다. 사업을 추진할 때는 미래창조과학부에서 전체적으로 조율하고 있었는데, 미래부의 창업지원 부서가 중소벤처기업부로 이관되면서 중심을 잡는 게 누구인지가 불확실하게 된 것이다. 그런 상황에서 각각 개발은 계속되고 있었다. 우선은 중소벤처기업부가 나서서 전문가들의 의견을 참조하며 설계 변경을 요구하기로 했다.

이런 상황에서 우선 안심이 되었던 것은 전체 단지를 설계한 담당자의 말이었다. 그는 소통과 교류의 중시를 원래 취지로 삼았다고 한다. 나 역시 창업을 지원하는 공간에서는 소통과 교류가 최우선이라고 생각하고 있었기 때문에 어느 정도 안심이 됐다.

하지만 그 괴리는 은근히 컸다. 해결해야 할 문제가 많았다. 예를 들면 이런 것이었다. 내가 보기에는 분리되어 보이는 건물과 건물에 대해, 설계자는 이전과 달리 건물을 연결하는 공중보행통로를 만들어 연결했다는 것이다. 또한 지상 1층은 값비싼 암석과 조경으로 꾸며져 보기에는 좋았지만 각 건물 입주자가 서로 만나기는 어렵게 되어있었다. 차라리 건물의 1층을 개방하고 건물 사이를 잔디공원으로 만든다면 양쪽 건물의 입주자들이 자연스럽게 만날 수 있는 공간이 될 것 같았다.

이러한 차이는 '카페거리의 중요성'에 대한 인식에서 비롯되었다. 카페거리처럼 사람들이 서로 만날 수 있는 공간은 혁신에 있어 매우 중요하다. 혁신에 골몰하는 창업자들끼리 만나 서로 고민을 털어놓고 기술이나 경영의 도움을 받거나, 벤처캐피털리스트를 만나 투자를 요청하는 공간이 되어주기 때문이다. 바로 이러한 교류의 공간이 실리콘밸리, 중관촌, 스테이션에프 등에서 중요한 위치를 차지하고 있다. 그런데 국내에서는 창업공간을 만들면 그냥 한 건물 내에 폐쇄적인 공간을 만들고 있다. 판교의 테크노밸리도 마찬가지였다.

교류공간과 더불어 정주공간도 중요하다. 실리콘밸리와 중관촌은 초기부터 임대주택을 충분히 갖추고 있었고, 스테이션에프도 정주공간에 대한 노력을 멈추지 않았다. 하지만 판교는 이미 땅값이 너무 올라서 스타트업 직원들로서는 그 비용을 감당하기 어려운 지역이다. 실제로 개장 이후 스타트업의 출퇴근이 너무 버거워 회사를 그만둔 직원들도 많았다고 한다.

테크노밸리는 다행히도 작은 아파트단지를 포함하고 있었지만, 아쉬운 점은 설계자들이 스타트업 행태를 잘 모른 채 건설을 했다는 것이다. 스타트업 지원용 아파트는 일반 아파트와 같을 필요가 없다. 최근 도입되고 있는 공유주택 방식이면 충분하다. 개인 공간을 조금 포기하더라도 소통과 교류를 위한 공유공간을 갖춘 새로운 방식이면 괜찮다. 그러나 이런 고려를 하지는 않아 보였다.

이 스타트업 지원사업은 그야말로 수천억 원의 예산을 들인 것이었다. 프랑스의 스테이션에프 건설에 들인 예산보다 많으면 많았지 작지는 않을 것이다. 그렇지만 보면 볼수록 스테이션에프와 같은 효과가 날지는 의문이 들었다. 스타트업에 대한 고려 없이 그저 일반 택지 분양하듯, 일반 오피스건물 짓듯 건설하고 있었다.

눈에 보이는 하드웨어에 대한 기획도 제대로 되지 않았는데, 이보다 더 중요한 운영에 관한 계획이 잘 작성되었는지도 의심스러웠다.

구글 본사에 가보면 이른바 구글 플렉스Google Plex라 불리는 광장이 있다. 이곳에서는 원색의 의자와 탁자들이 무질서하게 널려 있고, 편하게 이야기를 나누는 사람들을 볼 수 있다. 볕 좋은 오후에 커피를 마시며 컴퓨터를 쳐다보거나 동료들과 이야기할 수 있는 이 장소는 수평적이고 신속한 의사결정과 다양한 소통을 중요하게 여기는 구글의 문화를 잘 보여주고 있다.

반면 우리는 소통을 강조하기 위해 막대한 예산을 투자하고 있지만 특별한 효과는 기대하지 못하고 있는 상황으로 보인다.

테크노밸리는 많은 예산을 들이지 않으면서도 최적의 결과물이 나오도록 설계 변경 작업을 진행했다. 직원들, 전문가들과 논의를 거쳐, 소통과 교류를 극대화할 수 있는 안을 도출해 개선하도록 요청했다. 그렇지만 이곳을 제대로 운영하기 위해서는 큰 변화가 필요할 것이다. 단순히 현장 책임자에게 맡길 일은 아닌 것으로 보인다. 얼마나 바뀔지는 모르겠다. 기대할만한 효과를 내기 위해선 변화가 필요하다.

테크노밸리 개선을 위해 몇 차례 전문가들의 의견을 구하다 보니 그리 어려운 일은 아니었다. 전문가들은 본받을 해외 사례를 많이 알고 있었고, 그중에서는 아주 간단하게 성공한 사례도 있었다. 소통과 교류의 문화를 만들어나가는 것을 목표로, 서로 공부하고 현장에서 조금씩 바꿔 나간다면 충분히 가능한 일이었다. 어떻게 성과를 낼 것이고, 그를 위해 어떤 하드웨어와 소프트웨어가 필요한지 계획을 잘 세워야 한다. 그러기 위해서는 일단 우리 모두가 문제를 인식해야 한다.

4.
페이팔 마피아

　페이팔Paypal은 피터 틸Peter Thiel이 1998년 창업한 모바일 기기의 보안 소프트웨어를 개발하는 콘피니티Confinity와 일론 머스크가 창업한 온라인 뱅킹 회사 엑스닷컴X.com의 합병에 의해 만들어진 회사다. 콘피니티의 송금 서비스명이었던 페이팔이 널리 사용되면서 일론 머스크의 반대에도 불구하고 2001년 페이팔로 이름을 바꾸고, 2002년에 상장 후 7월에 이베이에 인수되었다.

　페이팔은 핀테크 사업의 시작을 알리는 혁신적인 기업이었다. 그 명성에 맞게 페이팔의 직원들 역시 벤처 정신이 투철했다. 이베이에 인수된 지 얼마 지나지 않아 이들도 하나둘씩 이베이를 떠나 각자 창업에 뛰어들거나 다른 스타트업에 투자했다. 대부분 성공했고, 이들을 일컬어 페이팔 마피아라 부른다.

일론 머스크의 이력을 되짚어보자면, 그는 2002년 5월에 스페이스 엑스를 설립하여 우주개발사업을 시작했고, 뒤이어 2004년에는 테슬라 자동차에 투자했다가 2008년에는 최고책임자가 되고, 사촌들에게 태양광을 위주로 한 대체에너지 사업인 솔라시티Solar City의 아이디어를 제공해 회사를 세운 후 2016년 테슬라가 인수했다. 그는 금융, 자동차, 우주개발사업 등 기존의 거대기업들이 운영하는 부문에서 엄청난 혁신의 바람을 불러왔다.

페이팔 마피아의 대부로 불리는 피터 틸 역시 페이팔이 팔린 후 벤처 캐피털리스트로서 명성을 날렸다. 그가 설립한 파운더스 펀드Founders Fund는 실리콘밸리의 대표적인 벤처캐피털로 성장했다. 2004년, 그는 페이스북에 50만 달러를 투자하여 10.2%의 지분을 샀다. 이 투자금은 페이스북이 상장한 이후, 2012년에 10억 달러가 넘는 금액이 되었다. 이후 수많은 유망 스타트업을 찾아내는 벤처 캐피털리스트로 이름을 날렸다.

함께 일했던 스티븐 첸Steven Chen, 샤드 헐리Chad Hurley 그리고 조드 카림Jawed Karim은 페이팔을 나와 2005년 유튜브를 공동창업했다. 2006년 유튜브를 구글에 넘기면서 모두 다시 다양한 회사에서 기업가로, 때로는 벤처캐피털리스트로 활동했다.

페이팔의 부회장이었던 레이드 호프만Leid Hoffman도 링크드인LinkedIn을 설립하는 등 수많은 인터넷 기업들이 페이팔 출신 기업인들에 의해 만들어졌다.

우리는 이를 통해 혁신이 확산된다는 것을 확인할 수 있다. 하나의 혁신기업이 성공하게 되면 그 성공 모델을 기반으로, 직원들도 새로운 혁신기업들을 만들어나가는 방식으로 성장하는 것이다. 혁신의 경험이 곧 새로운 혁신을 만드는, 매우 중요한 경험이다. 우리 역시 혁신에 의한 성과를 내기 위해서는 이렇게 혁신가들이 확대재생산되는 생태계를 만들어 내야 한다.

5.
2차 세계대전에서 배우는 혁신 II
-미국의 혁신

미국이 혁신을 주도하는 국가로 부상한 것은 사실 2차 세계대전 이후다. 그 이전에는 제조업에만 경쟁력이 있었고 첨단 과학기술 분야에 있어서는 유럽을 쫓아가는 수준이었다. 혁신을 이야기하는 미국 학자들은 전후 미국이 혁신국가로 전환하게 된 중요한 사례로 MIT대학의 '래드랩Radiation Laboratory'을 많이 거론한다. 혁신에 대한 논의에서 빠지지 않는 사례이며, 『룬샷Loonshot』*의 저자인 사피 바

---

*   사피 바칼, 『룬샷 전쟁, 질병, 불황의 위기를 승리로 이끄는 설계의 힘』, 이지연 옮김, 흐름출판. 2020. 원제는 Loonshots: How to Nurture the Crazy Ideas That Win Wars, Cure Diseases, and Transform Industries

칼Safi Bahcall도 혁신을 실현한 성공적인 시스템의 대표적인 사례로 들고 있다.

래드랩

월스트리트의 투자자 알프레드 루미스Alfred Loomis는 원래 물리학을 좋아했지만, 가족을 부양하기 위해 변호사가 되어 투자에 뛰어들었다. 당시 막 성장하던 전력회사에 투자하여 큰 재산을 모았고, 대공황 때는 주식시장의 과열에 의문을 품고 폭락 이전에 주식을 모두 정리한 덕에 거부가 되었다. 이후 루미스는 뉴욕 인근 턱시도 파크 Tuxedo Park의 저택에, 대학에서도 설치하기 힘든 값비싼 실험 장비들을 완비한 개인 실험실을 내고 꿈꾸던 물리학 연구에 몰입했다.

물리학계에 발을 들인 그는 1930년대에 미국은 물론 전 세계의 유명 물리학자들에게 왕복 항공권과 고급 숙식을 제공하며 그들이 모일 수 있는 자리를 만들었다. 당시 변변한 대접을 받지 못하던 물리학자들은 그의 초청에 흔쾌히 응했고, 세미나에 참석하여 최신의 물리학 이론에 대해 즐겁게 토론을 나눴다. 대공황 이후 대학의 재정도 열악해져서 변변한 세미나도 열기 어려운 상황이었기에, 그의 저택에서 열리는 세미나는 매번 성황을 이루었다.

1930년대 후반에 이르자 히틀러의 과학기술 개발 소식이 들려오기 시작했다. 유명한 물리학자 하이젠베르그Werner Heisenberg도 독일을 돕고 있었고, 특히 1939년에 독일 과학자들이 핵융합 이론을 발표한 사실은 물리학자들의 주목을 받을 만했다. 독일이 다음 전쟁을 위해 핵무기를 개발할 가능성이 높다고 보았다.

　당시 MIT공과대학의 학장이었던 배니바르 부시Vannevar Bush 역시 독일과 전쟁이 일어난다면 과학기술 수준이 더 높은 쪽이 승리할 것으로 보았다. 그러나 당시 군의 지휘부나 정치 지도자들은 이런 사항에 대해 무관심했고, 그만큼 우려가 더 깊어지는 상황이었다. 상황의 시급함을 인식한 부시는 MIT대학에서 총장이 될 수도 있었음에도, 정부 관계자들에게 과학기술의 중요성을 설파하기 위해 정부와 소통이 용이한 워싱턴의 카네기 연구소Carnegie Institution 소장으로 자리를 옮겼다. 그리고는 과학기술자들로 이루어진 국가방위연구위원회NDRC, National Defense Research Committee를 구성할 것을 정치권에 강력히 호소했다.

　1940년 5월 독일이 마침내 프랑스를 침공하자 더는 시간이 없음을 느낀 부시는 직접 루스벨트 대통령과의 면담을 요청했다. 그는 미국도 독일의 신무기에 대항하기 위해 군사적 목적을 위한 과학기술 연구에 대대적 투자가 시급하다고 강조했다. 투자가 효과를 발휘하기 위해서는 강력한 추진력을 발휘하기 위한 독립적 기구가 필요하며, 대통령에게 직접 보고할 수 있는 권한을 가진 위원회가 있어야 했다. 법률에 없는 기구를 만드는 파격적인 제안이었음에도 루스벨트는 15분 만에 승인했다고 한다.

　부시는 즉시 국가방위연구위원회를 만들고 저명한 공학자들인 MIT, 하버드의 총장들, 벨연구소장, 칼텍의 학장과 군의 장성 두 명으로 구성된 위원회를 만들고 루미스를 비롯한 공학자들을 대거 참여시켰다. 전쟁의 판도를 바꿀 수 있는 결과를 만들기 위해, 그야말로 미국의 이공계 대학을 대표하는 최고의 과학자들이 참여하는 위원회를 구성한 것이다. 이 위원회에 참여했던 학자들 중 8명은 후에 노벨상을 받기도 했다.

전례가 없던 이 위원회는 사실 군의 환영을 받지 못했다. 전쟁이 임박하자, 군 지휘부는 더 많은 비행기와 함선, 탱크, 대포, 소총을 만드는 게 더 중요하다고 생각했다. 과학자들의 실험적 무기 개발이나 논쟁에 시간을 낭비할 수 없다는 생각이 팽배했고, 번번히 반대하기 일쑤였다. 대표적인 예가 6륜 수륙양용 트럭DUKW이었다. 해군은 이 트럭의 개발에 반대했으며 개발해도 사용할 의사가 없음을 밝혔다. 그러나 대통령으로부터 전권을 위임받았던 부시는 강력하게 밀어붙였고, 끊임없이 군 지휘부를 설득해서 점차 그 효용성을 인정받았다. 실제로 노르망디 상륙작전을 비롯하여 2차 세계대전 후반기에는 없어서는 안 될 중요한 전략 장비로 널리 사용되었다.

군 지휘부와 과학자들 사이에는 분명히 큰 시각 차이가 있었다. 부시의 뚜렷한 목표의식과 성과를 위한 의지가 아니었다면 두 집단을 조율하는 것은 불가능했을지도 모른다. 다행히 갈등과 시행착오를 거치면서 조금씩 성과를 내게 되었고, 이는 2차 세계대전의 승리를 가져온 혁신의 시작이었다. 수륙양용트럭, 목표 인근에서 정확히 터지는 포탄 등을 비롯한 신무기뿐만 아니라, 페니실린 양산 등 의약 및 다양한 분야에서도 혁신을 이루어냈다. 이것이 혁신을 이야기하는 학자들이 부시의 위원회를 주목하는 이유이다.

영국 역시 독일과의 전쟁에 있어 과학기술의 중요성에 주목한 국가였다. 당시 총리 처칠의 자문 과학자였던 헨리 티자드Henry Tizard는 처칠에게 영국의 발전된 과학기술과 미국의 산업을 연결하기 위한 미국과의 협업을 제안했다. 그의 말을 들은 처칠은 아직 전쟁에 참여하지 않은 미국에 영국의 중요한 과학기술 기밀을 넘기는 대신 미국과의 전략적 협업을 강화하도록 지시한다. 당시만 해도 영국이 미국보다 앞선 분야가 많았기에 정치인들은 대부분 반대했지만, 처칠은 루스벨트와의 개인적 교분을 기반으로 밀어붙였다.

영국은 전쟁 중이었기에 중요 전략물자 확보를 위해 미국의 방대한 산업생산 능력을 활용하는 것이 중요하다고 판단했다. 티저드를 대표로, 신무기 관련 기밀을 담은 철제 가방과 함께 영국의 전문가들은 미국으로 향했다. 티자드 미션Tizard Mission으로 알려진 이 방문은 2차 세계대전의 중요한 사건으로 기록되고 있다.

당시 전쟁에서 가장 중요한 기술은 레이더였다. 이전과 달리 2차 세계대전에서는 전투기가 중요한 핵심 무기로 떠올랐다. 성능이 뛰어난 기체를 만들어 내는 것도 중요했지만, 다른 한편으로는 전투기에 대한 효과적인 방어 수단을 찾는 것도 중요했다. 레이더 기술은 조기에 전투기를 탐지하는데 필수적인 기술이었기에 영국은 동부 해안선을 따라 레이더탑을 설치했다. 전쟁 초기에는 영국이 이를 이용하여 독일 전투기에 대응할 수 있었다.

하지만 독일은 영국을 고립시키는 전략으로 선회하면서, 양상이 달라졌다. 영국에 들어오는 군수품을 실은 대서양의 화물선들을 격침시키는 작전이었다. 가공할 위력을 갖춘 독일의 유보트U-Boat는 군

수물자 공급에 큰 피해를 주었고 영국은 심각한 군수품 부족 사태를 앞두게 되었다.

전황의 변화로 속수무책으로 당하게 된 연합군은 유보트를 탐지해 내는 레이더의 개발이 시급했다. 루미스를 비롯한 미국의 과학자들은 초단파인 마이크로웨이브microwave를 사용한 이동형 레이더를 개발하고 있었으나, 제대로 사용할 수 있는 단계는 아니었다. 난관을 겪고 있던 이들에게 영국은 티자드 미션을 통해 최첨단 기밀을 전달했다. 영국은 미국의 협력을 위해 마이크로웨이브를 증폭하는 공동자전관cavity magnetron, 共洞磁電管 기술을 공유했다.

공동자전관을 받아든 부시와 루미스는 마이크로웨이브 레이더를 본격적으로 개발하기 시작했다. 개발을 전담할 기관을 선택하기 위해 국가방위연구위원회가 열렸다. 벨연구소의 소장이었던 재웨트 Frank B. Jewett는 당연히 벨연구소에 설치해야 한다고 주장했다. 부시와 루미스 역시 과학기술 연구는 민간이 적합하다는 일반론에 동의하는 편이었지만, 조금 다른 시각에서 벨연구소를 책임기관으로 설정하기를 망설였다. 그들은 루미스의 네트워크를 이용하여 미국 전역에서 최고의 물리학자들을 초청할 계획이었는데, 아무래도 민간기업은 수익성을 고려하여 과학적 연구결과를 독점하려는 경향이 있어 각 대학, 교수들의 협조를 얻기가 상대적으로 어려울 것이라 생각했다. 연구 성과를 공유하고, 협업을 통해 성과를 극대화하기 위한 최적의 기관으로 MIT대학을 선정했다.

이후 그들은 신속하게 MIT 대학에 래드랩을 설치했다. 당시 원

자력의 기초연구를 위한 연구소들이 있었기에 원자의 전자파 방사 Radiation를 연구하는 연구소로 위장했지만, 실상은 레이더를 개발하기 위한 연구소였다. 루미스는 평소 자신의 개인 실험실을 방문했던 미국의 유명한 물리학자들에게 전화를 걸었다. 도청을 염려하여 목적도 말하지 않고 오로지 중요한 연구라는 말로만 참여를 요청했는데, 평소 루미스를 알고 있던 학자들은 더 묻지 않고 MIT로 몰려들었다.

루스벨트 대통령에게 막강한 권한을 위임받은 부시는 기술 개발을 위한 적극적인 연구 계획을 지시했다. 래드랩뿐만 아니라 미국 전역의 대학 및 연구소에 다양한 과제를 부여하고 막대한 예산을 지원했다. 대학의 연구를 위해서는 간접경비도 아낌없이 지원했다. 정부의 예산이 과학기술 연구를 위해 무제한적으로 투입된 것은 미국 역사상 처음 있는 일이었고, 각 대학은 연구의 참여를 통해 좋은 연구자들을 길러낼 수 있었다. 부시의 국가방위과학위원회는 미국에서 과학기술에 국가가 투자하는 새로운 사례를 만들어 냈다.

한편 대서양의 전세는 점차 악화하고 있었다. 유보트는 거침없이 화물선들을 격침시켰고, 1943년 봄 영국은 조만간 석유가 부족할 지경까지 이르렀다. 이 무렵 드디어 루미스의 래드랩에서 개발한 레이더가 비행기에 탑재할 수 있는 정도까지 크기를 줄일 수 있었다. 그러나 막상 조종사들이 이 레이더를 사용하기는 어려웠다. 항공기가 흔들리면서 많은 스위치를 조작하는 게 어려웠기 때문이다. 과학자들은 조종사가 사용하기 편하도록 화면을 보고 목표를 찾아내는 방식으로 개선했고, 그 결과 조종사들이 전투 중에도 편하게 사용할 수 있는 레이더가 탄생했다.

1943년 봄, 드디어 새로운 휴대용 레이더를 탑재한 폭격기가 대서양으로 향했다. 마침내 레이더 화면 위에 작은 점들이 나타났다. 유보트였다. 이전과는 달리 유보트들이 레이더의 점으로 잡혔다. 폭격기들은 유보트를 향해 폭탄을 투하했고, 해상의 전투함들은 그동안 개발된 대잠수함 로켓과 목표물을 찾아가는 어뢰 등을 이용해 효과적인 공격을 펼쳤다. 유보트는 공격을 위해 수면에 올라오는 순간 표적이 되어 화물선에 접근하지 못하고 더 깊은 바닷속으로 피해야만 했다. 바다 위의 가장 무서운 사냥꾼이 이제는 사냥물로 전락해 쫓겨 다니는 신세가 되었다.

영국과 미국의 협업, 군과 과학자들의 협업, 전국 대학의 과학자들의 협업 등 그야말로 당시 가능한 모든 자원이 총동원되고 유기적으로 결합해, 시간을 다투는 상황에서 성과를 낸 대표적인 사례로 손꼽기에 부족함이 없다. 충분한 지원과 함께 최고 두뇌들의 네트워크를 만들어 소통과 교류를 활성화하면 성과를 낼 수 있다는 교훈도 얻을 수 있었다.

시스템이 혁신을 거듭하기 위해서는 '미치광이의 아이디어'라 불릴 만큼 새로운 아이디어를 실현시킬 사람들과의 원활한 소통이 필요하다. 기존 조직에 익숙한 사람들이 새로운 아이디어를 받아들이기 어려운 것은 당연하다. 이런 난관에 대해 『룬샷』의 저자 바칼은 책임자가 '정원사gardener'가 되어 다양한 갈등을 조정하는 것이 중요하다는 것을 강조했다. 위의 사례에서 부시는 정원사처럼 책임자 역할을 훌륭하게 해냈고, 그것이 결국 2차 세계대전을 승리로 이끌었다.

이제 연합군의 반격이 시작되었으나, 부시는 여전히 독일이 원자폭탄을 개발할 가능성을 우려했다. 1941년 초 하버드대 총장이었던 코넌트James B. Conant는 영국을 방문해 핵분열이 단순히 이론적인 사항인지 아니면 실제로 폭탄에 사용될 수 있는지를 알고자 했다. 영국 내에서도 기밀사항이었지만, 간신히 영국 내부적으로 원자폭탄이 가능하다는 결론을 내렸다는 것을 알게 되었다. 영국이 핵무기 개발에 근접했다면 독일도 가능하리라고 판단했다.

이전까지는 핵무기 개발 가능성을 낮게 보던 미국의 과학자들과 군 지휘부는 서둘러 핵무기를 개발하기로 했다. 원자폭탄을 개발하는 '맨해튼 프로젝트Manhattan Project'는 군 지휘부의 지휘하에 비밀리에 진행되고 있었으나, 부시는 우선순위에서 밀리고 시간이 지체되는 것을 우려하여 적극적인 추진을 요청한다.

이후 래드랩은 주요 물리학자들을 맨해튼 프로젝트에 파견하며 추후 2차 세계대전에서의 승리에도 기여했다. 래드랩에서 파견된 이들은 무엇보다 이미 소통하는 혁신을 경험했기 때문에 맨해튼 프로젝트를 성공시키는데 크게 기여했다.

전쟁에서 배운 혁신 시스템

혁신 연구자들이 배니바르 부시와 국가방위연구위원회를 다시 들여다 보는 이유는 혁신을 성공시키는 시스템의 작동 원리를 이해하기 위해서이다. 혁신적 아이디어가 많이 제시되고, 그 아이디어가 기존의 조직에 수용되어 혁신의 성과를 거두는 것은, 소통을 고려하는 특별한 구조와 인적 구성을 요구한다.

루미스의 활약 역시 나는 높이 평가하고 있다. 그는 자신의 부를 아낌없이 내놓아 세계 최고 물리학자들의 네트워크를 구성했다. 비상시에 결성된 것이 아니라 평소에 서로의 관심분야 및 과제에 대한 논의를 해왔기 때문에 필요한 학자들을 순식간에 동원할 수 있었고 협업의 효과를 극대화할 수 있었다.

혁신생태계를 만들어 가는 것은 이러한 구조를 만들어 가는 것이다. 우선 관련 분야의 전문가들이 모여서 논의하는 개방형 혁신, 오픈이노베이션이 가능하도록 물적 토대와 하드웨어를 정교하게 만들어야 한다. 그리고 그 위에 인적 네트워크를 통해 새로운 아이디어가 막힘없이 흐르고, 이 아이디어가 사업화되고 규모를 확대할 수 있는 소통과 교류의 장을 만들어 가는 것이다. 단순히 기관을 설치하고 예산을 배정하는 방식만으로 혁신의 꽃을 피우기는 어렵다.

현재 세계 각국의 기술 경쟁은 전쟁 상황과 크게 다르지 않다. 어느 나라가 먼저 새로운 기술을 개발하는가에 따라 그 나라의 생산과 일자리는 늘어나고, 다른 나라들은 그 기술에 종속되게 된다. 현재 예상되는 새로운 기술을 먼저 개발할 수 있는 효율적인 조직을 갖추었는가가 경쟁의 승패를 가르게 된다. 부시의 국가방위연구위원회는 2차 세계대전에서 상대방을 압도한 군과 민간의 협업을 최적화한 조직이었다. 평시에도 마찬가지일 것이다. 대기업과 스타트업, 대학과 정부가 협업해서 최고의 성과를 낼 수 있는 조직 문화를 만들어 내는 것이 중요하다. 이것이 바로 혁신생태계 경쟁의 핵심이다.

6.
미국 전역에 사이언스파크 건설

배니바르 부시와 국가방위위원회의 사례는 MIT대학의 저명한 경제학자인 조너선 그루버Jonathan Gruber와 사이몬 존슨Simon Johnson이 2019년 발간한 저서 『미국 재도약』*에서 미국의 과학기술 발전에 있어 중요한 동력으로 강조되었다.

기존의 군사 조직에 과학자들을 결합한 것이 전쟁의 승리를 가져오면서, 정부와 정치권에 과학기술의 중요성에 대한 공감대가 형성됐다는 것이다. R&D에 대한 국가의 입장도 달라졌다. 미국의 경우,

---

* Jonathan Gruber, Simon Johnson, "Jump-Starting America: How Breakthrough Science Can Revive Economic Growth and the American Dream", *Public Affairs*, 2019.

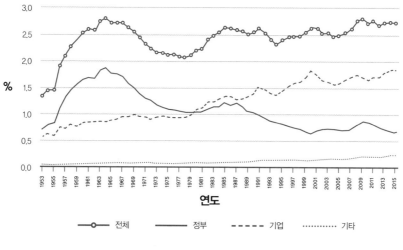

정부, 기업 등 미국의 기관별 GDP 대비 R&D 지원 비용(1952-2015)

연도

━━○━━ 전체 　 ━━━━ 정부 　 ----- 기업 　 ·········· 기타

출처: https://www.jump-startingamerica.com/

R&D에 대한 정부 지원은 1930년대 후반에도 미미한 수준에 그쳤다. R&D는 민간 투자가 담당해야 한다는 정서가 강했고, 특히 대공황 이후 재정 여건이 좋지 않았던 상황이어서 후순위로 밀리게 된 영향도 있었다. 하지만 2차 세계대전의 발발 이후 전시 R&D 예산이 늘은 것은 물론이고, 대학 같은 민간부문에서도 지원 예산을 늘리기도 했다.

전쟁이 끝난 이후에도 부시는 계속 국가방위연구위원회와 같은 기구를 존속시켜, 과학자들이 과학기술 연구에 주도적 역할을 할 수 있도록 요구했으나, 예산 부족을 이유로 성사되지 않았다. 이전과 같이 정부 주도로 미미한 수준의 R&D 과제를 선정하는 방식으로 바뀌었다.

과학기술에 대한 관심이 서서히 줄어들 즈음인 1957년, 다시금 R&D의 중요성을 상기시키는 충격적인 사건이 발생한다. 소련이 최초의 인공위성인 스푸트니크를 성공적으로 쏘아 올린 것이다. 세계적으로 과학기술을 주도하고 있었다고 믿었던 미국은 큰 충격을 받았고, 전국의 안일한 분위기는 일순간 바뀌었다. 이른바 스푸트니크 모멘트Sputnik moment라 불리는 충격으로 인해 미국은 다시 과학기술에 대한 대대적인 투자를 시작했다. 스탬STEM, Science, Technology, Engineering, Mathmatics으로 요약되는 이공계 과학기술 연구와 교육을 활성화하기 위한 대대적인 투자와 구조 개혁을 추진했다.

소련의 기술적 위협에 적극적으로 대처해야 한다는 여론과 의회의 지원을 바탕으로, 아이젠아워 대통령은 DARPA의 전신인 ARPAAdvanced Research Projects Agency, 고등연구계획국와 NASANational Aeronautics and Space Administration, 미국항공우주국를 설립하고 적극적으로 예산을 투입하기 시작했다. 과학기술 예산은 케네디 대통령이 인간의 달착륙 과제를 제시하면서, 1964년에는 GDP의 2%까지 접근할 정도로 크게 증가했다. 이후에는 다시 서서히 감소세를 보이다가, 1980년대를 시작으로, 민간 R&D 투자가 크게 늘면서 전반적인 규모는 유지되고 있다.

이처럼, R&D 예산은 상황에 따라 유동적으로 변한다. 그리고 이와 관련해, 그루버와 존신은 민간의 R&D 투자가 가진 한계를 밝히기도 한했다.

첫 번째 이유는 경제학에서 일반적으로 이야기하는 R&D 투자의 파급spillover 효과와 무임승차자free-rider문제다. 즉, R&D 투자로 인한 사회적 이득은 매우 크지만, R&D 당사자에게 돌아가는 이득은 상대적으로 작다. 앞서 얘기한 제록스의 GUI가 대표적인 예다. 정작 개발한 제록스보다 애플이나 마이크로소프트가 더 큰 이익을 챙기는 것처럼, 발명자보다 다른 기업이 이익을 보는 사례가 비일비재하다. 막대한 투자를 통해 결과물을 얻어도 경쟁 상대가 쉽게 흉내 낼 가능성이 크기 때문에 투자할 이유가 줄어든다.

두 번째로, 민간 기업의 투자는 경쟁자를 염두에 두고 연구가 이루어지기 때문에 정보가 공유되지 않아 낭비적 요인이 크다. 정부가 주도하고 민간이 공동으로 참여하는 경우에는 이런 낭비를 원천적으로 막을 수 있다.

셋째는 특허법의 한계로 인해 사업화 기간이 긴 산업의 경우 사업화에 성공한 후 수익을 얻을 수 있는 기간이 짧아 투자 유인이 줄어들게 된다.

그루버와 존슨은 특히 파급효과가 큰 기초분야의 연구에 대해 크게 경고하고 있다. 이런 분야에서 이뤄지는 획기적인 연구는 민간 투자자의 입장에서 비용은 많이 들지만, 예상 수익이 적다. 그러나 그 중요성은 크다. 그렇기에 저자들은 이 분야에서만큼은 민간에 맡기지 말고 국가가 적극적으로 투자하는 것이 성장률을 높이는 중요한 정책이라고 강조한다.

그 해결책으로 그루버와 존슨이 내놓은 전략은 담대하다. 그들은 R&D 예산으로 미국 전역의 20~30개 작은 도시를 선정하여 사이언스파크를 구축하는 대대적인 투자를 제시했다. 그동안 미국의 R&D 예산은 동부의 명문 대학인 MIT, 하버드나 서부의 스탠포드, 버클리 등 엘리트 대학에 집중되어 있었다. 이번에는 R&D 효과가 골고루 돌아가도록 전국에 사이언스파크를 짓자는 파격적인 제안을 한 것이다.

그들은 나름의 기준을 세워 후보도시를 선정하기도 했다. 선택기준은 다음과 같다.

첫째, 10만 명 이상의 경제활동인구를 가진 규모의 시일 것.

둘째, 이들 중 25% 이상이 2년제 대학 이상의 학력을 보유하는 등 교육 수준이 높은 곳일 것.

셋째, 평균 집값이 26만 5,000달러 이상이 아닐 것.

이 세 가지 기준으로 도시들을 선별했고, 1위를 차지한 뉴욕의 로체스터를 비롯해 36개 주의 102개 시를 찾아냈다.*

이들은 한 걸음 더 나아가 사이언스파크 건설로 인해 발생하는 수익을 지역의 주민들에게 돌려주는 방식을 제안하고 있다. 개발이익을 다시 납세자들에게 돌려주도록 사전에 기획해야 한다는 것이다. 이 방안은 다음에 다시 논의하기로 한다.

나 또한 전국에 대규모 스타트업 파크를 만드는 것을 꿈꿨었다. 제

---

* 다음 페이지에서 확인할 수 있다. https://www.jump-startingamerica.com/technology-hub-map

주도와 부산의 미개발 해안에 대규모 토지를 미리 획정하고 스타트업 파크를 만들어, 청년들이 밤새도록 연구하다가 날씨 좋을 때는 바다에 나가 서핑을 즐기기를 바랐다. 포항공대 인근에도, 새로 계획되고 있는 한전공대 인근에도, 그리고 대전의 대덕 연구단지 인근에도, 대구의 대학가나 천안의 대학가를 중심으로도 스타트업 파크를 만들고 싶었다. 서울, 인천, 경기도의 대학가에도 하나씩 만들어나가길 꿈꿨다.

그저 혼자 꾸는 꿈인 줄 알았는데 미국의 경제학자들도 나와 같은 생각을 하고 있다는 걸 알게 되었다. 이것은 우리가 빨리 쫓아가야 할 세계적인 추세이다. 그루버와 존슨의 이야기도 결국은 막대한 정부 예산을 투자해 대대적인 혁신생태계를 만들자는 것이다.

4. 혁신 기업가형 국가

1.
국가의 역할에 대한 5가지 견해

4차 산업혁명은 기술을 빠르게 발전시켰다. 그로 인해 스타트업도 거대기업만의 전유물이었던 다양한 첨단 산업에 도전할 수 있게 되었고, 일론 머스크의 스페이스엑스가 바로 그 증거다. * 인공지능 분야에서도 빠른 발전 속도를 자랑하고 있다. 레이저를 이용한 무기가 실전에 배치되고, 로봇은 이제 인간과 유사한 동작을 모방하는 것을 넘어서 인간을 뛰어넘는 기동력을 보여주는 수준으로 발전했다. 자

---

*   2020년 5월 31일 일론 머스크의 스페이스엑스는 최초의 민간 유인우주선 발사에 성공했다. 곽노필, 「민간 유인 우주선 시대가 시작됐다」, 한겨레, 2020년 5월 31일.

율주행차와 플라잉카의 개발 경쟁도 본격화되었다.

아쉽게도 이러한 첨단 변화에 있어 국내 성과는 보이지 않는다. 한국의 기업들은 그러면 무얼 하고 있을까? 대기업들은 현재 반도체, 자동차, 디스플레이 등 고수익을 내는 분야에서 경쟁력을 유지하는 것에만 집중하고 있다. 벤처기업들도 새로운 분야를 개척하려고 노력하고 있지만, 세계적인 수준을 따라갈 정도는 아니다.

과학자들은 빅데이터와 인공지능 같은 첨단 분야에서 우리 경제의 경쟁력이 위협받을 수 있다고 우려를 표했다. 문재인 대통령 후보 캠프에서 정책을 총괄하던 때도, 정책자문을 해주던 많은 과학자들로부터 과학기술 투자의 중요성에 대한 이야기를 들을 수 있었다. 과학자들의 소망을 담아, 4차 산업혁명위원회를 신설하기로 공약에 담기도 했다. 벤처기업과 벤처캐피털을 운영하고 있던 장병규 위원장을 임명하고, 수시로 해커톤을 열어 많은 논의를 벌였다.

그러나 기대보다 성과는 미비했고, 참가자들의 만족도도 높아 보이지 않았다. 자문기구의 한계에서 벗어나기 어려웠다. 우리에게 필요한 것은 자문위원회가 아니라 실행력을 갖춘 전반적인 혁신 시스템이다. 이때까지는 혁신을 촉진하기 위해 정부의 역할은 무엇인가를 적극적으로 논의하지 않았기 때문에 이런 한계가 있었다.

'혁신은 민간 부문에 맡겨야 한다'는 기존의 주장을 계속 따르면 문제는 해결될 수 있을까? 기업의 혁신을 지원하기 위해 그동안 해온 것처럼 세금을 깎아주고 규제를 완화하면 앞으로 다가올 거대한 변화의 시기에도 그 경쟁력을 지속할 수 있을까? 기업이 마음껏 사업하도록 정부는 지원만 열심히 하고 간섭하지 말라는 말만 잘 따르면 우리는 세계 최고가 될 수 있을까?

이 질문은 우리에게 근본적인 문제에 대해 고민하게 한다.

> 혁신적인 시장 환경을 조성하기 위한
> 국가의 역할은 무엇인가?
> 국가의 역할이 있기는 한 것인가?
> 만약 있다면 한 국가가 다른 국가에 비해
> 혁신을 더 촉진하도록 하는 방법은 무엇인가?

미국의 사례를 다시 한번 살펴보자. 배니바르 부시와 국가방위연구위원회는 정부의 과학기술 연구 지원의 새로운 지평을 열었고, 미국 민간 부문에서도 혁신적 성과를 발휘하게 하는 원동력이었다. 그러나 이에 대해 데이비드 하트David Hart＊는 다른 견해를 내놓았다. 그는 부시의 역할이 과도하게 강조되었음을 지적하며 1920년대 이후 미국 정부의 역할에 대한 견해를 5가지로 정리한 바 있다.

1. 보수주의Conservatism: 정부의 역할은 국방과 관련된 과학기술분야에 한정해야 한다는 견해이다. 전시가 아니라면 민간의 과학기술

David M. Hart, "Forged Consensus: Science, Technology, and Economic Policy in the United States, 1921-1953", *Princeton University Press*, 1998.

분야에 정부가 간여하지 않는 것이 효율적이라고 본다. 자유롭게 기술을 개발하고 싶은 민간의 기업가들이 대체로 이러한 주장에 동조했다.

2. 조합주의Associationalism: 정부와 기업 간 협업을 강조하는 견해이다. 미국의 엔지니어 출신 대통령이었던 후버Herbert Hoover가 주창한 개념이기도 한데, 기업의 폐쇄성과 과도한 경쟁으로 인해 R&D 투자가 줄어드는 폐해를 막기 위해 국가가 조정할 것을 강조했다. 정부의 조정하에 가용 자원을 총동원하고 기업들 간에도 경쟁보다 협업을 중시하자는 것이다.

3. 개혁 자유주의Reform Liberalism: 독점기업이 R&D 투자를 줄인다는 점에 착안해, 정부가 반독점 규제를 통해 R&D 투자를 늘일 수 있다는 견해이다. 기업정책에 있어서는 '후버의 조합주의'의 대안으로 민주당이 내세운 정책이지만, 과학기술 분야에서는 2차대전 이후 동조자가 많지 않았다.

4. 케인즈주의Keynesianism: 민간의 투자를 활성화하는 것이 과학기술 진흥을 가져온다고 보며, 정부의 적극적 재정정책을 지지하는 견해이다. R&D 분야에 있어 파급효과로 인해 시장 실패가 발생하는 경우 정부의 개입을 찬성했다. 정부와 민간을 가리지 않고 투자가 활성화되는 것을 지지했다.

5. 안보국가National Security State: 국가의 안보를 위해서는 과학기술의 선도적 지위를 유지해야 하며, 이를 위해 국가가 적극적으로 투자해야 한다는 견해이다. 2차 세계대전 중 부시가 국가방위연구위원회를 제안한 것이 대표적인 사례가 될 것이다. 방법론에서는 조합주의를 병행했고, 냉전 중에 국방 과학기술 분야 예산을 크게 늘릴 수 있었던 근거가 되기도 했다.

위 견해들은 서로 배타적인 견해가 아니며, 그동안 병행해서 사용되어왔다. 보수적인 정치인들은 보수주의에 근거하면서도 안보국가 견해에 따르는 경우가 많았다. 부시처럼 안보국가를 위해 조합주의 방식을 취하자는 견해도 많았다. 그렇다면 국가는 어떤 입장을 취해야할까? 우선 성공적인 국가 R&D 프로그램으로 주목받고 있는 DARPA의 사례를 먼저 살펴보기로 하자.

2.
DARPA

앞서 지적한 바와 같이 미국은 스푸트니크로 인해 큰 충격을 받고 과학기술 연구와 교육에서의 근본적인 개혁을 추진했다. 그 결과물이 DARPA다.*

DARPA는 부시와 국가방위연구위원회의 경험을 살려 파격적인 운영구조를 도입했다. 과학기술 연구는 성공을 기약할 수 없는 경우가 많아서 지원 금액뿐만 아니라 연구의 가능성을 선별할 수 있는 운

---

* 방위고등연구계획국, Defense Advanced Research Projects Agency, DARPA

영 시스템을 구축하는 것이 필요하다. 관료주의에 빠진 정부에게만 맡겨서는 안 된다는 주장의 근거이기도 하다.

DARPA는 불확실한 과제를 지원하면서도 성과를 내기 위해 특별한 운영 방식을 도입했다.

첫째, DARPA는 정부와는 독립적인 기관으로 운영하고, 소수의 직원만으로 간접비용을 최소화했다. DARPA는 220명에 불과한 직원으로 막대한 예산을 운용해야 한다. 소수의 독립적인 프로그램 운용부서를 두었으며, 각 프로그램마다 4년~6년 계약의 전문가들을 고용해 최대한의 자율성을 부과했다.

이런 기관에 있어 자율성은 매우 중요하다. 사실 공공자금을 운영하는 직원들에게 자율성을 부여하게 되면, 도덕적 해이 문제가 발생할 수 있다. 그래서 대부분의 프로그램들은 사전 규제와 사후 감독을 철저히 한다. 그러나 DARPA는 효율을 중시하여 기꺼이 전문가들의 자율성을 보장하기로 했다. 마음대로 해볼 수 있다는 것과 공익을 위한다는 생각에 최고 수준의 전문가들이 기꺼이 참여한 것이 성공의 원인으로 꼽히고 있다.

둘째, 막대한 국방예산의 일부를 실패 확률이 높은 '비현실적인 아이디어'에 사용할 수 있도록 했다. 10~20년 뒤에도 성과를 기대하기 어려운 연구에 꾸준히 지원하되, 군의 기술발전과 연계시키라는 것이다. 정부의 예산으로 이렇게 성과가 불확실한 미래 기술에 대해 적극적으로 투자하도록 한 것은 매우 파격적인 결정이었다. 국방부 예산을 배정했기에 군이 연구를 보러 오는 것이 당연하고, 신기술에 쉽게 접근할 수 있다. 이렇게 하는 것은 2차 세계대전처럼 새로운 연구 결과를 기반으로 국방에 힘을 보탤 수 있도록 하기 위함이다.

셋째, DARPA는 철저하게 임무지향적mission-oriented 태도를 유지하면서도 연구 지원에 있어 다양성과 유연성을 발휘했다. 예산을 집행할 때 단순히 연구비만을 지원한 것이 아니라, 임무 달성에 필요하다면 관련 기술 부문의 연구생태계를 조성하는 데도 지원을 아끼지 않았다.

대표적인 사례가 1960년대 초기 컴퓨터 관련 연구인데, DARPA는 각 대학에 대규모 자금을 지원하여 당시 많이 없었던 컴퓨터학과를 신설하고 전문 인력을 육성하도록 했다. DARPA에서는 컴퓨터, 반도체, 게놈 등 다양한 프로젝트별로 예산을 할당하고, 중요한 프로젝트는 의회에서 점검했다. 성과를 철저히 관리하는 시스템을 통해, 설정된 임무에 대해 진행 정도를 확인할 수 있었던 것이다.

넷째, DARPA는 기술창업기업의 초기 연구를 다수 지원했다. 이전의 방위산업 계약이 주로 대기업들과 이루어졌다면, DARPA가 목표로 하는 미래 기술은 성과가 불확실한 경우가 많아 대형 방산업체로서는 꺼리는 사업들이었다. 공교롭게도 설립 초기, 반도체 분야에서 시작하여 기업 분할이 활발하게 이루어지고 있었고 혁신적인 아이디어를 보유한 신생기업들은 DARPA의 지원을 받기 위해 연구에 몰두했다.

"DARPA의 프로그램 담당자들은 새로운 혁신환경이 가져올 가능성을 단번에 알아보고 이를 기회로 활용했다. 먼저 대규모 방위 계약 기업보다 소규모 자금을 지원하기에 용이한 신생 소기업에 초점을 맞췄다. 이 기업들은 그들의 미래 생존 여부가 혁신에 달려있다는 것을 인지했다. (중략) 이전의 요식적인 정부 프로그램에 비해 역동적이고 유연한 DARPA의 체계를 통해, 정부는 기업간 네트워크에 실질 경쟁을 유도하는 현재의 권력을 갖게 되었다."[*]

다섯째, DARPA는 이렇게 만들어진 경쟁 시스템을 활용하여, 참여 그룹의 연구 동기를 극대화했다. 성과에 따라 추가 지원 및 지원 중단을 시행한 것이다. 이런 과정에서 철저하고 또 객관적으로 심사했기 때문에 DARPA의 관리자들은 이 분야에서 공정성을 유지하는 데 성공했다는 평가를 받고 있다.

여섯째, DARPA는 목표를 달성하기 위해 연구에 참여하는 기관 간 열린 커뮤니티를 만드는 데 주력했다. 중요한 것은 필요한 정보가 자연스럽게 전파되는 것이었다. 연구 그룹 간 경쟁하면서도 중요한 지식을 공유하도록 하여, 연구가 한계에 부딪혔을 때 함께 문제를 해결할 수 있도록 연구의 적극적인 조정자 역할을 수행했다. 이 네트워크는 수시로 군과 과학자가 소통할 수 있는 창구 기능을 하기도 했다.

---

[*]   마리아나 마추카토, 『기업가형 국가』, 안진환 옮김, 매경출판, 2015.

일곱째, DARPA는 혁신적인 연구가 지속되도록 사업화도 지원했다. 이를 통해 단순히 연구를 지원하는 것을 넘어서, 산업의 생태계까지 조성하려 노력했다는 것을 알 수 있다. 마추카토에 따르면 DARPA의 담당자들은 여러 가지 방법으로 비즈니스와 기술을 중개했다고 한다. 스타트업을 시작하고 싶어 하는 사업가에게는 대학 연구원들을 소개해주고, 신생기업을 벤처자본과 연결해주기도 했으며, 기술을 상업화할 수 있는 대기업을 찾거나, 상업화 과정을 지원할만한 정부 계약을 주선했다고 한다.

이렇게 운영된 DARPA는 미국의 혁신에 큰 기여를 했다. 현재 전 세계인이 사용하고 있는 인터넷은 DARPA가 기획해서 만들어진 기술이다. 냉전 시기 소련의 핵공격으로 인해 지휘부가 타격을 입을 경우를 대비해, 지휘 공백을 최소화하기 위한 목적으로 기획된 것이다. GPS도 미사일 등 폭격의 정확성을 높이기 위해 기획된 연구에서 시작되었다. 터치스크린 기술이나 고화질 디스플레이 등도 마찬가지다. 모두 개발 및 생산 비용이 천문학적이었지만, DARPA의 지원이 있었기에 가능한 것이었다.

실리콘밸리의 초기 개척자로 알려진 페어차일드 반도체Fairchild Semiconductor나 인텔 역시 DARPA의 적극적인 지원으로 큰 회사들이다. 신생 기술기업들이 탄생하고, 이러한 기업들에게 DARPA가 다양한 지원을 하면서 자연스럽게 실리콘밸리의 혁신생태계가 형성되었다고 볼 수 있다.

이렇게 좋은 성과를 올렸다고 평가받는 DARPA는 지금도 막대한 예산을 운영하며 신기술 개발에 박차를 가하고 있다. DARPA의 2019 년도 예산은 총 34억 달러*에 달하는데, 기초연구에 4.7억 달러, 응용연구에 14억 달러, 고급기술개발에 14.7억 달러, 관리에 8천만 달러를 사용하고 있다. 현재 프로그램 매니저 100명을 포함하여 총 220명이 6개의 사무실로 나뉘어, 250개의 연구과제를 관리하고 있다. 여전히 DARPA는 미국의 혁신생태계를 활성화하는 중요한 기능을 하고 있는 셈이다.

DARPA의 성과는 국가의 역할에 대해 고민하는 데 있어 매우 중요한 사례이다. 국가안보를 위해 만든 기구지만, DARPA는 민간 과학자들의 연구를 적극적으로 지원하는 것을 넘어 혁신생태계를 만드는데 투자를 아끼지 않았고, 정부와 민간이 협력하는 새로운 모형을 만들어냈다. 그로 인해 미국 기업의 혁신 능력이 크게 제고되었다.

정부는 시장에 간섭하지 말고 기업을 지원하는 것이 최고의 혁신전략이라는 시장 근본주의자들의 주장이 틀렸음을 DARPA는 증명했다. 강력한 권한과 막대한 예산을 사용하는 미국 정부가 민간과 효율적으로 협업하여, 세계 최고의 혁신 기술이 만들어 진 것이다.

---

*   Department of Defense Fiscal Year (FY) 2020 Budget Estimates. https://www.darpa. mil/attachments/DARPA_FY20_Presidents_Budget_Request.pdf

3.
개발네트워크국가 대 안보국가

그렇다면 이런 혁신이 모든 국가에 동일하게 적용될 수 있을까? 프레드 블록Fred Block과 매튜 켈러Mattew R. Keller*는 미국의 혁신을 주도하는데 있어 정부의 역할을 알아보기 위해 1970년에서 2006년까지 우수R&D상을 받은 연구개발 제품을 분석했다. 놀랍게도 그들은 제품의 출시에 있어 대기업의 중요성이 점차 줄어들고, 반면에 정부 지원 연구소의 역할이 커지고 있다는 사실을 확인했다. 대기업보

---

* Fred Block and Mattew R. Keller, "Where Do Innovations Come From? Transformations in the U.S. National Innovation System, 1970~2006", *The Information Technology & Innovation Foundation,* 2008.

다는 기업분할에 의한 소기업 및 대학이나 다른 연구기관들의 기여가 시간이 갈수록 커지고 있었다.

블록*은 이 결과를 바탕으로, 민간의 혁신과 성장을 촉진시키는 데 있어 미국 정부의 역할이 매우 컸다고 보았다. 동아시아에서 적극적인 산업정책을 성공적으로 수행한 개발국가Developmental State와는 성격이 다르지만, 미국 정부 나름의 특징을 지닌 채 중요한 역할을 해왔다는 것이다. 이 둘을 구분하기 위해 동아시아 국가들의 경제성장 모형을 개발관료국가'Developmental Bureaucratic State, DBS'로, 미국은 개발네트워크국가'Developmental Network State, DNS'로 정의했다.

개발네트워크국가 DNS

그는 개발관료국가인 한국과 일본에서는 자국의 후발 기업들이 리스크가 큰 시장에 진입할 수 있도록 정부가 지원했다고 보았다. 미국 언론에 의하면, 기획에서부터 실행까지 개발관료국가의 정부 관료들이 조직적으로 기업을 지원하는 방식이었다.

반면 이미 기술 선진국인 유럽과 미국 등 개발네트워크국가는 기업들이 기존에 없는 혁신 제품 개발을 지원했다는 차이가 있다. 선진 기술을 쫓는 게 목표인 개발관료국가는 정부의 지원을 통해 민간이 좀 더 리스크를 감수하도록 하는 차원이었다면, 개발네트워크국가는

---

*   Fred Block, "Swimming Against the Current: The Rise of a Hidden Developmental State in the United States," *Politics and Society*, Vol. XX No. X, 2008.

정부가 직접 혁신의 목표를 정하고 이를 달성하기 위해 기업과 더 긴밀하게 소통하고 협업하는 과정이 필요하다.

개발네트워크국가는 이미 고등교육에 대해 충분한 투자가 이루어져 인적 자원이 충분하고, 과학기술 지식도 충분히 쌓여 있는 국가에서만 가능하다. 또 과학자와 엔지니어의 개방된 커뮤니티가 있어야 한다. 정부와 소통하고 교류해야 하고, 중요한 이슈가 생기면 집중해서 지원할 수 있어야 한다. 그 효율성을 높이는 것이 개발네트워크국가의 목적이라 하겠다.

> 블록은 개발네트워크국가의 4가지 과제를 규정하며,
> 그 개념을 명확히 했다.

이 네 가지 과제를 정리하면서 그는 개발네트워크국가가 원천적으로 분권화 방식의 개발정책임을 강조하고 있다. 과제의 성격상 고도의 과학기술 지식을 갖춘 전문가가 주도해야 하며, 이들에게 상당한 자율권을 주어야 한다. 반면 개발관료국가는 매우 중앙집권적인 성격을 갖게 된다. 정부의 개입이 전방위적으로 시장에 적용되며, 전문가들은 제한된 자율성으로 기술 발전에 이바지한다.

1. 목표 달성을 위한 자원조달targeted resourcing

정부가 전문가들의 다양한 자문을 구해 획기적인 기술을 개발할 가능성이 높은 과제를 선정하고, 이를 달성하기 위해 지원기관이나 과학자들에게 상당한 규율을 강제하는 것을 말한다. 성과를 내지 못

하는 연구그룹은 배제하고 새로운 연구그룹을 보충하는 규율 방식은
기존의 방위산업 계약과는 차이가 있으며, 맨해튼 프로젝트에서처럼
목표를 달성하기 위해 최고의 과학자와 엔지니어를 모집하기 위해
선택한 방식이었다.

2. 열린 창구opening windows

창의적인 아이디어는 예상치 못한 곳에서 나오기 마련이다. 그리
고 이렇게 우발적으로 나온 아이디어가 원래 목표와 다를 수도 있다.
이런 것을 전제로 할 필요가 있다. 대학, 정부기관, 기업 등 중요한 것
은 어디에 소속되어 있는 것이 아니다. 가능성 있는 과학자와 엔지니
어라면 그에 맞게 지원해야 한다는 방식이다.

3. 중개brokering

중개는 기술중개와 사업중개, 이 두 가지로 구분할 수 있다. 기술
중개는 관련된 과학자와 엔지니어의 커뮤니티를 구성해 필요한 지식
을 교류하도록 하는 것이고, 사업중개는 새로운 기술의 사업화를 돕
기 위해 정부와 산업 간 협업을 촉진하는 것을 의미한다. 협업을 통
해 좀 더 빠른 발전을 이룰 수 있는 것은 당연한 사실이다.

4. 애로해결facilitation

신기술을 개발하는 과정에서 수많은 난관에 부딪히게 되는 것은
당연하다. 스스로 해결할 수도 있으나, 벅찬 문제도 생기기 마련이다.
애로해결은 정부가 이러한 과정에 적극적으로 개입해서 함께 해결하

는 방식을 말한다. 예를 들어 기차나 자동차를 개발해도 도로나 철도가 없다면 무용지물이 될 것이다. 그러니 정부의 재원으로 간접자본을 건설한다면 신기술은 쉽게 정착할 것이다.

그렇다면 DARPA는 이 개발네트워크국가 과제를 수행하는데 부합하는 요건을 가지고 있을까?

첫째, 최고 수준의 과학자와 엔지니어로 구성된 소수의 프로그램 부서에게 예산 사용에 있어 상당한 자율성을 부여했다. 발전 없는 그룹의 자금 지원을 중단하고 가능성 있는 다른 그룹에게 투자를 재분배하는 것을 권장한다.

둘째, 각각의 부서들은 수동적이 아니라 적극적으로 연구자를 위한 과제를 설정했다. 대학교, 공공부문, 그리고 특정 기술혁신에 초점을 맞추는 기업들과 함께하는 과학 커뮤니티를 생성하는 것을 목표로 하고 있다.

셋째, 대학의 연구원, 신생기업, 기존 기업과 산업 컨소시엄에 자금을 지원한다. 기초연구와 응용연구 사이의 경계선은 없다.

넷째, 목표가 사업화 가능한 기술의 개발이기 때문에, DARPA의 규정은 기업이 개발 제품을 사업화할 수 있도록 돕는 것을 포함한다. 연구자금을 넘어선 그 이상의 도움을 기업에 제공한다. 그리고 DARPA 과제 중의 일부는 관리감독 역할을 이용하여 다양한 연구개발 장소 간의 아이디어, 자금, 그리고 인원들을 건설적으로 연계하는 것이다.

어떤가? 개발네트워크국가 미국이 보여주는 대표적인 사례라 할 만하지 않은가?

와이스의 안보국가

2차 세계대전 이전만 하더라도 미국은 유럽과 비교하면 기술 후진국이었다. 획기적 혁신보다는 점진적 개선작업이나 모방에 능한 제조국 정도라 하겠다. 그런데 인터넷이나 컴퓨터 등 최근 세계의 혁신 기술 대부분이 미국에서 개발되는 것을 보면 그 원동력에 대해 궁금증을 가지게 된다.

린다 와이스Linda Weiss는 미국의 기술혁신이 민간부문에서의 혁신에 의한 것이라고는 보기 어렵다고 주장하고 있다. 두 가지 중요한 요인을 들고 있는데, 첫째는 안보국가적 동기에 의한 대대적인 투자이고, 둘째는 정부와 민간의 성공적인 협업이다.

그녀는 한국이나 일본이 경제 성장을 위해 선진국의 기술을 확보하고자 하는 기술주권technological sovereignty을 목표로 개발국가 정책을 채택했다고 보았다. 반면 미국은 지정학적 이유로 인한 기술패권technological supremacy를 유지하기 위해 안보국가National Security State, NSS 정책을 추진했다고 주장했다. * 즉, 한국이나 일본의 정부 관리들이 개발국가적인 의도를 가졌다면, 미국에서는 안보국가적인 의도가 중요했다는 것이다.

---

*   Linda Weiss, "America Inc.?: Innovation and Enterprise in the National Security State", *Cornell University Press*, 2014.

와이스는 대표적인 사례로 스푸트니크 모멘트 이후의 나사와 DARPA의 설립을 언급하고 있다. 부시의 국가방위연구위원회와 맨해튼프로젝트 등 정부기관과 민간부문의 협업은 서로에게 계속 영향을 미쳤다. 그러나 무엇보다도 중요한 것은 기술패권을 유지하기 위해, 또 안보목적을 위해 민간 상업부문의 발전된 능력을 받아들이기 위해 노력했다는 것이다. 스푸트니크 모멘트처럼 기술패권이 위협받을 때마다 미국은 민간부문과의 협업을 더 공개적으로 늘렸고, 군사 기술에서 민간부문이 우위인 정보와 디지털 기술이 중요해지면서 협력관계는 더 강화되었다.

즉, 미국이 획기적인 혁신 기술을 만들어 낼 수 있었던 것은 미국 산업정책의 결과가 아니라, 안보목적으로 기술패권을 유지하기 위해 한 걸음 앞서서 무모한 도전을 했던 결과라는 것이다. 이런 동기가 없었다면 현재의 실리콘밸리는 존재하지 않았을 것이며, IBM, 화이자, 마이크로소프트 같은 세계적인 회사를 키워내지 못했을 것이다.

기업이 성장하는 데 있어 기술적 지원도 중요하지만 금융 지원 역시 중요하다. 그런 의미에서 와이스는 미국의 벤처캐피털 시장이 형성됨에 있어, 1958년부터 시작된 소기업투자프로그램small business investment program이 큰 역할을 했음을 지적했다. 미국의 소기업청 small business admistration은 직접 소기업에 대출하거나 투자하는 것이 아니라, 소기업청이 인가한 소기업투자기업small business investment company을 통해 간접적으로 지원한다. 프로그램의 초창기에는 투자기업이 1달러를 투자하면, 4달러를 매칭해서 초기 창업기업의 투자

자금을 지원하는 방식이었다.[*]

한마디로 말해 펀드의 펀드인 이 프로그램은 1983년에는 총 벤처투자의 75%를 차지할 정도로 벤처캐피털의 역할을 톡톡히 해냈다고 한다. 그리고 1983년은 실리콘밸리가 완전히 활성화되던 시기였다. 시기적으로도 잘 맞물려 이 프로그램은 1980년대 중반까지 실리콘밸리 벤처투자의 대부분을 차지할 만큼 크게 성장했다.

흔히 미국의 혁신생태계를 주도하고 있는 것은 활발한 벤처캐피털 시장이라고 알려져 있다. 즉, 다른 나라와는 달리 벤처캐피털이 혁신기업을 적극적으로 지원해서 미국의 혁신을 이끌고 있다는 것이다. 그러나 와이스는 이조차도 미국 정부의 소기업투자프로그램에 의해 발달한 것임을 확인시켜 주고 있다.

그렇다면 현재의 미국은 어떨까? 와이스는 최근 이러한 미국 정부의 역할에 변화가 있다고 보았다. 민간 시장의 규모가 커지면서 최고 수준의 기술기업과의 협업이 점차 어렵게 된 것이다. 그래도 기술패권을 유지해야 하는 미국 정부는 계약 조건을 민간부문에 유리하게 하는 방향으로 잡고 있다. 정부와 계약할 때 배타적 사용 조항을 제거해 상업목적으로도 사용할 수 있는 기술 계약을 체결하고 있다는 것이다. 민간이 시장에서 수익을 얻을 수 있도록 하여 기술 개발의 동기를 높였다고 판단하고 있다.

---

[*]   현재는 1달러에 대해 2달러의 매칭펀드를 지원한다

정부기관이 설립한 벤처캐피털을 통해 민간에 직접 투자하는 방식도 현재 가동 중이다. 대표적인 예로 미중앙정보국Central Intelligence Agency, CIA의 인큐텔In-Q-Tel이 있다. 약 180개 기업에 투자하고 있는 인큐텔은 이러한 투자를 통해 민간 기술에 접근하며 미국 시장에 영향을 미치고 있다.

상황이 바뀌어도 기술패권을 유지하기 위한 미국 정부의 노력은 계속되고 있다는 것이 와이스의 결론이다. 하지만 마냥 이 혁신이 유지된다는 보장이 없다. 산업공동화 현상이 심화되면서 산업생태계가 척박해지고 있고, 또 생산시설에 대한 투자가 줄어들면서 기업들이 제조업을 기피하고 있는 상황이다. 와이스 역시 미래의 미국이 안보국가 엔진을 계속 작동할 수 있을지 검토하고 있다. 미국 산업계는 과연 미래에도 혁신적일까?

현재 미국 금융시장은 주주 우선주의로 인해, 기업은 R&D나 신제품 개발, 새로운 공장이나 기계에 투자하기보다, 주식 가격을 높이기 위해 공장을 폐쇄하고 해외에 투자하는 것을 선호하는 경향을 보인다. 금융의존도가 높아지는 금융화financialization 현상이 원인인데, 금융적 이해관계에 의해 산업계가 크게 영향을 받게 된 것이다. 금융 영역은 안보국가가 통제할 수 있는 영역 밖이기 때문에, 미국의 산업 강국, 군사 강국의 지위를 위협하고 있다는 결론을 와이스는 내리고 있다.

미국의 혁신 역량 역시 금융화로 위협을 받고 있다. 영국은 이미 금융화로 인해 산업 경쟁력이 상당히 떨어졌다. 영국은 2차 세계대전에서 승리를 거뒀음에도, 이후에는 제조업의 우위를 다른 유럽국가나 미국에 빼앗겼다. 그래도 한동안 세계 금융시장을 좌지우지하며 산업발전의 혜택을 공유했으나 점차 혁신동력을 상실했다. 그러면서 자연스럽게 금융의 중심도 미국으로 넘어가게 되었고, 결국 경제적 주도권을 상실하게 되었다.

미국이 지금까지는 기술적 우위, 군사적 우위를 지키고 있지만, 다른 나라에 뒤처진 영국의 전철을 밟을 가능성에 대해 경계해야 한다는 게 와이스의 주장이다. 흔히 이야기하는 '중국의 부상' 자체가 위협이 되는 것이 아니라, 중국은 산업에 특화하고 미국은 금융에 특화하는 경향이 앞으로 위협이 된다는 것이다. 미국의 금융화가 현재와 같은 양상으로 계속 진행된다면, 안보국가의 기술패권을 유지하기는 점점 힘들어질 거라는 것이다. 전 세계적으로 공장의 해외 이전이 중요한 산업정책 문제로 제기된 현재, 이러한 와이스의 시각은 중요한 시사점을 제시해 주고 있다.

한국도 개발네트워크국가?

한국의 경우에는 80년대 이후에 개발네트워크국가의 요소가 가미되었다는 흥미로운 연구결과가 있다. 랄슨과 박재민 *은 한국경제에서 개발네트워크국가의 요소가 강해지면서 자연스럽게 개발관료국

---

*   J. Larson and Jaemin Park, "From developmental to network state : Government restructuring and ICT-led Innovation in Korea", *Telecommunications Policy*, 2014.

가의 요소들이 약화되었다고 주장하고 있다. 80년대에 들어서면서, 정부는 시장경제의 자율성을 높이기 위한 의도적인 노력을 보여주었고, 기업에 대한 통제는 이전과 달리 간접적 수단을 동원하는 방식으로 바뀌었다.

특히 정부의 인가가 필요한 정보 통신 분야에서 민간과 정부가 긴밀한 협업을 통해, 세계 최초로 CDMA를 상용화하거나 3G 도입 등에서 앞서 나갔다. 정부가 주파수를 경매하는 데 있어 이러한 기술 목표를 설정하고, 이를 달성하기 위해 민간의 기술 개발을 적극적으로 지원하는 방식은 사실상 개발네트워크국가에 가깝다는 분석이다.

랄슨과 박재민은 한국 정부가 미국보다 민간부문에 대해 더 강력한 통제력을 지녔다고 보았다. 그러나 미래기술을 선점하기 위해 한 단계 앞서서 통신망을 구축하고 기술을 개발하기 위해 노력하는 과정에서 민간 대기업과 적극적으로 협업하는 과정은 네트워크 국가의 요소가 강하다고 보았다.

한국은 여러차례 격렬한 변화를 겪었고, 그만큼 한국 경제발전과정을 하나의 이론으로 설명하기는 어렵다. 특히 산업 기반이 약한 상황에서 수출주도형 산업정책으로 이루어진 '경제개발5개년계획'에 의해 경공업으로 시작하여 중화학공업 발전을 추진했던 70년대와 그 이후에 첨단 기술을 개발해야 했던 시기를 같은 선상에서 논의하는 것은 과도한 단순화의 오류를 범하기 쉽다.

80년대 이후 반도체나 이동통신 등의 분야에서 세계의 혁신기업들과 경쟁하게 된 이면의 성장 전략은 분명 그 이전과는 다르다.

1992년에는 주요 연구소를 모아 최초의 사이언스파크라고 할 수 있는 대덕연구단지가 준공되기도 했다. 대기업들과 대학, 연구소의 과학기술자들 간의 협업이 활발하게 추진되는 계기였지만, 이러한 기술 네트워크가 산업계와 화학적으로 융합하기 전에 아쉽게도 한국은 IMF 외환위기를 맞게 되었다.

한국 정부는 IMF 위기를 기점으로, 그리고 2000년대 이후 방향을 잡지 못하고 있는 것으로 보인다. IMF는 자금 지원의 전제조건으로, 당시 산업정책과 재벌 지원정책을 전면 수정할 것을 요구했다. 그러면서 기존의 산업정책은 와해되었고 정부의 조율기능 역시 크게 약해졌다. 위기를 어느 정도 극복하고 나서도 정부는 때로는 부정되고 때로는 여전히 관치의 통제력을 발휘하는 등 일관된 모습을 보여주지 못하고 있다.

과거의 개발관료국가도 아니고 개발네트워크국가의 기능도 제대로 발휘해 보지 못한 채, 한국의 산업 지원 정책은 관성적으로만 이루어지고 있다. 지금도 혁신을 위한 정부의 역할에 대해 명확히 규정하지 않은 채 지원작업만 펴면서, 이정표를 잃은 상태에서 목적의식 없는 지원으로 인해 성과를 제대로 내지 못한다고 할 수 있다.

흔히들 이제 한국경제는 추격자에서 선도자로 바뀌어야 한다고 한다. 와이스의 용어로는 '기술 패권'을 목표로 하고 있다는 의미이다. 그리고 기술패권을 달성하는 최고의 방법은 정부가 적극적으로 개발네트워크국가정책을 취해야 한다는 것이 와이스와 블록의 결론인 것이다.

4.
기업가형 국가

블록, 와이스, 그루버와 존슨까지, 많은 학자가 미국의 혁신을 촉진한 원동력으로 정부의 효율적인 지원을 들고 있다. 또한 정부의 역할에 대한 잘못된 편견으로 인해 이러한 중요한 역할이 제대로 알려지지 않았음을 지적하고, 정확한 이해가 필요하다는 것을 강조하고 있다. 마추카토 역시 저서의 제목을 '기업가형 국가'라고 지을 만큼 혁신을 주도하는 국가의 역할을 강조했다.

그런데도 여전히 혁신은 민간부문의 전유물이므로 정부의 역할은 축소되어야 한다는 잘못된 주장이 여론을 형성하고 있다. 다시 한 번 말하지만, 이 시대에 국가가 혁신을 이루기 위해서는 무엇보다 정부의 역할이 중요하다.

흔히들 언론에서는 민간부문의 혁신을 강조하기 위해 스티브 잡스나 일론 머스크의 사례를 들지만, 사실 이들의 성공에는 미국 정부의 뒷받침이 있었다는 것을 우리는 확인했다. 스티브 잡스의 기술은 대부분 DARPA의 지원에 의해 개발되었으며, 일론 머스크의 스페이스X가 최초의 로켓 발사에 성공하자 NASA에서 계약을 체결해서 재무적 안정성을 보장했다. 미국 정부의 이러한 역할이 없었다면 스티브 잡스도, 일론 머스크도 혁신 능력을 발휘하기 힘들었을 것이다. 그런데도 민간 부문만 강조하게 되면, 이러한 정부의 역할은 축소될 수 밖에 없다. 잘못된 인식을 가진 언론과 정치인들이 이러한 중요한 혁신 예산의 감축을 끊임없이 요구한다면, 엄청난 대가를 치른다는 것이 마추카토의 주장이다. 결국 미국의 혁신능력은 쇠락하게 된다는 것이다.

민간부문이 감수할 수 있는 리스크에는 한계가 있다. 모험을 감수하여 높은 수익을 올릴 수도 있지만, 반대로 기업의 존망이 걸린 도박이 될 수도 있기 때문이다. 이익을 많이 내는 대기업일수록 주주들의 입장에서는 리스크를 회피하는 모습을 보인다.

국가가 나서서 민간의 비용을 줄여준다면, 민간부문이 리스크를 감수할 가능성은 당연히 높아진다. 정부자금을 적절한 곳에 사용한다면, 최소한 도덕적 해이나 관료주의를 잘 통제해 낭비가 없도록 사용한다면 경제에 이익이 되는 방향으로 흘러갈 것이다. 연구개발자금만 잘 활용해도 기술개발이 더 활성화되리라는 것은 당연하다.

이런 면에서 국가는 혁신을 촉진하는 중요한 주체이며 민간부문에 헌신적인 동업자의 역할을 제공한다. 이러한 국가의 역할을 제대로 인식하지 못하면 자연스럽게 국가의 역할은 축소될 것이고 이에 따른 엄청난 기대효과를 포기하는 손실이 발생할 것이다.

따라서 국가가 기업가의 역할을 할 수 있다는 '기업가형 국가'라는 개념을 명확히 인식하는 것이 중요하다.

"국가의 핵심역할은, 효율적인 조직을 통해 명확하고 유연하게 경제적 비전을 제시하고 민간부문을 자극할 뿐만 아니라 독려하는 것이다. 자극만으로는 예전의 IT혁명이나 현재의 녹색혁명을 일으킬 수 없기에, 경제에서 국가의 역할은 단순히 민간부문에 대한 간섭이나 자극에 그치지 말아야 한다."*

우리의 정부 기관들은 기술, 시대, 환경의 역사적 변동으로 인해 목적의식을 상실한 채 표류하고 있다. 이제 그 역할을 '기업가형 국가'로 명확히 정의했으면 한다. 그래야 기관들이 더 효율적으로 기능할 수 있을 것이고, 민간과 더 적극적으로 협업을 추진할 수 있을 것이다.

마추카토는 『기업가형 국가』에서 다음과 같이 결론을 내린다. 첫째, 기업가형 국가를 수립해야 한다. 기술혁신을 위한 장기적 전략을 마련하고, 혁신 투자가 수반하는 불가피한 실패를 감내하는 국가를

---

*   마리아나 마추카토, 『기업가형 국가』.

수립해야 한다.

둘째, 만약 정부가 불가피한 이익과 손해를 수반하는(민간 벤처자본과 같은) 불확실한 기술 개발에 관여하게 되었다면, 수익이 생길수도 있지만(호황) 손실이 생겨 이를 메워야 하는 상황도 발생한다(불황). 신기술 개발을 위한 정부의 투자는 실패율이 매우 높으므로, 성공 시에 정부가 직접적으로 이익을 창출할 수 있어야 한다. 이렇게 창출된 국가 투자의 수익을 통해서, 기술 개발 실패 시의 자본 손실을 충당하고, 다시 미래의 혁신 기술에 투자를 할 수 있어야 한다.

셋째, 마추카토는 적극적인 국가의 역할에 초점을 맞춘다. 여기서 말하는 국가의 역할은, 험난한 신기술개발 시장에서 민간부문의 리스크를 줄이고 '시장실패'를 시정하는 주도적인 역할을 하는 것을 말한다. 이런 정부의 역할은 혁신 생태계의 다른 주체들을 위한 정책의 시정 필요성을 시사한다.

5.
혁신의 선순환

미국의 DARPA가 국가가 어떻게 혁신을 촉진할 수 있는지를 보여주는 성공 사례임은 앞서 얘기했다. 그루버와 존슨에 따르면, 최근 DARPA도 이전과 달리 성과를 낼 가능성이 높은 연구에 더 치중한다는 비판을 받고 있다고 한다. 도덕적 해이를 막기 위해 정부와 의회의 감독을 받다 보니, 불가피하게 위험 회피적인 속성이 강해졌다는 것이다.

그러나 국가가 민간이 감수하지 못할 리스크를 공유하여 혁신을 촉진한다는 기본적인 목표를 감안할 때 이러한 추세는 비효율적 결과를 초래하게 된다. 관료주의 문제나 도덕적 해이의 문제를 다른 방식으로 해결하며, 혁신적인 기술 개발에 더 투자하는 것이 경제 전체적으로 유익한 방법이다.

미국의 R&D 비중은 GDP 대비 2% 후반대를 유지하고 있다. 한국은 OECD 국가 중에서 R&D 비중이 높은 편으로, 4% 내외이다. 한국에 비하면 미국은 높지 않은 편으로, 더 늘릴 필요가 있다는 주장이 들린다. 특히 정부의 비중을 1% 이상 늘린다면 예전과 같이 혁신국가의 위상을 지킬 수 있으리라는 것이다.

정부의 R&D를 늘리는 방법은 두 가지가 있다.

첫째, 예산 배정을 늘리는 것이다. 그루버와 존슨은 전국에 사이언스파크를 건설하는 예산을 배정하고, 그 개발이익을 주민들에게 돌려주는 계획을 제안한 바가 있다. 이 경우, 과학기술의 혜택이 골고루 돌아간다. 그들은 이 제안이 유권자들의 동의를 받기 쉬운, 정무적 수용성이 높은 정책임을 강조하고 있다. 정부의 R&D 예산이 일반 국민들에게 간접적 혜택으로만 돌아오는 현재의 제도에서는, 필요한 만큼 과학기술 예산을 늘리기 어려울 것이라는 게 그 이유다.

둘째, R&D 지원을 통해 수익을 올려 이것을 다시 재투자하는 방식이다. 현재는 국가가 R&D 지원을 할 때 리스크는 기업과 공동으로 부담하지만, 그 수익은 민간부문이 독식하는 구조로 되어있다. 물론 기업들은 이익을 낸 만큼 세금을 많이 내기 때문에 간접적으로 기여하는 부분이 없는 것은 아니다. 그러나 신자유주의 주장의 결과로 법인세는 세율이 지속적으로 내리고 있고, 더욱이 대기업들이 조세피난처를 이용하여 세금을 내지 않는 비율이 늘어나고 있다. 애플을 비롯한 미국의 대기업들은 수시로 이러한 조세 회피 문제로 언론에 오르고 있다.

미국 정부의 지원으로 혁신적 기술을 얻게 된 기업들은 막대한 이익을 얻고 있지만, 전체적으로는 무역적자가 커지고 있다. 또, 제조업이 쇠락하며 일자리는 줄어들고 불평등은 심화되고 있다. 과학기술에 대한 정부의 투자로 인해 얻어지는 혜택이 기업들에게만 돌아가게 되자, 전반적인 혁신동력이 저하되는 문제가 발생한 것이다.

마추카토는 리스크는 사회적으로 부담하면서 보상과 수익은 소수에게만 돌아가는 현재의 구조를 대체할 새로운 대안을 제시하고 있다.

첫째는 소득연동형 대출을 통한 R&D 지원이다. 과학기술에 대한 투자는 리스크가 크기도 하지만 그 이익도 크다는 점을 고려해, 실패하면 책임을 묻지 않지만 소득이 발생하면 상환하도록 하는 방식으로 지원하자는 것이다. 이는 현재 미국에서 시행하고 있는 대학생들에 대한 대출과도 유사하다. 이 대출도 소득이 발생하는 경우에만 회수하는 방식이니, 이 제도를 응용해 R&D에 적용하자는 것이다.

둘째는 핀란드의 혁신기금인 시트라SITRA와 비슷한 방식이다. 시트라가 노키아에 초기 투자를 할 때 주식에 투자한 것처럼 자본에 참여하는 방식으로 지원하자는 것이다. 다시 말하면, 국가가 벤처캐피털의 역할을 맡는 것이다. 실제로 초기 창업기업이 기술개발을 위해 외부 자금을 빌릴 때, 벤처캐피털은 그 가능성을 타진한 후 자본투자를 하는 경우가 많다. 국가도 같은 방식의 투자를 하자는 제안이다.

셋째로는 국영투자은행을 만들어서 투자하는 방식이다. 독일, 브라질, 중국에서 시행하는 방식이기도 하다. 국영이지만 은행이기 때문에 수익을 회수할 수 있고, 성공한 기업으로부터 수익을 회수할 때 더 많은 투자가 가능하게 된다는 논리이다.

마추카토에게 있어 혁신정책에서 가장 중요한 것은 재분배 정책이다. 일부 기업의 사익을 위한 국가의 투자가 아니라 전체 국민에게 혜택이 골고루 돌아가는 방식이 되어야만, 국가의 기업가적 투자가 정당성을 가질 수 있다. 리스크와 보상 간의 구조가 균형을 잡을 때 미래의 혁신산업을 육성할 수 있고, 그 리스크와 보상이 올바르게 사회화될 때 성장과 기술혁신의 순기능이 제대로 작동하리라는 것이다.

2부
개방형 혁신국가로
가는 길

K-INNOVATION

5. 한국경제 진단

1.
미국은 위기를 맞아
논쟁을 했다

    1980년대에 들어 미국경제는 급격히 나빠지고 있었다. 도로에는 일본과 독일 자동차들이 범람했고, 미국의 자동차 회사들은 도산할 위험에 처했다. 은행들은 중남미 경제를 낙관하고 많은 대출을 해 주었는데, 막상 중남미 국가들이 채무불이행 상태에 빠지면서 미국은행들 역시 부실해졌다. 이 틈에 일본과 독일의 은행들이 영역을 대폭 확장해 갔으며, 특히 일본 기업들은 공격적으로 미국 기업과 부동산을 인수하고 있었다.

    레이건 행정부의 감세정책으로 인한 재정적자와 무역적자가 동시에 나타나는, 일명 '쌍둥이 적자'가 눈덩이처럼 늘어나면서 미국경제에 대한 우려는 더욱 커졌다. 견디기 어려웠던 미국의 요청으로 1985년 9월 뉴욕의 플라자 호텔에서 미국, 영국, 독일, 프랑스, 일본, 이렇게 5개국의 재무장관이 모여 '플라자 합의'에 동의했다.

일본과의 무역적자가 커지자, 미국은 엔고 상황을 유도했다. 일본의 엔화는 거의 두 배 수준으로 가치가 높아졌고, 일본으로부터의 수입은 줄어들었다. 그러나 경쟁력을 상실한 미국의 제조기업은 이미 크게 위축된 이후였기에 미국의 산업 경쟁력을 되살리기는 쉽지 않았다.

제조업이 쇠락하는 동안, 금융시장은 새로운 금융기법이 도입되면서 대규모 거래가 이루어지고 있었다. 미국 금융시장에서는 이른바 고위험 고수익 채권인 '정크본드junk bond' 시장이 활성화되고, 이러한 채권을 통해 대규모 부채를 안으면서 기업을 인수leveraged buyout, LBO하는 기업 사냥꾼들이 주목받았다. 기업을 인수하고 나서는 대규모 부채 이자를 갚아야 했기 때문에, 돈이 되는 것은 모두 현금화하고 불필요한 비용은 극도로 줄이는 그야말로 단기 이익을 극대화하는 경영을 할 수밖에 없었다. 이에 대해서는 구조조정을 통해 비용을 줄이고 수익을 늘려 제조기업의 방만한 경영을 막고 경쟁력을 회복시킨다는 긍정적인 논리가 있는가 하면, 다른 한편에서는 오히려 단기적 이익만 노리고 기업의 장기 경쟁력을 훼손한다는 반론도 만만치 않았다. 무엇보다도 대부분의 구조조정은 대규모 해고를 동반하는데, 이것이 상당한 논란을 불러일으켰다. 영화 〈월스트리트 Wall Street〉를 비롯하여 많은 매체의 소재가 될 정도로, 이러한 기업 사냥꾼들의 이야기가 미국 사회에 미치는 충격은 매우 컸다.

이런 가운데 1987년 10월 19일 주식시장이 22.6%나 하락하는 사상 초유의 사태가 발생했다. 1929년 대공황 당시 블랙먼데이에 13% 하락한 것과 비교해도 매우 충격적인 사건이었다. 컴퓨터가 프로그램에 의해 자동으로 매도하면서 빠르게 가격이 하락하자 투자자들이 동요하면서 사상 최대의 낙폭을 기록했다. 주식시장은 곧 회복되었으나 시장의 불안정성을 겪은 투자자들이 받은 충격은 컸다. 미국 경제의 기초체력market fundamental에 대한 우려가 있는 상태에서, 금융으로 버텨오던 미국경제의 민낯이 드러난 건 아닌가 하는 우려가 널리 퍼졌다.

2차 세계대전 이후 세계 최고의 경쟁력을 자랑하며 세계 경제를 이끌어 왔던 미국기업들이 속절없이 무너지고 대신 가전이나 자동차 등에서 독일과 일본 기업들의 상품이 미국 시장의 점유율을 높여가고 있었다. 언론은 매일같이 경제위기의 심각성에 대해 경고했고, 극복 방안에 대한 활발한 논의가 이어졌다.

당시 미국 유학 중이던 나는 정치권은 물론 언론, 학자들이 모두 나서 위기 극복 방법에 대해 활발한 토론을 벌이는 것을 매우 인상 깊게 목격했다. 미국 기업의 방만하고 비효율적인 경영에 대한 날카로운 비판과 함께 독일, 일본 기업들의 경영기법을 도입해야 한다는 의견이 많았다. 일본통 학자들은 일본의 장기적 목표를 중시하는 경영을 본받아야 한다고 주장하고, 독일통 학자들은 독일의 노사공동결정제도를 도입하고 효율성을 높여 제조업의 부흥을 꾀하자고 주장했다. 갑자기 일본통, 독일통 학자들의 몸값이 천정부지로 뛸 정도였다.

내가 학위과정을 마칠 즈음, 놀랍게도 끝이 없을 것 같던 이 논쟁이 서서히 초점을 찾아가고 있었다. 결론부터 이야기하자면 미국은 미국식으로 가야한다는 주장이 대세로 자리 잡게 되었다. 지식정보화 사회를 맞아 미국의 장점인 창의력과 혁신성이 발휘될 수 있도록 환경을 조성하면 다시 경쟁력을 회복할 수 있다는 주장이 공감대를 형성한 것이다. 실제로 90년대 초반 IT붐이 일어나면서, 그리고 기술기업들이 대거 등장하면서 미국은 다시 세계 초강대국의 지위를 회복할 수 있었다.

그렇다고 미국이 무조건적으로 자국의 방식을 수용한 것은 아니었다. 미국은 이때 연구한 일본과 독일의 장점을 그대로 받아들이거나 아니면 다른 방식으로 수용했다. 예를 들어, 당시 미국은 많은 연구비를 들여 일본의 자동차 기업들을 연구했다. 연구에 참여했던 학자들은 일본의 자동차 회사 중에서도 도요타 자동차가 독보적이라는 것을 알게 되었다. 그래서 중간에 연구 계획을 바꿔 도요타 연구에 매진한다. 그 결과가 1991년 발간된 유명한 도요타 자동차 연구서 '세상을 바꾼 기계The Machine That Changed the World'다. 국내에서는 소제목인 '린 생산lean production'* 으로 번역된 바 있다.

도요타는 부족한 자본의 한계를 극복하기 위해 재고를 줄이는 대신 부품 조달과 조립을 잘 연결하여 조립시간을 줄인 린 생산방식을 도입했다. 이 방식은 생산 공정의 흐름을 정확한 시점에 맞춰 진행한

---

*   제임스 P. 워멕, 대니얼 T. 존슨, 대니얼 루스, 『린 생산』, 현영석 옮김, 한국린경영연구원, 2007. 원제는 "The Machine That Changed the World: The Story of Lean Production".

다는 의미에서 적기適期, Just-in-Time 생산방식으로 부르기도 하고, 혹은 이 생산 공정의 흐름을 조정하는 표시로 사용하는 카드를 지칭하여 간판看板 생산방식으로 부르기도 한다. 이런 도요타 생산방식TPS은 초기에 부족한 자본을 보완하는 것을 넘어 불량률을 줄이는 최고의 효율성을 발휘했다. 도요타의 품질제일주의는 생산 공정에서 불량이 발생했을 때, 불량을 없애는 근본적인 대책을 찾을 때까지 생산라인 전체를 멈추는 파격적인 공정이었다. 이를 위해서는 직원들을 상시 교육하고, 서로 토론하는 조직 문화가 만들어져야 했다. 이렇게 직원 한명 한명의 제안을 받아들여 품질과 생산성을 높이는 방식에 대해, 하버드 경영대학원은 도요타Toyota의 'T'를 'Thinking'으로 바꾸어 '생각하는 생산방식TPS, Thinking Production System'으로 부르며 개개인의 창의성을 발휘하는 새로운 생산방식으로 주목했다.

제너럴 모터스General Motors, GM는 도요타 생산방식의 이론만 배운 것이 아니라 도요타 자동차와 합작 회사인 NUMMI*를 캘리포니아에 설립하기도 했다. 도요타 생산방식을 철저하게 배우기 위한 시도로 볼 수 있을 것이다.

기업들의 생산성을 높이기 위한 연구는 계속되었다. 때마침 컴퓨터 산업이 빠르게 성장하면서 기술기업들이 대거 등장했고, 생산성을 높이는 다양한 기법들이 가능하게 되었다.

---

* New United Motor Manufacturing Inc. 캘리포니아 주에 세워졌던 공장은 1984년에 가동을 시작했으나 2010년 문을 닫았다. 이 공장은 이후 테슬라가 인수해서 전기자동차를 대량 생산하는 공장이 되었다.

나는 개인적으로 한국의 현대자동차가 누구보다 빨리 도요타 생산방식을 수용한 것이 현대자동차의 성공을 가져왔다고 판단한다. 2010년 보도*에 따르면 1979년에서 2010년까지 현대자동차에서는 1천4백만 건의 제안이 있었다고 한다. 현대자동차 직원들은 매년 약 40만 건 이상의 제안을 하고 있으며, 제안 마일리지 제도와 품질분임조 등을 시행하고 있다. 거의 매년 노사분규로 인해 생산성 저하가 우려되는 상황에서도 이렇게 활발한 제안이 이루어지는 조직 문화가 현대차의 생산성을 높이는 토대가 되었을 것이다.

미국은 이런 방식으로 1980년대 맞았던 위기를 나름대로 극복하면서 다시 세계 최고의 경제 대국으로 발돋움했다. 독일과 일본의 도전을 잘 극복한 미국경제는 지금 다시 중국의 도전을 받고 있다. 독일이나 일본과는 달리 적대국가이면서 규모면에서 훨씬 큰 중국의 추격은 미국에게도 큰 위협이 되고 있다. 미국은 다시 중국의 위협에 대처할 다양한 논의를 하고 있다.

우리도 현재 혁신을 위해 무엇을 해야 하는지에 대한 활발한 논의가 필요한 시점에 있다. 그를 위해 먼저 한국경제의 실상을 정확히 보아야 한다.

---

* 현대차 30년간 직원제안으로 1조5천억 절감」, 연합뉴스, 2010년 1월 14일.

2.
마비된 한국의
혁신금융 시장

유니콘 기업(이하 유니콘)은 비상장기업중 시장가치가 1조 원이 넘는 기업을 의미한다. 2018년 초를 기준으로 한국의 유니콘은 쿠팡, 옐로모바일, L&P 코스메틱, 이 3개에 불과했다. 2018년 상반기 전 세계 유니콘은 236개로 알려졌고, 이중 미국이 116개, 중국이 64개, 영국 13개, 인도 10개로, 대부분 미국과 중국에서 신생 유니콘이 대거 등장하고 있다.

유니콘의 등장이 이 두 나라에 집중되어 있는 것은 다양한 요인에 기인하고 있다. 시장 규모가 커서 신생기업이 커질 가능성이 높고, 충분한 자금공급이 이들 기업의 성장을 가속화 시키고 있다. 물론 이런 단순한 원인들로만 단정 지을 순 없지만, 이 두 나라의 경제가 유니콘 기업이 대거 등장할 수 있는 환경인 것만큼은 틀림없다.

반면에 한국은 어떨까. 한국에 유니콘이 3개에 불과하다는 사실은 한국경제의 한계를 그대로 보여주고 있다.

비상장 기업의 기업가치는 투자를 받을 때 평가되기 때문에 실제로는 더 많은 유니콘이 있을 것이라는 반론도 있다. 2018년 하반기에는 여러 게임회사를 보유한 '블루홀', '배달의 민족'으로 알려진 '우아한 형제들', 그리고 '토스'로 알려진 '비바리퍼블리카' 등이 유니콘으로 평가받아 6개사로 늘어났다. 그렇지만, 이것이 미국이나 중국과 견줄 수 있는 환경은 절대 아니다.

2019년 초, 나는 제2벤처붐 대책을 발표하면서 한국에서 유니콘이 나오지 않는 문제에 대해 다루기로 했다. 보통 정부 정책의 성과와 추가 대책으로 이루어지는 발표 행사였지만, 나는 정확한 현실을 보고하는 게 중요하다고 생각했다. 특히 대통령에게 보고하는 자리인 만큼 잘 되고 있는 부분뿐 아니라 구조적 문제에 대해 정확하게 전달하는 것이 중요하다고 생각했다. 성과를 내고 있는 상황이긴 하지만 더 열심히 하기 위해서는 미흡한 부분에 대해 문제를 제기하고 해결책을 마련하는 것이 필요했다.

문재인 정부에 들어서 벤처투자 활성화 정책을 적극적으로 펼친 것은, 초기벤처기업들의 환경을 많이 개선했다는 평가를 받고 있는 상태였다. 그리고 그즈음 벤처업계에서는 초기 이후 벤처기업의 성장을 촉진하는 스케일업scale up 대책을 요구하는 목소리가 높았다.

평가와 실상이 어딘가 모르게 맞지 않는 부분이 있었고, 좀 더 조사할 필요가 있었다.

내가 정한 보고의 방향에 난색을 표하는 직원들을 설득하여 유니콘의 실상을 포함하도록 했다. 이들이 어디서 투자를 받았는지 확인하도록 했고, 결과는 놀라웠다. 6개 유니콘이 받은 6조 원 이상의 자금의 대부분이 외국 자금이었다. 나도 모르고 있던 사실이었다. 왜 이런 중요한 문제에 대해 언론에서도 지적한 적이 없었던 것일까? 유니콘 기업들이 모두 해외에서 자금을 마련했다는 것을 어떻게 해석해야 할까? 있는 그대로 보자면, 한 기업이 유니콘이 되기 위해서는 자체 수익으로 성장하거나 아니면 외국에서 투자를 받아야 했다.

실제로 쿠팡의 김범석 대표는 처음부터 실리콘밸리에서 투자를 받을 작정으로 미국에서 많은 시간을 보냈다고 한다. 투자자들에게 한국의 투자환경을 설명하기 위해 자체적으로 한국 소개 자료를 만들기까지 했다. 그 결과, 쿠팡은 2018년 하반기 2조 원 이상을 소프트뱅크로부터 투자받는 놀라운 성과를 보여주었다. 쿠팡은 매년 천문학적인 적자를 보고 있었고, 심지어 소프트뱅크는 이미 쿠팡에 1조 원 이상을 투자했었던 상황이었기 때문이다. 이 적자가 줄어들 기미를 보이지 않고 있었는데, 소프트뱅크는 쿠팡의 미래비전에 높은 가치를 부여하고 과감히 투자한 것이다.

이러한 투자는 과거의 상식을 깨는 새로운 방식의 투자이다. 이미 미국 등지에서는 오랫동안 적자를 내던 기업들에게도 장기간 대규모 투자를 했던 경험들이 쌓여있다. 이제는 새로운 사업이라도 가능성만 충분히 있다면 대규모로 꾸준히 투자하는 사업 모형이 자리를 잡았다. 이것은 변화에 대비하지 않았던 대기업 중심의 한국과는 사뭇 다른 모습이고, 쿠팡의 이야기가 충격으로 다가온 것은 당연한 일이다.

규모면에서도 차이가 난다. 2018년도 우리가 열심히 노력해서 사상 최대로 늘어난 우리의 벤처 투자규모는 3조 4,000억 원이었다. 그런데 소프트뱅크는 한 회사에 3조 원 이상을 투자한 것이다. 비교대상이 되지 않는다. 제2벤처붐은 이런 국제적인 수준에 비교해 보면 소꿉장난처럼 보인다. 투자를 받은 쿠팡이 우리나라 기업인 것은 자랑스럽긴 하나, 더 나아가 이런 구조적 문제에 대해 적극적인 대책을 마련해야 한다. 제2 벤처붐 대책에 향후 4년간 12조 원의 스케일업 전용펀드를 조성하는 방안을 포함했지만, 갈 길이 멀어 보인다.

지금과 같은 상황이라면 국내 자본이 유니콘을 키워내는 것이 불가능한 일임을 우리는 직시해야 한다. 국내에서는 1,000억 원 이상 되는 자금을 투자할 수 있는 금융회사는 찾기 어렵다. 벤처캐피털들은 아직 성장기에 있기 때문에 그 규모가 작고, 모험투자를 위해 만들어진 금융투자회사들이나 사모펀드 등은 벤처투자에 경험이 없다.

다행히도 우리에게 자금이 없는 것은 아니다. 국내 대기업들은 현금 자산만도 수백조 원을 보유하고 있고, 민간에는 수천조 원이 넘는 부동산 투자 자금이 있다. 금융시장에서 떠돌아다니는 자금도 천문학적인 금액이다. 쏟아붓는 규모로 봐서는 정부도 역시 많은 예산을 갖고 있다.

하지만 이것이 곧 문제의 핵심이기도 하다. 자금이 부족했던 1970~80년대에도 우리는 막대한 자금을 대기업의 모험 투자에 쏟아 부었다. 불행하게도 이런 자금들이 모험사업을 외면하고 있다. 그리고 해외 자금이 그 역할을 수행하면서, 그 수익이 모두 해외로 귀속되고 있는 상황이다.

한편에서는 벤처투자에 1,000억 원 이상을 투자하지 못하고 있으면서, 다른 한편으로는 불요불급한 건설 사업에 수십조 원을 투자하는 정부와 수백조 원 규모의 부동산 투자에만 매달리고 있는 민간의 상황은 결코 국가적으로 바람직스럽지 않다. 한국경제에서 이뤄지고 있는 자금배분 방식이 적정한가에 대해 의문을 가져야 한다.

기업들의 성장도 더욱 쉽지 않아질 예상이다. 현재 한국이 기술적으로 앞서고 있는 분야도 점점 줄어들고 있기 때문이다. 그것은 이런 경제 현실과 무관하지 않다. 부동산에는 막대한 자금을 투자하고 있으면서 첨단 기술이나 유니콘 기업에 투자할 돈은 없다는 것이 한국경제의 현실이다. 미래 한국경제의 먹거리가 유니콘 기업들의 손에 달려있다는 사실을 고려한다면 한국경제의 현실은 참담하기만 하다. 스스로 미래 먹거리에 대한 투자를 막고 있는 셈이다.

유니콘 기업의 중요성을 알지 못하고 있는 모습은 정치인들의 말만 들어봐도 알 수 있다. 수조 원을 들여 자신의 동네에 이런 저런 시설을 들이자고 주장하는 정치인은 많지만, 모험사업에 투자하는 자금이 적다는 것을 밝히는 정치인은 없다. 현재의 자금 배분이 잘못되었다는 것을 지적하는 목소리는 찾아보기 힘들다.

기업을 해서는 부자가 될 수 없고,
부동산 투자를 해야 부자가 될 수 있는 경제의 미래는 없다.

한국의 금융시장은 심각하게 왜곡되어 있다. 모험을 하지않고 성장 가능성을 외면하는 태도가 한국의 혁신금융시장을 죽였다. 더 큰 문제는 이런 중요한 현상에 대해 거의 논의가 이루어지고 있지 않다는 사실이다. 그리고 이는 대기업 위주로 논의가 이루어지는 국내 금융계, 학계나 언론, 정치권의 환경과 무관하지 않을 것이다.

3.
한국 대기업의
폐쇄형 혁신

    장관시절, 나는 강연을 할 기회가 있을 때마다 한국 대기업의 놀라운 혁신 능력에 대한 찬사부터 시작했다. 현재 대기업의 지배구조와 관련한 비판도 많고, 대기업의 경쟁력 위기에 관한 이야기도 있다. 그러나 그 혁신 역량에 대해 국제적으로 객관적 시각에서 평가해 보면, 그야말로 놀라운 성과를 올렸음을 부정할 수 없다.

    한국은 폐허에서 기적 같은 경제성장을 이루었다. 특히 한국의 대기업들이 80년대 이후 첨단 기술 분야에서 세계적인 기업들과 경쟁하며 30년간 지속적으로 발전해 온 것은 놀라운 성과가 아닐 수 없다. 핀란드 노키아가 한때 세계 휴대폰 시장의 선두에 나섰지만, 스마트폰의 등장이라는 기술의 발전에 부응하지 못해 쇠락한 사례에서 볼 수 있듯이, 내수시장이 협소한 작은 국가가 세계적인 경쟁력을 장기간 유지하는 것은 정말 어려운 일이다. 그러나 한국의 삼성전자나 현대자동차를 비롯해 대기업들은 뛰어난 혁신 역량을 기반으로 치열한 경쟁을 이겨내고 있다.

애플이라는 세계 최고의 혁신기업과 대등한 경쟁을 펼치고 있는 기업, 아시아의 작은 국가에 소재한 삼성전자의 혁신 능력은 어찌 보면 애플을 능가할 정도라 할 수 있다.

통신 및 디스플레이 등 여러 분야에서의 원천기술을 바탕으로, 애플에 못지않게 혁신 제품을 만들어 온 삼성전자는, 최근에는 폴더블폰을 세계 최초로 개발함으로써 아이폰과 차별화되는 새로운 시장을 개척하기도 했다.

이 정도로 애플과의 경쟁에서 밀리지 않는 능력을 보여주고 있으면서도, 애플에 비해 그 혁신성은 크게 주목받지 못했다.

삼성전자는 2019년 세계에서 스마트폰을 가장 많이 판매한 회사다. * 판매량은 2억 9,619만대, 시장점유율은 19.2%를 자랑하고 있다. 고급형 스마트폰에서 애플과의 기술경쟁을 유지하면서 저가 공세를 펼치는 중국업체와의 가격경쟁에도 공격적으로 대응하고 있다. 개발은 국내에서, 생산은 비용이 적게드는 베트남과 인도, 인도네시아, 브라질 등 해외에 공장을 세워 운영하고 있다. 국내에서는 구미

---

* 이경탁, 「삼성전자, 지난해 전 세계 스마트폰 판매량 1위 지켜」, 조선비즈, 2020년 3월 4일.

공장 정도가 스마트폰을 생산하고 있다.

현대자동차도 마찬가지이다. 세계 자동차 시장은 치열하게 경쟁 중이다. 다양한 기업 결합과 연합을 통해 대형 메이커 위주로 재편되고 있다. 이제는 하이브리드 차를 넘어 전기차와 수소차 등 차세대 동력차들이 개발되고 있고, 자율주행차 시장 역시 구글 등 굴지의 IT 대기업들도 대거 참여해 경쟁이 더 치열해지고 있다.

다행히 현대자동차는 이러한 경쟁에서 밀리지 않고 있다. 전통 차량 분야에서는 고품질의 SUV를 출시하고 있고, 전기차나 수소차 분야에서도 선두 그룹의 기술력을 과시하고 있다. 현대자동차는 2019년 442만 대를 생산했고, 그중 미국, 중국, 인도, 체코, 러시아, 터키, 브라질 등 해외 생산공장에서 270만 대를 생산했다. 생산량으로만 보면 전 세계 자동차 회사 중 도요타, 폭스바겐, 포드, 혼다, 니싼에 이어 6번째로 많은 자동차를 생산한 것이다.[*] 참고로 기아자동차 역시 284만 대를 생산하여 8위를 기록하고 있다.

삼성전자나 현대기아차는 전 세계에서 부품을 조달해 다시 세계 각 지역의 공장에서 생산하면서 경쟁력을 유지하고 있다. 사실 이렇게 공급망을 확대하고 나면, 그 관리에 많은 비용이 들어간다. 한국의 대기업들은 이런 공급망 관리에서 가히 세계 최고라 할 수 있다.

끊임없이 신제품을 개발하고 필요한 부품을 세계 곳곳에서 조달해 뛰어난 품질의 제품을 저렴하게 공급하는 데 있어, 한국의 대기업

---

[*] "Global Market 2020. Honda reached the podium, while Toyota increased the gap from Volkswagen", *focus2move*, 2020.

들은 매우 효율적이다. 이렇게 효율적인 시스템을 구축하기까지 기업 내부에서 혁신을 위한 엄청난 노력이 있었을 것이다.

폐쇄형 혁신모형

한국의 대기업은 놀라운 능력으로 세계 시장에서 승승장구하고 있지만, 중소기업의 사정은 그러지 못했다. 중소벤처기업부 장관 시절 많은 중소기업 관계자를 만났는데, 국내에서 대기업과 경쟁하기에는 시장이 공정하지 않다는 애로를 제기하는 중소기업 대표들이 많았다.

대표적인 문제는 대기업 총수 일가의 사익을 추구하기 위해 일감을 몰아주는 일이었다. 이미 널리 알려진 문제이기도 했다. 대기업과 큰 문제 없이 거래하고 나름대로 혁신해서 수익을 낼 정도가 되면, 총수 일가의 회사나 아니면 대기업 계열사가 가로채 갔다. 혹시라도 시장에서 대기업 계열사와 경쟁이 붙으면 대기업의 지원으로 인해 공정한 경쟁이 되기 어려웠다. 대기업의 시장점유율은 높아져만 가고, 중소기업이 설 자리는 점차 줄어들고 있다는 하소연이었다.

대기업들은 자꾸 자회사를 만들어 퇴사한 전직 임원들로 채우는 경우가 많았다. 자연스럽게 일감 몰아주기도 일상화되었다. 특히 이 문제는 시간이 지날수록 심해질 수밖에 없었다. 대기업은 수익성을 높이기 위해 조기 퇴직을 권장했고, 내부의 반발을 무마하기 위해 퇴직 임원들의 먹거리를 챙겨주는 것이 일상적인 관행으로 자리 잡았다. 시간이 갈수록 독립 중소기업의 입지는 줄어들 수밖에 없다.

중소기업 입장에서 한국경제는 그야말로 황폐한 사막이다. 정부에서 열심히 중소기업을 지원해도, 성과를 내기 어려운 구조가 고착되어 있었다. 더 문제가 되는 것은 이러한 구조가 경제 전체의 혁신 역량을 약화시키고 있다는 사실이다. 중소기업은 혁신을 해도 성공할 수 없다는 인식이 뿌리 깊게 자리 잡고 있었다. 많은 중소기업이 혁신 제품을 개발하고서도 제대로 평가받을 기회부터 박탈당하는 상황이었다.

나는 한국의 대기업을 사막의 오아시스에 비유하곤 한다. 험난한 환경에 물을 제공하는 좋은 이미지도 있지만, 오아시스는 다른 오아시스와 물줄기가 연결되어 있지 않다. 대기업은 사막 위에 홀로 독보적인 존재다. 대기업끼리도 거의 교류가 없었고, 대학의 전문 연구자들과도, 정부 출연 연구기관과도 특정한 사항을 제외하고는 교류가 많지 않았다.

아마 대기업의 기술력이 유독 뛰어나고, 자체 기술 개발 능력이 충분해서 다른 부문이 쫓아가기 어려운 요인이 있을 것이라 짐작한다. 대기업은 세계적인 경쟁력을 바탕으로 최고의 대우를 받고 있고, 누구나 대기업과 교류를 하고 싶어 한다. 하지만 그래서인지 대기업은 갑의 지위에서 필요한 만큼만 교류하는 것으로 보인다.

나는 이런 한국 대기업의 혁신 모형을 '폐쇄형 혁신 모형'으로 규정했다. 세계에 자랑할 만한 우리 대기업의 혁신은 철저하게 외부와 괴리된 폐쇄형 혁신이다. 물론, 외부와의 교류는 기술 개발에 비용요소가 될 수 있다. 그런 의미에서 폐쇄형 혁신도 나름대로 장점이 있다고 보았다. 앞서 지적한 세계 최고 수준의 공급망 관리는 외부와의 교류보다는 내부적 혁신에 집중한 결과일 것이다.

　폐쇄형 혁신으로 첨단 기술 개발을 선도하는 한편 세계 각지의 공급망을 효율적으로 관리하는 한국 대기업은 엄청난 경쟁력을 발휘하고 있다. 다만 오아시스처럼 사막 전체의 생태계를 활성화시키지는 못하고 있다. 대기업에 종속된 중소기업을 제외하고는 제대로 꽃을 피우기 힘들다.

납품단가 부당인하와 기술탈취

　대기업과 거래하는 중소기업은 그나마 사정이 나았지만, 그마저도 점차 악화되고 있다. 일단 대기업이 세계로 공급망을 늘리면서 국내 생산물량이 점차 줄고 있다. 삼성전자의 경우 1년 평균 3억 대의 휴대폰을 만들고 있는데, 그중 국내 생산물량은 10%가 되지 않는다.* 구미의 공장도 점차 해외로 이전하면서 구미공단의 공동화 현상이 발생했다. 정부가 많은 노력을 기울였음에도 비용절감을 위해 해외로 공장을 이전하는 문제는 여전하다. 휴대폰 부문에서 적자에 시달리던 LG전자는 2019년 아예 국내 휴대폰 공장을 폐쇄하고 해외로 이전했다. 물론 대기업들이 해외에 진출하면서 국내 부품업체들과 동반 진출하는 경우도 많다. 부품업체들도 비용을 절감하기 위해 대기업과 함께 해외로 진출하는 것이 더 유리할 수 있을 것이다.

＊　김종민, 「年 3억대 삼성 폰, 'Made In Korea'는 10% 미만」, 뉴시스, 2019년 12월 17일.

문제는 현재 대기업과 중소기업의 관계가 협업의 관계라기보다는 종속적이라는 데 있다.

일본의 대기업들은 장기적인 관계를 중시하며 하도급업체와 함께 혁신을 추진한다. 부품업체의 혁신을 지원하고 그 결과물을 제품의 품질에 반영하는 시스템을 자랑하고 있다.

반면 미국은 본사에서 혁신을 전담하는 방식이다. 본사의 설계를 가장 저렴하게 실행하는 해외 하도급업체를 찾아 계약하는 방식으로 효율성을 높이고 있다. 미국은 단기 이익을 극대화하기 위해 전 세계에서 하도급업체를 모집하고, 가장 품질관리가 뛰어난 업체를 선별하기 때문에, 하도급업체들은 끊임없이 품질관리를 해야 거래를 유지할 수 있다.

한국 대기업의 경우 과거에는 일본 방식을 따르다가 최근에는 미국 방식을 따라 단기간의 이익을 높이는 방식으로 바뀌고 있다. 그러면서 중소기업이 대기업에 종속되는 구조가 돼버렸다. 이러한 구조를 악용해 일부 대기업은 중소기업과의 협업보다는 도구로써 이용하는 사례가 다수 발생했다.

중소벤처기업부 장관이 되고 나서 중소기업인들에게 가장 많이 들은 요청은 대기업의 '납품단가 부당인하'와 '기술탈취'를 반드시 막아달라는 주문이었다. 중소기업들은 모두 대기업과의 거래를 원한다. 거래가 시작되면 대규모 주문이 들어올 가능성이 있으므로 간절하게 대기업 관계자들을 찾는다. 대기업의 구매 담당 직원들은 중소기업의 절실함을 알기에 부당한 요구를 일삼고 있는데, 대표적인 것이 납품단가를 부당하게 인하하는 행위이다. 심지어는 원가를 알아야겠다며 회계장부를 요구하기도 한다. 중소기업은 이런 부당한 요구를 따르면서까지 생산할 수밖에 없는 상황이었다.

부당한 납품단가 인하는 중소기업의 혁신 의욕마저 떨어뜨린다. 혁신적인 아이디어로 비용을 절감한다 해도, 그 수익을 모두 대기업이 가져간다면 굳이 혁신할 이유가 없다. 또, 중소기업이 새로운 기술을 개발하면 대기업은 기술 검증의 명목으로 기술을 파악하고 나서, 직접 생산해버리거나 경쟁 하도급업체에 넘기는 등 불법을 저지르는 경우도 많다고 했다. 이런 일이 반복되면서 중소기업은 대기업에 불만이 많고, 대기업은 반대로 중소기업들이 혁신하지 않는다는 이유로 해외로 거래선을 바꾼다고 한다.

이 문제의 중심에는 대기업이 중소기업들을 종속화하는, 경제 전체의 구조가 있다. 경제에 이런 구조적 문제가 발생하게 되면 단순처벌만으로 해결하기는 쉽지 않기 때문에, 구조개선을 위한 제도를 정착시키기 위해 많은 노력을 기울여야 한다. 납품단가에 대한 조정은 경제 환경에 따라 다양하게 발생할 수 있어 사실상 범법 여부를 가리기 쉽지 않다. 그러나 대기업이 중소기업의 회계장부를 열람하는 행위는 정상적인 거래 행위로 볼 수 없다. 따라서 이런 불법적 행위에 대해 철저하게 처벌하고, 또한 중소기업 입장에서 부당성을 입증할 수 있도록 해야 한다.

기술탈취의 경우, 이미 해외에서는 상대 기업의 기술에 대해 보고를 받기 전에 비밀유지협약서Non-Disclosure Agreement, NDA를 체결하는 것이 상거래의 관행으로 정착되었다. 나는 국내에도 이를 정착시키는 것이 중요하다고 여겨, 대기업들을 만나 적극적으로 요청했다. 간담회를 해 보니 이미 많은 대기업들이 비밀유지협약서를 체결하고 있었다. 다만 아직도 일부 직원들이 소홀한 경우 분쟁이 발생한다고 했다. 더욱 철저한 관리를 통해 기술탈취 문제를 근본적으로 해결할 필요가 있었다. 다행히도 이 문제는 누구나 동의할 수 있는 명백한 범법행위였기에 대기업도 협조적이었다.

그래도 중소기업들은 걱정이 많았다. 기술을 보겠다는 대기업의 요구에 비밀유지협약 체결을 요청하면 거래가 끊길 가능성도 있다고 했다. 이에 대한 대응책으로 방어수단을 강화하도록 했다. 기술의 원천 개발자임을 증명할 수 있도록 기술보증기금의 기술금고Tech Safe 제도를 새로 만들어 나중에 분쟁이 생겼을 때 중소기업의 기술을 인정받을 수 있는 제도를 보완했다. 대중소기업상생협력재단에서 운영하는 기술임차제도를 저렴하게 이용할 수 있도록 해, 합법적으로 기술을 빌려 사용하는 것을 권장했다.

외부에서도 이에 대해 감시할 수 있도록 하는 것이 필요했다. 기술탈취를 시도하는 경우에는 엄벌할 수 있도록 검찰과 경찰, 특허청과 기술탈취 근절 TF를 만들어 그 중요성에 대해 사법기관이 인식하고, 범죄자를 엄벌할 수 있는 제도적 기틀을 마련했다.

200대 1의 싸움

1부에서 밝힌 새로운 네 가지 시각으로 보면, 대기업의 폐쇄형 혁신은 오히려 대기업 자신의 경쟁력을 점차 떨어트리는 혁신 방법이다. 만약 우리가 선두 주자들을 추격하기 위해 기술을 개발하고자 한다면, 목표가 명확하므로 폐쇄형 혁신이 좋을 수 있다. 폐쇄형 혁신의 가장 큰 장점은 기동성에 있기 때문이다. 주어진 목표에 대해서는 누구보다 빠르게 달성할 수 있다. 그러나 기술발전 속도가 빠른 4차 산업혁명 시대에 도처에서 튀어나오는 새로운 아이디어를 수용하기에는 불리한 측면이 있다.

앞서 언급한 바와 같이 구글이나 애플은 창립 이후 200개 이상의 스타트업 회사를 인수했고, 지금도 인수하고 있다. 200개 이상의 새로운 아이디어가 단순하게 대기업에 흡수된 것도 아니다. 각 아이디어에 독립성을 부여하고 자유롭게 혁신을 펼치도록 지원하고 있다. 반면 폐쇄형 혁신을 하는 한국 기업들은 단일화된 목표를 향해서만 달리고 있다. 가히 200대 1의 싸움을 벌이고 있다고 보아도 무방할 것이다.

구글과 경쟁하고 있었는데 갑자기 안드로이드, 유튜브, 딥마인드 등과 같은 회사와도 경쟁해야 하는 상황이다. 삼성전자의 폴더블 폰, '마이크로 LED기술'을 적용하여 크기를 조절할 수 있는 모듈러 TV나, LG전자의 롤러블 TV 같은 신기술 제품이 꾸준히 나오고 있음은 고무적이지만, 200대 1의 경쟁이라는 입장에서 보면 결국 불리한 것은 우리 대기업들이다.

납품단가 부당인하와 기술탈취는 단기적인 이익을 추구하다가 잘못된 구조를 만들어, 대기업의 경쟁력도 훼손하게 하는 잘못된 관행이다. 이 문제는 단순히 사법적 징벌의 대상으로 다룰 것이 아니라, 한국경제 대중소기업의 역학관계에서 발생한 구조적 문제로 다뤄야 한다. 시스템적 접근이 필요한 부분이다.

4.
목표를 상실한 관료조직

 한국의 공무원은 세계 최고 수준의 재원들로 구성되어 있다. 과거부터 안정된 직장을 원하는 우수한 청년들이 지원했기 때문도 있지만 취업환경이 어려워지면서 점점 더 우수한 학생들이 선호하는 직장이 되었다. 공무원을 선호하는 이러한 성향이 국가적으로는 비효율적이라는 지적도 있지만, 아무튼 최고의 재원들로 이루어진 조직이라는 데는 이의가 없을 것이다.

 문재인 정부 들어 이러한 공직사회의 우수함이 여러 차례 드러난바 있다. 일본이 불합리한 경제 보복 수단으로 반도체 생산의 핵심소재와 부품에 대한 수출제한조치를 취했을 때, 정부는 대기업들과 긴밀하게 협조해 이러한 필수 부품을 조기에 국산화하거나 대체 수입처를 찾아 피해를 최소화했다.

정책 대응의 목표와 성과는 명확했다. 한쪽에서는 기업들의 피해를 실시간으로 수집했고, 다른 쪽에서는 기업들이 필요로 하는 소재와 지원 내용을 파악해 대책을 마련했다. 더 나아가 관련 소재, 부품, 장비 산업에 대한 대대적인 지원을 통해 기술 독립을 조기에 확보하기 위해 나섰다. 피해가 예상되는 대기업은 물론 국내 소재 부품 중소기업과 함께 논의해서 대응책을 마련했다.

예상치 못한 일본의 조치였기에 쉽지 않은 대응이었지만, 현장에서는 공무원들의 헌신적인 노력으로 성공적인 정책이었다는 평가를 받고 있다.

코로나 19에 대해서 한국의 방역 당국은 세계 최고 수준의 대처를 보여주었다고 평가받고 있다. 목표가 주어졌을 때 그 목표를 달성하는 데 필요한 자원을 동원하고 집중력을 발휘하는 데는 탁월한 능력이 있음을 보여 주었다. 성과는 매일 하향세로 안정되는 확진자 숫자로 확인할 수 있었다. 해외에서 바이러스 감염의 심각성이 알려지던 순간부터 진단의 중요성을 인식하고, 진단 키트를 조기에 개발하도록 민간 기업들과 긴밀하게 논의하고 필요한 지원을 통해 다른 나라와는 차원이 다르게 신속하게 준비했다.

물론, 예상치 못한 지역감염으로 인해 위기의 순간을 맞기도 했다. 의료 시설의 한계를 넘어서는 확진자가 발생하면서 검사, 추적, 치료라는 정상적인 대응이 어려워졌다. 한편에서는 드라이브 스루 방식의 혁신적인 검사 제안을 신속하게 수용해서 각 지방자치단체 차원에서 검사 능력을 크게 늘렸다. 환자가 늘면서 방어가 어려울 것으로 많은 전문가가 예상했지만, 경증 환자를 안심센터에 격리하는 임기응변을 통해 의료마비 현상을 피해가며 시간을 벌었다.

시간을 다투는 상황에서 공무원들은 밤을 새워가며 대책을 마련했고, 헌신적인 의료진들의 봉사로 인해 고비를 넘기곤 했다. 정부가지닌 권한을 적절히 이용해 민간 의료기관과의 협업을 통해 국가적재난 상황에 대응하는 데 있어 세계 최고 수준임을 보여준 것이다.

그동안 관료주의적 복지부동으로 비판이 많았던 것을 생각하면이러한 성과는 새로운 질문을 제기한다. 공무원 조직은 어떤 상황에서 그 능력을 발휘하는가?

성공하는 장관?

나의 경우 교수와 국회의원 경력만 있어 행정 경험이 없는 상황에서 장관직을 수행하게 되었다. 많은 분들이 과거 성공적인 장관의 사례를 알려주며 장관으로서 성공하는 방법에 대해 조언해 주셨다. 성공한 장관은 대부분 중요한 두세 과제를 선정하고, 이들 과제를 집중적으로 해결해서 성과를 인정받았다는 것이다. 통상적으로 장관의임기가 2년 내외에 불과하므로 많은 과제를 다루게 되면 성과를 내기 어렵다는 현실적인 조언이었다.

공무원들도 장관이 중요한 과제에 집중하는 것을 선호한다고 했다. 중요한 과제 이외에는 간부들에게 맡기면 간부들이 재량권을 가지고 정책을 펼 수 있기 때문이었다. 그러면 조직이 자율적으로 돌아가고, 효율성도 높아진다는 것이다. 그래서 공무원들은 큰 그림을 그리는 정치인 출신 장관을 선호하고, 세세한 문제에 집착하는 교수 출신 장관은 인기가 없다는 조언도 들었다.

타당한 조언이었지만 나는 목표가 달랐기 때문에 이 조언을 따르지 않았다. 나의 목표는 장관의 성공이 아니라 조직의 혁신이었다. 나는 교수일 때나 정치인일 때나 한국경제의 혁신을 위해 노력해 왔고, 한국경제의 혁신에 있어 가장 핵심적인 과제는 정부나 기업을 막론하고 조직의 혁신이라고 주장해 왔었다. 내가 평소에 주장하던 상시 혁신조직을 만드는 목표가 내게는 더 절실했다. 설사 장관으로서 실패하더라도 혁신을 위해 노력한 경험이 더 소중하리라고 나는 판단했다. 직원들에게도 최우선 과제로 중소벤처기업부의 혁신을 위해 노력해 달라고 요청했다.

그런 나로서 이해할 수 없는 것이 수많은 의전 행사였다. 물론 장관이 행사에 참여해 짧은 인사말이라도 하는 것이 중소벤처기업부에게 아주 의미 없는 일이 아니라는 것은 이해가 되었다.

하지만 장관의 역할은 무엇인가? 새로운 목표를 세운 장관에게는 여러 행사에 참여하는 것보다 중소기업을 효율적으로 지원하기 위해 깊이 있는 현안 논의를 하는 데 시간을 내는 것이 더 중요했다.

3무 조직

혁신조직을 판단하는 나만의 중요한 기준이 있다. 상시적으로 제안이 이루어져야 하고, 이 제안에 대해 토론이 활성화되어 있어야 하고, 토론에 참여하기 위해 조직원들이 끊임없이 공부해야 한다. 그런데 현재 한국의 관료사회에는 '제안' '토론' '공부', 이 세 가지가 없는 3무 조직임을 확인할 수 있었다. 조직 중에는 이를 열심히 실천하는 조직도 있었겠지만, 혁신은 단순히 한두 조직만이 노력한다고 되는 것이 아니다.

나는 제안을 활성화하기 위해 다양한 방법을 시도했다. 매월 제안을 받아서 그 중 우수한 제안을 뽑아 시상했다. 조직 내부의 필요성에 의한 것이 아니라, 부서장의 명령에 의해 각 부서에서 올린 제안들이 대부분이어서 좋은 제안은 많지 않았다. 그래도 제안의 통로를 열어놓는 것이 중요하다고 생각했다. 부서 내에서 토론이 많이 이루어지고, 그런 과정에서 누군가 자발적으로 제안을 정리해서 실행하는 조직이 되기를 빌며 시작했다.

회의 역시 많이 했다. 간부에게 보고를 받기보다 부서 전원과 현안을 논의하는 시간을 많이 가졌다. 그런데 회의에 참석하는 간부들 가운데 노트북을 들고 오는 사람이 없었다. 토론하지 않기 때문에 굳이 자기 생각을 정리할 필요가 없었다. 상급자가 지시하면 한마디 거들 수는 있지만, 회의에 필요한 자료를 준비해 와서 서로 논의하는 것은 아니기 때문에 굳이 노트북을 들고 다닐 필요가 없었다.

토론이 없다 보니 데이터의 중요성도 떨어졌다. 국회의원 시절부터 나는 기회가 있을 때마다 각 부처에 데이터 전문가가 있느냐고 물어보았다. 하지만 통계학이나 계량 경제학을 전공한 공무원을 만나기 어려웠다. 데이터를 확인할 필요가 없었기 때문이었다. 공무원들에게도 토론이 일상화되어 자료를 확인하며 사실관계를 따지는 과정이 필요하다. 공무원들도 데이터에 대해 공부해야 한다.

지식이 없으니, 전문가들과의 교류도 없을 수밖에 없었다. 기업인들과 만남도 많지 않았다. 공무원이 해당 분야 및 미래의 분야에 대해 알지 못하는데, 실용적이고 효율적인 교류가 있을 수가 없었다. 이해관계자와의 만남에 많은 제약이 있지만, 그래도 공무원은 정책의 효율성을 높이기 위해 다양한 인사들과 만나 의견을 들어야 했다.

나는 부서 내에 동아리를 만들어 공부하라고 요구했다. 공무원들은 전문지식이 부족했다. 순환보직으로 인해 한 분야의 전문지식을 쌓기가 어려운 구조적인 문제가 있기 때문이다. 그래도 공무원들이 원한다면 전문가들을 불러 배울 기회를 만드는 것은 어렵지 않았다. 가끔 외부 강사를 초청해서 교양강좌를 열곤 했다. 새로운 교육 방식과 예산도 만들고 싶었는데, 시간이 오래 걸려 실제로 실행되는 것을 확인하지 못하고 떠나게 되어 아쉬움이 있다.

그러면서 또 한편으로는 많은 공무원들이 과로에 시달리고 있었다. 업무혁신이 필요했지만 쉽지 않았다. 불필요한 일에 너무나 많은 시간을 보내는 행정 낭비가 심했다. 공무원들의 복지부동을 비난하기 전에 시스템의 문제를 점검할 필요가 있음을 느꼈다.

성과 평가가 없는 관료조직

한국 관료조직의 진정한 문제는 아무도 구체적으로 문제를 제기하지 않는다는 데 있다. 조금씩이라도 개선하다 보면 시간이 가면서 꽤 발전이 있을 텐데, 문제를 제기하는 것 자체가 금기다. 내부적으로나 외부적으로 힘이 센 관료조직의 구조적 문제를 논의하기는 쉽지 않다.

세월호 사건이 터졌을 때 이른바 '관피아' 논란이 있었지만, 문제의 본질을 건드리지 못한 채 해양경찰청을 없애는 생색내기용 대책으로 끝냈다. 결국 해양경찰청은 다시 원래대로 돌아갔고 해결책은 원점에서 큰 진전을 보지 못했다.

혁신국가를 만들기 위해서는 관료주의 문제에 정면으로 대처해야 한다. 정부가 혁신적인 정부가 되지 못하면 혁신국가는 불가능하다. 관료들이 스스로 혁신하지 못하면 혁신적인 행정을 펴기는 어렵다. 그러나 한편으로는 소재, 부품, 장비산업 활성화나 바이러스 방역에 있어 탁월한 성과를 보여준 것에 대해 주목해야 한다. 복지부동에 빠져 제안, 토론, 공부가 없다는 비판을 받는 공무원들이 언제 성과를 내는지에 대해 고민해 봐야 한다. 관료주의의 문제는 결국 시스템의 문제이지 결코 개인의 문제가 아니기 때문이다.

> 관료주의 문제의 핵심은 성과를 통해
> 평가받지 않는 시스템에 있다.

소부장이나 감염 대책과 같이 국가적 관심사이면서 동시에 목표와 성과가 명확한 경우를 제외하고는 한국의 공무원들이 이렇게 명시적으로 성과를 통해 평가받지 않는다.

장관 재직시절 직원들과 많은 고생을 해 가며 혁신 작업을 했다. 특히 '개방형 혁신'을 전면에 내걸고 기회가 있을 때마다 그 중요성을 주장했다. 하지만 혁신 의제를 제안하는 것에 대해 현재 한국 사회는 큰 관심이 없었다.

직원들도 새로운 혁신 작업을 할 때마다 말리고 나섰다. 지금까지 없던 작업이라 검토할 사항이 많다는 이유였다. 나중에 감사를 받거나 국회에서 문제 삼을 것을 염려했다. 과거에 하던 일에 대해서는 어느 정도 검증됐기 때문에 문제가 없지만, 새로운 정책을 펴는 것에 대해서는 매우 신중했다. 부처 내에서 그동안 논의해 오던 것을 뛰어넘는 정책은 사실상 실행이 어려웠다.

그래도 직원들을 설득하며 문제점을 하나씩 풀어갔고, 이런저런 혁신 작업도 많이 진행했다. 1년이 지나 직원들에게 성과를 정리해 달라고 요청했다. 직원들 스스로도 자부심을 가지려면 정리가 필요했다. 그런데 의외로 직원들은 성과를 정리하는 것을 매우 어려워했다. 내가 생각하는 성과와 공무원이 생각하는 성과에 차이가 있었기 때문이었다.

공무원들은 정책을 발표한 것을 성과로 생각하는 경우가 많았다. 현재 정부에서 부처를 평가하는 것도 마찬가지다. 해당 부서에서 입법을 얼마나 했는지, 정책을 얼마나 집행했는지, 예산을 얼마나 확보하고 사용했는지가 주 평가대상이었다.

공무원들은 마치 정책자판기같았다.

이런저런 문제가 발생해 대책이 요구되면 순식간에 수십개의 새로운 정책을 만들어 냈다. 여러 부처가 합동으로 발표하는 경우에는 정책은 수백 가지에 이르렀다. 이렇게 수많은 정책을 발표하다보니 그 정합성이 떨어져 가끔 비판을 받기도 한다. 그러다 보니 발표를 위한 발표에 그치는 경우가 많았다.

그런데 내가 알고 싶은 것은 그 정책을 편 결과였다. 중소벤처기업부의 정책으로 중소기업 환경에 어떤 개선이 있었는지 알고자 했다. 정책을 집행하고 그 효과를 검토하지 않는다면 효율적인 정책이 만들어지지 않으리라는 것은 너무나 당연한 논리적 귀결이었다. 그렇지만 현실은 정책의 효과를 평가하는 것이 아니라 정책의 집행을 평가할 뿐이다.

물론 이렇게 된 데에는 다양한 이유가 있겠지만, 불합리한 관행은 계속되고 있다. 심각한 문제의 사례로는 공공기관의 기술탈취 논란이 있었다. 성과를 내기에 급급한 공공기관에서도 협력 중소기업의 기술을 보고받고는 유사한 기술을 개발하는 경우가 많다고 한다. 정부 지원을 원하는 중소기업 입장에서는 공공기관을 상대로 법적 대응을 하기가 더 어렵다고 한다. 기술 혁신이 얼마나 중요한지, 얼마나 어려운지, 또 실패하거나 뺏겼을 경우 박탈감이 얼마나 큰지, 그로 인한 국가적 피해가 어떤 것인지에 대한 시스템적 이해를 하지 못하고, 단순히 자기 기관의 성과를 높이는 것만 주력하다 발생한 문제였다.

최근 많이 사용하고 있는 휴대폰 앱 같은 경우, 중소기업이 아이디어를 내서 만들어놓으면 공공기관에서 무료앱으로 개발하는 경우가 많다고 한다. 소비자의 편의를 위해 노력하는 지자체에서 이런 경우가 꽤 있었는데, 이러한 공공기관의 앱이 중소기업의 개발 의욕을 잃게 하고 있었다. 이 일을 알게 된 후, 각 부처에 협조를 요청했고, 이제는 그 중요성을 많이 인식하고 있는 상태다.

예산 집행을 제대로 하지 않으면 추후 예산 배정을 받을 때 어려움이 발생한다. 예산집행률은 자료가 명확히 나오는 것이기 때문에 국회의원들도 자주 질의한다. 예산을 적기에 집행하지 못하면 계획 없이 예산을 청구해 낭비한 사례로 감사대상이 되기도 한다. 그런데 그렇게 예산을 집행한 결과물에 대해서는 크게 관심을 두지 않는 것이 현재의 시스템이다.

물론 공무원들은 예산을 소중하게 사용한다. 그러나 관심을 두지 않는 곳에서는 어쩔 수 없이 낭비가 발생한다. 많은 예산을 들여 조사 데이터를 구비해 놓고 실제로는 거의 사용하지 않는 데이터가 많았다. 사용하지 않으니 데이터는 자꾸 쌓여 가는데 아무도 데이터를 확인하고 검수하지 않았다. 데이터 전문가가 거의 없다시피 한 행정조직의 문제점이 그대로 드러난 것인데, 이렇게 관심을 두지 않아 낭비되는 예산이의 규모는 상당했다.

현재 쌓이기만 한 데이터베이스 역시 누군가 필요하다고 주장해서 많은 돈을 들여 만들었을 것이다. 그러나 이 마저도 제대로 검토하지 않아 외부에 공개할 수 없다. 다만, 대부분의 부처에서 성과 평가를 하지 않아 낭비되는 예산이 매우 크리라 추정할 수 있다.

이런 상황에서 공무원들의 업무평가는 주로 상급자의 지시를 얼마나 잘 따랐는가에 의해 결정된다. 부서에 주어진 일을 얼마나 잘 처리했는가가 평가대상이 되어야 하는데, 실제 정책의 효과가 어떻게 되었는지는 궁금해하지 않는다. 물론 정책의 효과가 발생하고 그것을 자료화하기까지는 오랜 시간이 걸리기 때문에, 정책의 효과를 측정하기는 매우 어렵다.

하지만 시간이 지나 장기적으로 정책을 평가하고 데이터를 기반으로 더 나은 정책을 만들어 가는 관행은 정립되어 있지 않았다.

정책의 효과에 대해 평가하지 않는다는 것은 매우 중요한 문제다. 정책의 효과를 검증하지 않다 보니 실효성 있는 정책을 찾아내기도 힘들고, 또 국민들에게 도움이 되는 정책을 찾아내는 공무원을 포상하고 승진시키는 당연한 논리가 작동하지 않고 있었다.

반면 새로운 정책을 추진하다 문제가 발생하면 그때는 징계를 받게 되니 공무원들은 모두 조심스러워 할 수밖에 없었다. 이러한 시스템에서는 가급적 문제를 만들지 않는 것이 최선의 행동 요령이 된다.

일상적으로는 상급자의 지시를 얼마나 잘 따랐는가가 공무원의 평가 기준이 되는 상황에서, 대통령이나 장관의 지시, 또는 국민적 관심사항에 대한 해결책 등은 집중해서 처리할 수 있다. 공무원들은 전력을 다해 성과를 내기 위해 노력하고 금방 성과가 확인되면 포상을 기대할 수 있다. 따라서 소부장이나 감염 대책은 성과를 쉽게 판정할 수 있는 예외적인 경우로 보아야 할 것이다.

현재 한국 관료사회의 이해관계는 크게 왜곡되어 있다. 아무도 문제를 일으키려 하지 않는 동인은 상급자도 하급자에게 쉽게 지시를 내리지 못하는 구조가 된다. 법에서 규정되어 있는 일 외에는 할 수 없는 구조가 되었다.

　문재인 대통령은 끊임없이 적극 행정을 강조했다. 법에 금지된 사항을 제외하고는 할 수 있는 게 많은데도, 공무원들이 권한 없는 일로 치부하는 경우가 많은 것에 대한 답답한 심정을 여러 번 국무회의에서 토로한 바 있다. 현재 각 부처는 물론 국민권익위원회까지 나서서 적극 행정을 촉진하기 위한 다양한 캠페인을 벌이고 있는 것으로 알고 있다. 그러나 근본적인 시스템의 문제를 해결하지 않고서는 쉽지 않아 보인다.

5.
폐쇄적 한국경제

오래전 유학 시절, 내가 다니던 학과에서는 타 대학의 유명 교수들을 불러 매주 몇 차례씩 정기적으로 세미나를 했다. 이들 외부 인사들의 항공비와 숙식비를 제공해야 하므로 비용이 만만치 않았다. 비용을 아끼기 위해 인근 대학과 분담하는 경우도 있었지만, 학과 운영비에 상당한 부담을 줄 정도로 비용이 만만치 않았다. 30여 년 전 이미 미국 대학에서는 이런 비용은 필수비용으로 간주하고 있었다. 한편으로 방문 교수 입장에서는 여러 조언들을 받아서 논문을 개선할 좋은 기회이기 때문에 주요 작업 논문의 초본이 만들어지면 전국을 다니면서 세미나를 했다. 논문이 저널에 실리기도 전에 이미 많은 작업 논문들이 유명세를 타는 것은 일상적이었다. 그만큼 학문의 교류는 매우 활성화되어 있었다.

그런데 우리는 유수의 대학에서도 세미나가 많지 않다고 한다. 주요 국책 연구원이니 민간 연구원도 사정은 마찬가지라고 한다. 모두 비용 때문이다. 대학 예산은 우선적으로 이러한 연구를 위한 교류 활동에 배정되어야 한다. 전 세계의 유명 학자들을 초청해 세미나를 열어야 한다. 국내외 학자들간의 교류를 위해 비용을 아끼지 말아야 한다. 그러나 건물을 올리고 학생을 유치하는데만 집중하고 이런 연구 활동의 예산은 미미한 실정이다. 국내 연구 인력 풀이 작아서 공통의 관심을 가진 연구자를 찾기 어려워 세미나를 열어도 호응이 많지 않다고 했다. 정부 부서나 공공기관에서 정기적으로 세미나를 여는 곳은 거의 없는 것으로 알고 있다. 연구기관의 경우에도 오히려 세미나가 늘어나는 것이 아니라 줄고 있다는 평이 많았다.

교류를 넓히기 위해 공무원과 기업, 학계, 연구원의 전문가들이 만나 세미나를 하는 장면은 찾아보기 힘들었다. 전문적인 과학기술 지식을 교류하는 세미나도 많지 않은 것으로 추정된다.

전 세계적으로 전문적인 세미나를 동영상으로 실시간 중계하거나 아니면 언제든지 볼 수 있도록 공개해 놓은 대학이나 기관이 많은데, 국내에는 많이 보이지 않는다. 현 정부들어 대학의 온라인 공개강좌인 K-MOOC 사업을 지원하고 있지만 뒤늦은 감이 없지 않다.

현재 한국에서 과학기술 정보를 포함하여 전문적인 지식을 교류하는 장은 해외에 비해 매우 열악하다. 시대 흐름을 따라가지 못하고 예전의 폐쇄적인 모습 그대로를 유지하고 있다. 과거 대기업이 성장하기 위해 다른 부문과 활발히 교류했던 때와 비교하면 오히려 후퇴한 측면도 많다.

그나마 활발하게 교류가 이루어지는 분야가 스타트업들의 모임이다. 스타트업들은 필요한 정보와 지식이 많아, 자연발생적으로 활발한 교류의 장이 열려 있고, 특히 벤처캐피털의 자금을 받기 위해 다양한 피칭 행사가 열리고 있다. 이런 행사도 전문적인 지식을 교류하기에는 아직 미흡해 보였다. 전문 분야별로 특화된 소통과 교류의 장이 절대적으로 필요하다.

일본의 교훈

일본은 19세기 후반부터 서구 문물을 빠르게 받아들여 과학기술 분야에서는 두각을 보여 왔다. 2차 세계대전 당시 이미 태평양전쟁을 치를 수 있을 정도로 항공모함을 건조하고 최첨단 전투기를 생산할 수 있는 능력을 갖추고 있었다. 2차 세계대전 후에는 도요타자동차를 비롯해 세계 최고의 제조업을 육성해 한때는 미국경제를 넘볼 정도의 강대국으로 발전했다.

특히 많은 노벨상 수상자를 배출하는 등 과학기술 면에서도 뛰어난 연구능력을 과시하고 있다. 박사 학위도 없는 연구소 직원이 오랜 연구 끝에 수상하는 사례를 보면 감탄하지 않을 수 없다.

그런데 산업과 과학기술 면에서 최고의 경쟁력을 보이던 일본 경제가 오랜 장기 침체를 좀처럼 벗어나지 못하고 있다.

나는 그 원인 중 하나가 일본 학자들의 교류를 기피하는 성향때문이라고 생각한다. 미국에서 유학할 당시, 일본 학생을 찾아보기 힘들었다. 한국 학생들이 유독 미국에 유학을 많이 가기도 했지만, 당시 미국은 전 세계에서 유학생이 몰려오던 상황이었다. 그런데도 일본 학생은 많지 않았다. 그들의 학문 수준에 자신이 있어서인지 자국 내에서 학위과정을 마친 후, 단기간 해외를 다니며 최신 연구 동향을 알아보는 모습을 보였을 뿐이다. 이렇게 일본에서 오는 학자들은 세계적인 수준으로 인정을 받긴 했지만, 아무래도 교류의 강도는 떨어질 수밖에 없었다.

이처럼 일본이 대단한 저력을 보유하고 있음에도 그 폐쇄성 때문에 최근 오랜 침체기를 겪고 있다. 앞서 강조한 대로 과학기술의 발전 속도가 매우 빠르기에 최신 경향을 쫓아가기가 쉽지 않다. 여기서 일본의 사정을 자세히 논할 여유는 없지만, 한국의 혁신을 위해 일본이 반면교사의 교훈을 제공하고 있다고 생각해주면 좋겠다.

한국경제는 일본의 방식을 따라 고속성장의 기틀을 닦았다. 개발 초기 많은 한국의 기업인들이 일본의 기술뿐 아니라 기업경영을 배우려고 노력했다. 일본의 뒤를 쫓아 개발국가 발전모형을 통해 산업발전을 추진했다. 이제는 일본에 대한 의존도가 많이 떨어졌지만, 국가 운영이나 기업경영 방식은 아직도 일본의 영향이 많이 남아 있다. 만약 우리가 일본 경제의 폐쇄성에서 못 벗어난다면, 한국경제도 일본 경제의 뒤를 쫓을 가능성이 매우 크다고 판단된다.

6. 혁신 정부

1.
국가 혁신 시스템의
붕괴와 대책

성장률이 낮아지고, 또 저출산과 고령화 등 사회문제로 인해 한국경제에서 혁신의 필요성은 갈수록 절실해지고 있다. 하지만 우리는 혁신의 중심이 될 동력을 찾지 못하고 있다. 새로운 정부가 들어설 때마다 혁신의 중요성을 강조했지만 과거의 틀에서 크게 벗어나지 못했다. 그리고 국가 혁신 시스템은 여전히 후진적인 모습에 머물러 있다. 세계로 뻗어 나갈 수 있을 만큼 경쟁력을 갖춘 혁신적 기업이 일부 대기업밖에 없다. 대기업과 중소기업의 종속관계는 혁신을 저해하고 있고, 과거 많은 성과를 올렸던 연구원이나 대학 연구자들도 요즘은 열정을 찾기 힘들다. 새로운 혁신의 동력이 될 스타트업들 역시 필요한 지원을 제때 받지 못해 성과를 내기 어렵다. 공무원들은 의욕을 잃고 수동적인 자세에서 벗어나지 못하고 있다.

누구나 문제를 알고 있지만 아무도 이야기하지 않는다. 진영논리에 빠진 논쟁만 있고, 한국경제의 혁신 방안에 대한 논의는 찾기 힘들다. 문제를 이야기하지 않으면 문제를 푸는 것은 불가능하다.

대학원에서 공부하면서, 내가 깨달은 교훈 중 하나는 문제를 푸는 것보다는 어떤 문제가 중요한지 찾는 것이 더 의미 있다는 것이다. 많은 사람들이 같은 문제에 대해 고민하고 있기 때문에 문제를 풀어줄 사람은 많지만, 정작 당대의 중요한 경제 문제를 정확히 짚어내는 사람은 많지 않다. 그리고 그런 학자들이 결국 대가로 칭송받는다. 실제로 대가들의 논문을 보면 허접하기 짝이 없는 경우가 많은데, 논리적 전개를 하는 기술적 정교함보다는 최초로 중요한 문제를 찾아낸 것을 더 높이 평가하기 때문이다.

지금 한국경제는 문제의식을 상실한 듯이 보인다. 과거에는 경제 성장을 위해 뭐든지 해야 했고, 열심히 다른 나라를 쫓아가야 한다는 목표의식이 명확했다. 우여곡절을 겪을 때마다 정부와 기업, 학계가 힘을 합쳐 하나하나씩 난관을 헤치며 성장해 왔다. 어느 사이 경제가 커지면서 이해관계가 복잡해졌고, 또 폐쇄적이게 되면서 서로 다른 분야 간의 협업은 어려워졌다. 이전 정부에서 융합을 많이 강조했지만 큰 진전이 없었고, 이제는 과거처럼 조직적으로 문제를 해결하는 모습을 보기 어렵다.

또한, 한국경제가 구조적 함정에 빠진 시기라 할 수 있다. 역사상 어느 국가든 성공 신화를 경험한 뒤에는 쇠락의 시기를 겪게 된다. 그리고 이를 얼마나 성공적으로 극복하는가에 따라 한 국가의 흥망성쇠가 결정된다. 이제 더 이상 과거와 같은 개발국가 모형은 작동하지 않는데, 우리는 새로운 국가 운영 모형을 만들어내지 못했다. 이제라도 문제를 정확히 보아야 한다.

상시적으로 혁신하는 국가만이 시대의 변화를 인식하고 경쟁에서 앞서갈 수 있다. 우리는 한국경제에 혁신이 이루어지지 않는 이유에 대해 해커톤을 해야 한다. 분야에 상관없이 각자 느끼는 혁신이 안되는 이유를 말해야 한다. 기술 추종자에서 선도자로 가는 것만이 우리의 활로라고 모두 다 이야기하면서 조금도 진전을 보지 못하는 이유에 대해 밤을 새워 논의해야 한다. 생산적 논의를 통해 과거와는 다른 행동 계획action plan을 세워야 한다. 이러한 논의를 위해 몇 가지 과제를 정리해 본다.

첫째, 국가 R&D 제도를 재검토해야 한다. GDP 대비 민간부문을 포함한 R&D 투자비율은 세계 최고수준이지만, 성과지표는 높지 않은 현실을 타파해야 한다. R&D 성공률이 90%가 넘는다는 것은 사실상 R&D 평가 기능이 마비되었음을 의미한다. R&D 예산 심사권을 기획재정부에서 과기정통부로 이전하고, 그에 맞게 구조를 개선해야 한다. 과기정통부에서도 새로운 시도를 많이 하고 있지만, 근본적인 문제는 해결되지 않고 있다. 이를 통해 정부가 지원한 엄청난 규모의 R&D 성과를 높일 방법을 찾아야 한다.

둘째, 현저히 정부의 떨어진 혁신 역량을 정면으로 다뤄야 한다. 중요한 기술개발 과제에 대해 도전적 목표를 설정하기보다 그저 뒤쫓기 바쁜 현재의 문제를 드러내놓고 논의해야 한다. 가장 중요한 정부의 구조적 문제는 내버려 둔 채 말단 실행의 문제만 비판하는 현실을 직시해야 한다. 빅데이터와 인공지능 시대에 왜 제대로 대처하지 못했는지 밝혀내지 못한다면, 앞으로도 같은 실수를 반복하게 된다.

셋째, 유니콘 기업들이 대부분 해외에서 자금을 융통하고 있는 문제를 해결해야 한다. 지금까지의 금융정책에 대해 근본적인 성찰이 필요하다. 망국적 부동산 투기는 조장하면서 혁신기업에 대한 금융은 이루어지지 않는 금융시장의 문제를 해결하지 못한다면, 한국경제의 혁신이 불가능함은 물론이고, 그 근간부터 외부에게 뺏길 것이다.

넷째, 과거와 달리 기술 개발을 위한 대기업, 중소기업, 연구원, 대학, 정부의 협업은 성과를 내지 못하고 있다. 세계 최고 수준의 재원을 보유하고도 혁신 네트워크가 없어 협업으로 인한 시너지 효과를 내지 못하고 있다. 그런데도 이를 개선하기 위한 아무런 노력을 기울이지 않고 있다.

다섯째, '제안' '토론' '학습'이 없는 한국의 3무 행정조직은 혁신하지 못하는 조직이다. 공무원들의 뿌리 깊은 관행만 유지될 뿐 외부와 토론하고 대안을 만들지 않기 때문에 공무원들의 실력이 늘지 않는다. 복지부동이 공무원에게 최선의 처세술이 된 지 오래지만, 그 문제를 해결하려는 노력도 없다.

규제 완화를 비롯해 행정 서비스가 문제라고 비판하면 새로운 조직과 인원을 보충해 달라는 요구부터 한다. 조직과 인원이 늘어나면 관료주의는 더 강화된다. 이러한 문제를 지적해야 할 국회, 학계, 언론은 반대로 가기가 일쑤다. 어렵게 새로운 일을 벌이는 공무원을 칭찬하기는커녕 비판의 대상으로 삼는다. 모두 복지부동을 비판하지만 실제로는 복지부동을 강화하고 있다.

여섯째, 공공기관과 국책 연구원들 역시 혁신을 위해 노력하지 않는다. 누군가 필요하다고 해서 만들었지만, 사후 평가를 하지 않고 있기에 대부분의 기관이 유명무실화하고 있다. 공공기관은 신의 직장이 되었지만, 낙하산 보내기에 바쁜 주무부처는 제대로 감독하지 않는다. 공공기관 평가가 제대로 이루어지지 않는다는 것은 공공연한 비밀이 돼버렸다.

일곱째, 학습이 없다 보니 공무원 중에는 빅데이터나 인공지능 등 최신 과학기술을 이해하는 전문가가 전혀 없다시피 한다. 교육이라도 제대로 해야 하는데, 여전히 법규 위주로 된 과거의 교육과정을 반복하고 있다. 고위직들의 이해가 부족하다 보니 무엇이 바뀌어야 하는지 파악조차 못 하고 있다. 이런 상황에서 미래기술에 대한 선제적인 대응은 기대하기 어렵다.

여덟째, 미래기술에 관해 관심이 없다 보니 예산은 여전히 70년대 방식으로, 콘크리트 예산에 집중되고 있다. 큰 그림을 그려야 할 국회는 여전히 지역 건설 사업 유치에만 관심을 두고 있어, 혁신예산의 증대는 거론조차 되지 않고 있다. 필요로 하는 혁신예산을 먼저 할당하고 나머지 예산을 분배할 정도로 혁신예산을 강화해야 한다.

아홉째, 혁신의 주체가 되어야 할 대학은 가장 낙후된 조직으로 전락하고 말았다. 수많은 대학 중에 혁신하는 대학이 하나도 눈에 띄지 않는다는 것은 납득하기 어렵다. 교육부의 획일적인 규제 때문이라고 보기에는 혁신의 시도 자체가 보이지 않는다.

그 외에도 수많은 문제가 있다. 그런데 거론조차 하지 않은 채 시간이 지나간다. 과거에도 그랬듯 이러다 경제위기가 찾아오면 이런 문제들이 드러나고 모두 목소리를 높일 것이다. 그러나 위기를 예방하기 위해 혁신을 논의하는 것이 훨씬 더 생산적이다. 이제 혁신에 대해 논의하고, 극복하기 위해 노력할 때다.

2.
변화에 대한 두려움

대한민국 16대 대통령인 故노무현, 그는 그야말로 '덕내가 쩌는' IT 덕후이기도 했다. 그는 1990년대 초반부터 IT에 흥미를 갖기 시작해, 나중에는 독학으로 리눅스 프로그래밍을 익혔다. 1992년 14대 총선에서 미끄러진 노무현은 생애 첫 프로그램을 개발하는데, 바로 '한라 1.0'이다. 사람을 많이 만나야 하는 정치인을 위한 인맥관리 프로그램이었다. 그의 데이터베이스에 대한 집착은 이때부터 드러나기 시작한다.

훗날 참여정부의 문서기록 정리 작업이 건국 이후 최대 규모가 된 것은 다 노무현 때문이었다. 이 프로그램은 여러 번의 개선을 거치는

데, 그 결과물 중에는 '우리들'이라는 그룹웨어도 있다. 우리들은 정당, 중소기업 등에서 인트라넷 환경을 통해 조직을 효율적으로 관리하기 위해 만든 프로그램이다. 한라 1.0에서 시작된 프로젝트는 1998년 '노하우 2000'으로 환골탈태한다. 일정관리 · 연락처 · 메모 · 회계 · 메신저 기능까지 갖춘, 당시 아마추어가 만든 것이라 믿어지지 않을 정도로 혁신적인 프로그램이었다. 퇴임 후 만든 정치 토론 사이트 '민주주의 2.0'도 그가 착안해 시스템 구축에 참여한 것으로 알려졌다."*

장관으로 이런저런 혁신정책을 추진하면서 참여정부의 추억과 만나는 경우가 많았다. 그리고 그때마다 혁신을 위한 노력을 발견할 수 있었다. 현 정부 들어 여러 부서에서 공무원 인사에 다면평가제를 다시 도입했는데, 이는 대표적인 참여정부의 혁신 사례였다. 다면평가제는 기록을 축적해 가면서 더 나은 인사제도를 만들어 낼 수 있는 좋은 시도였음에도 참여정부 이후 폐기되고 말았다. 물론 다면평가제가 공정한 인사를 위한 유일한 수단은 아니다. 하지만 현재 공무원 인사가 아무런 근거자료 없이 이루어지고 있다는 황당한 현실을 알면, 다면평가제라도 도입하는 것이 최소한의 합리적 해결책임을 알수 있다.

현재 공무원 인사 제도는 주먹구구식이다. 인사 관련 자료는 최소

---

* 「노무현 이 남자, 알고보니 '덕후'였다」, 한겨레, 2012년 10월 26일.

한의 경력만 나열하고 있고, 상급자들의 평가만 있을 뿐 해당 직원의 성과에 대한 정보는 쌓이지 않는다. 좋은 정책을 만들었는지, 리더쉽은 있는지, 실행력이 높은 직원인지 아니면 협업을 잘하는 직원인지 등등 인사에 필요한 정보가 정리되어 있지 않아서 놀랐던 기억이 있다. 그러다보니 상급자들의 일방적인 평가로 인사를 해야 한다.

이런 방식의 인사는 위계질서가 중요한 조직의 모습이다. 공정한 인사기록이 없으니 당연히 학연, 지연에 영향을 받지 않을 수 없다. 수평적 조직을 추구한다면 다면평가는 훌륭한 보조자료를 제공하는 제도이다. 기존의 방식대로 인사를 하되 다면평가 자료를 참고로 할 수도 있었을 텐데, 아예 폐기했다는 것은 이해하기 어렵다.

장관으로 재직할 때 제일 답답했던 것은 비효율적인 업무 처리 방식이었다. 민간 기업에서 사용하고 있는 공동 작업 프로그램을 사용하면 훨씬 쉽게 할 수 있는 일들을 대면 보고를 통해서만 하려는 업무방식이 답답했다. 문서의 오류를 고치는 단순한 업무도 여러 인물을 거쳐야하는 방식은 비효율적이었다. 물론 보안이 중요하기 때문에 민간의 프로그램을 사용할 수 없지만, 민간 기업에서도 보안을 강화한 맞춤형 프로그램을 사용하고 있음을 고려하면 정부의 IT기술을 이용한 업무처리는 낙제점에 가까울 것이다.

공무원용 채팅 앱이 만들어진 적이 있었다. 그렇지 않아도 직원들 간 협업의 중요성을 강조하여 채팅 앱 사용을 독려했는데 그동안은 보안에 취약하며 활성화하기 쉽지 않았다. 새롭게 개발한 앱은 이런 보안문제가 해결되었으므로 적극적으로 활용하도록 권장했다. 행정안전부에서는 앱 사용량에 따른 포상을 주기도 했는데 중소벤처기업부가 많이 받았다는 이야기를 들었다. 이것은 중소벤처기업부가 앱을 업무에 가장 많이 사용한다는 기쁜 소식이자, 여전히 대부분의 부서가 과거 방식으로 업무처리를 하고 있다는 방증이었다.

참여정부에서 사용했던 프로그램을 개량해서 사용했더라면 한국정부는 IT기술을 활용하는 최고의 정부가 되었을 것이다. 그런데 불행하게도 참여정부의 이런 노력은 모두 물거품이 되었다. 심지어 문재인 정부에서도 이러한 참여정부의 혁신을 다시 개선해서 도입하려는 시도는 많지 않았다. 끊임없이 이어지는 정쟁으로 인해 뭔가 새로운 것을 시도하기가 어렵게 되었다.

이렇게 공직사회에서 혁신작업은, 그 시작도 어렵지만 이전의 성과를 계속 이어가기는 것이 더욱 어렵다는 것을 깨닫게 되었다. 장관으로서 혁신 작업을 추진할 때 제일 먼저 고민하는 사항은 내가 그만두고 나서도 지속할 수 있는 제도인가였다. 혁신을 장려하지 않는 조직에서 한 사람이 시도할 수 있는 혁신은 한계가 있었다.

나는 끊임없이 직원들에게 강조했다. 장관을 위한 일보다는 중기부의 실력을 높이기 위한 작업에 매진해 달라고 요청했다. 내가 그만두면 중단될 일에 시간을 낭비할 필요는 없었다. 직원들 스스로 필요성을 실감하고 계속 이어갈 의지가 없다면 조그만 변화도 불가능한 것이 공직사회다. 그렇게 조심스럽게 시도했던 최소한의 혁신 작업이었지만 내가 떠난 후 많이 중단되었을 것이다.

이것이 공직사회 혁신의 현주소이다. 변화를 막는 거대한 흐름이 대해 정확히 이해하고 대처하지 못한다면 혁신은 항상 일시적인 혁신에 머무르고 만다. 그리고 언제든지 다시 원래대로 돌아간다. '현상 유지의 폭군'은 공직사회에서 더 두드러지게 나타난다.

혁신 메카니즘에 대한 이해

조직혁신은 시도 자체도 매우 어려운 일이다. 조직혁신을 통해 성공한 사례도 많지만, 부작용만 남으며 실패한 사례도 많다. 이런 사례들을 정리하면서 조직혁신 이론이 발전해 왔다. 따라서 조직혁신을 하기 위해서는 먼저 이러한 과거 사례와 조직혁신 이론에 대해 살펴보아야 한다.

최고의 혁신조직은 상시적인 혁신을 통해 끊임없이 변화하는 조직이다. 제안과 토론, 학습이 상승 작용을 일으켜 조직 전체의 잠재 능력과 실행력을 동시에 높이는 성과를 기대할 수 있다. 그런데 정부의 조직혁신은 평소 논의가 없는 상태에서, 누군가의 의지로 혁신을 시도하게 된다.

외부에서 온 책임자에 의해 강요되는 혁신은 오히려 구성원을 더 수동적으로 만드는 부작용이 발생한다. 조직 구성원의 창의력을 높이기 위해서는 능동적인 사고부터 가능해야 한다. 그리고 능동적인 사고는 자율성이 보장될 때 발휘된다. 자기 주도적으로 업무를 이끌어나갈 때 창의력이 발휘된다는 것이다.

그러나 대부분의 정부 혁신은 구성원 자체의 요구에 의해서가 아니라, 외부에 의해 강제로 추진되기 때문에, 공무원들은 혁신에 대해 언제나 수동적인 위치에 놓이게 된다.

한국의 공무원 조직은 역사적으로 군사문화의 영향을 받아 상명하복식 운영이 주를 이루었다. 군사문화가 사회 전체에 영향을 미치던 시기가 있었고, 개발연대 시기에 강력한 추진력이 요구되면서 아래로부터의 제안이나 다양한 토론은 뒷전인 경우가 많았다. 군사문화가 다 나쁜 것은 아니다. 군사조직은 역사적으로 가장 효율적인 조직 중의 하나이다. 군사조직의 강력한 추진력으로 기업을 운영할 때 성과를 내는 경우도 많았다.

그러나 현대 조직이론은 군사조직의 상명하복과 '당근과 채찍'이라는 동기부여 방식의 한계를 밝히고 있다.* 단순 반복적인 작업의 경우에는 전통적인 동기가 그런대로 작동하지만, 창의력을 요구하는 직무에서 상명하복 방식은 낮은 성과를 낸다는 것이 밝혀졌다. 창의적인 성과는 자율적으로 일의 완성도를 높여가는 환경이 주어졌을 때 가장 높았다.

공무원의 정치적 중립을 위해 강력한 신분보장을 해 놓은 정부 조직에서는 새로운 동기부여 방식이 요구된다. 공무원 중에는 신분이 보장되는 안정된 직장을 원해서 지원한 사람도 있을 것이고, 공직에 대한 사명감이 강해 지원한 사람도 있을 것이다.

불행하게도 현실은 공무원들이 사명감을 느끼게 작동하고 있지

---

*　다니엘 핑크, 『드라이브』, 김주환 옮김, 청림출판, 2011. 원제는 "Drive: The Surprising Truth About What Motivates Us".

않다. 이걸 고쳐야 한다. 공무원 개개인이 성취감을 느낄 수 있도록, 스스로 동기부여할 수 있도록 해줘야 한다.

두려움을 떨쳐야

한국경제는 변화에 대한 두려움에 떨고 있다. 과거에는 잃을 것이 없어 과감하게 위험을 감수했다. 지금은 어느 때보다 혁신이 필요할 때지만, 모두 변화에 대한 두려움을 극복하지 못하고 있다. 겉으로는 변화해야 한다고 이야기하지만 나와는 관계없는 변화만을 주장한다.

두려움의 중심에는 공무원 조직이 있다. 공직사회에는 수십 년간 내려온 관행이 있고, 대부분의 고위 공무원들은 그 관행 속에서 살아남기 위해 오랜 기간 고생한 사람들이다. 그런데 그 조직에 변화가 생기면 과거의 노력이 모두 물거품이 될 것이라 느낀다. 또한, 동시에 민간과의 격차가 커진다는 것을 공무원들도 잘 알고 있다. 그래서 두려움은 더욱 커지고 변화를 시도조차 못 하게 된 것이다.

정부 혁신은 변화에 대한 두려움을 규정하는 일부터 시작해야 한다. 낙후된 정부부문에 대한 성찰이 없이 변화에 대한 두려움만 커지는 현상에 주목해야 한다. 책임자가 해야 할 가장 중요한 일은 변화에 대한 두려움을 없애는 일이다.

우리가 두려워 해야 할 것은 오직 두려움뿐

대공황을 극복하기 위해 프랭클린 루스벨트 대통령이 뉴딜을 제안하면서 한 이야기이다. 혁신은 변화에 대한 두려움을 극복하지 못하면 불가능하다. 공직사회에 만연한 두려움을 불식시키고, 공무원들 스스로 혁신을 위한 시도를 할 때만이 비로소 혁신은 가능하다.

공직사회에 상명하복 문화는 뿌리 깊이 자리 잡았다. 만약 변화에 대한 두려움을 해결하지 못한 채, 강제적인 방식으로 혁신이 이루어진다면 그것은 반발, 혹은 수동적 수용으로만 이어질 것이다. 그리고 상황이 바뀌면 곧 예전 방식으로 돌아간다. 참여정부의 혁신이 지속되지 못한 이유이다.

변화에 대한 두려움을 줄이는 혁신의 방법은 '넛지'*에 있다. 넛지란 변화해야 하는 이들이 스스로 선택할 수 있게 부드럽게 개입하는 방식을 말한다. 공무원들의 부담을 최소화하는 방향으로 함께 이뤄나가는 혁신이라고 할 수 있다. 부담이 되는 혁신작업은 후순위에 놓고, 함께 나설 수 있는 혁신 과제를 하나씩 성공하며 성취감을 느끼고, 어려운 과제를 자율적으로 해결할 수 있게 만드는 방안을 찾아야 한다.

가장 좋은 방법은 민간과의 교류를 넓혀서 민간의 앞서가는 조직 운영방식을 배우는 것이다. 민간과의 협업을 통해 공직사회가 민간과 보조를 맞추는 작업이 우선되어야 한다. 여기서 중요한 것은 혁신에 대한 목표를 명확히 하는 것이다. 지금까지도 민간과의 교류는 있

---

*　리처드 탈러, 캐스 선스타인, 『넛지』, 안진환 옮김, 리더스북, 2009.

었고 고위 공무원들은 대부분 해외 유학도 다녀올 기회가 있는데, 이러한 교류가 혁신으로 이어지지 않았다.

공무원 교육과정도 혁신을 중심으로 전면 개편해야 한다. 정부는 막대한 재원을 투자해 공무원을 교육하고 있다. 이 과정을 이용해 공무원들 스스로가 서서히 혁신과제를 논의하도록 하면, 자연스럽게 혁신조직으로 변할 수 있다. 민간부문에서 자주 사용되는 방식인 해커톤도 참고하기 좋은 방식이 될 것이다.

현재 정부 조직의 운영을 책임지고 있는 행정안전부와 인사혁신처부터 혁신조직으로 바꿔야 한다. 정부 운영방식의 개선을 위한 시범 부서로 정해, 먼저 도전하고, 성과를 내고, 그 경험을 확산하는 방식이 되면 창의적으로 혁신할 수 있을 것이다.

각 부서의 혁신 작업은 당연히 장려해야 한다. 각 부서에서 자발적으로 시행하고 있는 혁신 작업에 대해 평가하고, 우수한 정책에 대해서는 포상도 하면서, 성공사례를 공유할 수 있도록 지원해야 한다.

공무원들은 대부분 공직의 사명감을 가지고 열심히 일하는 사람들이다. 이들에게 그 사명감을 북돋고, 혁신적인 사고를 통해 세계 최고의 정부 조직을 만들어 달라 요청하면 거부할 공무원은 없을 것이다. 그런데 항상 강제하는 방식으로 혁신을 요구하다 보니 저항하는 조직이 되고 수동적으로 받아들이게 되었다. 그러다 기회가 되면 다시 원점으로 돌아갔다. 지금까지 해오던 방식과는 반대로, 공직사회에 부드러운 변화를 주어, 스스로 혁신을 주도하도록 해야 한다.

3.
혁신을 저해하는 두 가지 저항

정부 혁신을 추진하다 보면 현장에는 혁신을 저해하는 거대한 저항이 있기 마련이다. 저항은 두 가지로 구분할 수 있다.

첫 번째는 새로운 방식의 일처리를 용납하지 않는 제도적 한계다. 이것은 법을 집행하는 기관으로 정부를 규정한 과거의 방식이 영향을 미쳤을 것이다. 정부의 운영은 국회에서 정한 법규에 따라야 하고, 행정 조직 역시 이 틀 내에서 활동하기 때문이다. 행정 조직에는 상당한 자율성이 부여되어 있어 더 효율적인 방식으로 업무를 처리하는 것이 가능하다고 볼 수 있지만, 현실은 그렇게 작동하지 않는다.

내가 국회에서 활동할 때, 공무원들이 불필요한 청부입법을 한다고 느꼈다. 무엇인가를 하려면 반드시 근거 법령이 있어야 한다는 것이었다. 성문법 국가에서 행정조직이 근거 법령에 따라 업무를 처리하는 것은 이해할 수 있겠는데, 불필요할 정도로 세세한 항목까지 입법을 요청하는 때도 있었다.

　공무원들이 근거조항이 없으면 움직이지 않는 이유는 간단했다. 명확한 근거조항이 없는 경우에는 사후에 징계를 받을 가능성이 있기 때문이었다. 명확한 근거조항 없이 업무를 처리하면 사후에 감사원이나 국회를 비롯한 감찰기구에서 징계를 요구할 가능성이 항상 있었다. 감찰기구에 대해서는 어디엔가 숨은 조항을 찾아내서 가장 보수적으로 해석해 징계를 요청한다는 두려움이 있었다. 그래서 부처에서 새롭게 추진하기를 원하는 업무가 있는 경우에는 먼저 근거조항부터 만들기 위해 노력하는 경우가 많았다. 근거조항이 있어야 어떤 사항이든 설득력이 있었다. 새로운 예산을 신청할 때는 더욱 근거가 중요했다.

　이런 청부입법 요청은 여야를 가리지 않는다. 특히 선거 때가 되면 이런 요청사항이 공약에 포함되도록 전력을 다한다. 정부가 출범하면 인수위에 진출한 공무원들은 이러한 부처 요청사항을 국정과제에 담도록 노력한다. 이 요청이 한두 해에 끝날 리 없으므로 자연스럽게 일처리는 늦어질 수밖에 없다. 이제는 전 부처에 관행으로 자리 잡은 듯하다.

　사실 이렇게 규제하는 이유는 과거 공무원의 자의적 행정으로 인해 불합리하거나 불공정한 사례가 많았기 때문이다. 그러나 이제는 과거와 달리 규제가 촘촘해졌고, 또 이중 삼중의 관리체제가 확립되어 있고, 부정청탁금지법도 시행되고 있어 공무원의 자의적 처리는 사실상 불가능에 가깝다. 특히 중앙부처 공무원의 일 처리는 개별 청탁자의 요구를 들어주기 어렵게 되어있다.

기존과 다른 혁신을 하기 위해서는 규정이 애매한 회색지대를 지나는 경우가 있는데, 많은 경우 감찰기구는 보수적 해석을 통해 자의적 해석을 허용하지 않고 있다. 따라서 혁신을 위해서는 먼저 감사원과 국회, 조직을 담당하는 행정안전부와 재정을 담당하는 기획재정부부터 그 운영방식을 전면 개편해야 한다.

행정안전부는 정부의 역할에 '혁신적 업무를 통해 국민에게 봉사'하는 규정을 명확히 해서 혁신활동을 장려해야 한다. 기획재정부는 혁신하는 부서의 자율권을 지원하는 부서가 되어야 한다. 초기 중소기업에서 관리가 중요할 때 과도한 권한을 행사하는 모습이 국가 경영에서 보이고 있다. 경제 규모에 맞지 않는 조직과 예산 부서의 기능을 재조정해야 한다. 이런 부서들은 혁신을 지원해야 하는 부서로 거듭나야 한다.

두 번째 저해 요인은 혁신적인 공무원을 용납하지 않는 조직문화다. 정부 각 부처는 오랫동안 정착해 온 나름의 위계질서가 있다. 혁신을 중시하는 내 입장에서는 아이디어를 많이 내는 직원의 능력을 높이 평가하게 된다. 그랬더니 직원들이 열심히 일하기보다는 아이디어 내는데 더 신경 쓰고 있다는 비판이 제기되기도 했다.

이 '열심히 일한다'에서도 나와 기존 직원들은 차이를 겪었다. 창의적인 업무 분위기와 충분한 휴식을 보장하기 위해 초과 근무를 줄이고 휴가도 규정대로 쓰자고 하자, 직원들이 황당해하던 경험도 있었다. 자신들은 밤늦게까지 일하는 것에 대한 자부심이 있었는데, 그렇게 일하는 것에 대해 제대로 평가받지 못한다면 열심히 일할 필요가 없다는 불만이 제기되기도 했다. 이들에게는 근무시간을 초과해가면서까지 일하는 것이 '열심히 일하는 것'이었고, 나는 한 개인의 헌신보다는 부서 전체의 성과가 중요했다. 개인이 혼자서 밤을 새우고 일하기보다는 밤을 새우려면 팀 전체가 함께 새우기를 바랐다.

큰 문제가 보였던 사례 중 하나는 승진 인사 방식이었다. 오랫동안 굳어진 조직이었기에, 승진에 있어 기존 서열이 있는 것은 당연했을지도 모른다. 그래도 간부급에 결원이 생길 경우, 나는 승진 인사를 결정하기 위해 공개 발표회를 열도록 했다. 그러자 기존 서열에서 유력했던 후보자가 발표를 잘하지 못해 후순위로 밀리는 경우가 발생했다.

이 후보자가 나름대로 열심히 노력한 것이 승진에 반영되지 않자 당혹해하는 직원들이 꽤 많았다. 그러나 발표를 들어보면 당사자가 얼마나 준비되어 있는지가 여실히 드러났다. 그 나름대로 상관의 지시에는 잘 따라서 그동안 높은 평가를 받았는지는 모르겠으나 실력을 인정받기 어려운 인사가 꽤 있었다.

공개 발표회 형식은 직원들 내부에서도 찬반을 일으켰다. 기존의 질서를 고집하는 이들에게는 반갑지 않은 일이었지만, 반면 이전의 방식에 대해 불만을 가진 직원들에게는 긍정적인 변화였다. 그동안 인사 원칙에 대해 알 수 없다 보니 연고에 의한 인사라는 불만이 많았다. 공개 발표회 방식은 표면적으로도 최소한 그런 불공정함에 대한 불만을 줄어들게 하는 효과가 있었다.

이 새로운 방식은 기존의 조직에 있어 상급자의 권위를 무너뜨리고 조직의 안정성을 해치는 부작용이 우려되는 시도로 보였을 것이다. 이전에는 간부들이 직원들의 인사에 큰 영향을 미칠 수 있었기에 직원들은 복종할 수밖에 없었다. 그러나 이제는 상관에게 높이 평가받지 못하더라도, 실력이 있는 직원에게 기회가 열린 셈이었다. 고위직 간부들은 논리적으로는 나의 인사실험에 대해 그 합리성을 인정했지만, 안타깝게도 대부분 내가 떠나고 나면 사라질 실험으로 간주했다.

창의적인 생각을 중시하는 공무원은 현재 조직에서 왕따가 될 가능성이 높다. 현재의 조직 운영방식을 지키려는 암묵적인 힘은 매우 크다. 혁신동력을 하나씩 살리며, 이 거대한 힘을 조금씩 무너트리는 것이 중요하다.

후퇴를 막아라

중기부에서 나는 직원들이 쫓아오기 힘들 정도로 속도감 있게 다양한 혁신정책을 추진했다. 사실 내가 원하는 만큼의 혁신은 시도하지도 못했다. 내 임기가 끝나면 없어질 혁신은 불필요한 혼란만 초래할 뿐이라는 생각이었다. 물론 없어지리라고 예상하면서도 직원들에게 혁신의 느낌을 가져보도록 새롭게 시도한 것도 있지만, 대부분은 내가 떠난 후에도 지속될 가능성이 높은 혁신 과제를 위주로 추진했다.

나는 혁신 과제뿐 아니라 각 부서의 자체적인 혁신도 장려했다. 어떤 간부는 직원들이 눈치 보지 않고 조용히 퇴근하는 '쓱퇴근'제를 도입했고, 어느 부서는 간부 방을 휴게실처럼 편안하게 꾸며 직원들이 언제든 와서 상담할 수 있도록 했다. 직원들은 어렵게 나의 혁신 작업에 동참했지만, 안타깝게도 이런 중기부의 혁신 작업은 정부 평가에서 전혀 인정을 받지 못했다. 정부 평가는 도식적으로 주어진 양식에 따라 평가하는 것이라서, 다른 부서가 하지 않은 다양한 혁신 시도에 대해 그 의미를 분석하는 작업은 없었다. 중기부의 색다른 혁신은 인정받지 못했다.

어느 부서에서 시작되었든 혁신 작업을 권장하고 평가해서 좋은 것은 다른 부서에까지 전파되도록 하는 것이 자연스러운 조직혁신 과정이겠지만, 현행 정부 부서 평가에는 그런 항목이 없다.

혁신 문화가 전파되기 위해서는 정부 부서 평가의 전면적인 개선이 필요하다. 혁신을 시도한 부서에 가산점을 줘서라도, 부서들이 혁신에 더 많은 노력을 기울이도록 해야 한다.

현재의 방식에서 중기부의 혁신 작업은 이어질 수 없었다. 이대로라면 혁신은 널리 퍼지는 것이 아니라 부서 내에서 자연스럽게 소멸될 뿐이었다. 한 부서에서 아무리 혁신을 해도 정부가 그에 대해 긍정적 평가를 하지 못한다면, 그 한계는 뚜렷했다. 나야 원래부터 장관 평가와 상관없이 혁신 작업을 추진했으나, 직원들은 결국 아무 소득 없는 혁신 작업에 매달린 셈이 되었다. 나쁜 아니라 수많은 장관들이 다양한 시도를 했겠지만, 평가 방식의 한계로 그들의 다양한 시도는 묻혀 왔을 것이다. 우리는 한 발짝씩 앞으로 나아갈 수 있었음에도, 그 발걸음을 내딛지 못하고 계속 그 자리에 있었다.

따라서 혁신에 있어 중요한 것은, 강제하는 것이 중요한 것이 아니라 자발적으로 이루어지게 하는 것이고, 또 그것을 확산하고 유지하는 것이다. 이것이 향후 혁신을 촉진하는 첫걸음이 되어야 한다. 조그만 혁신이라도 그 가능성을 소중히 여기고, 유지하려는 기구가 있어야 한다. 특히 정부가 바뀔 때마다 이전 정부의 모든 것을 부정하는 어리석은 행위는 이제 중단되어야 한다.

문재인 정부 들어 이전 정부의 '창조경제혁신센터'를 이름도 바꾸지 않고 이어받은 것은 이러한 이유 때문이다. 창조경제혁신센터는 이전 정부에서 내건 '창조경제'의 중요한 기구로 전국에 만들어진 기구이다. 새로운 정부에서 지원이 줄어들까 염려한 창조경제혁신센터 종사자들도 이름이라도 바꾸기를 원했다. 그러나 중요한 것은 어느 정부에서 시작했는가가 아니라 제대로 기능을 하는가이다. 이 센터는 이름에 상관없이 지역의 혁신 허브로 충분한 가능성을 갖추고 있었고, 나는 이곳이 자율적으로 그리고 창의적으로 운영할 수 있도록 적극 지원했다.

혁신은 다양한 실험을 하는 것이다. 그것이 쓸모없는 일이라고 생각하는 이도 있지만, 그 중 좋은 것을 널리 전파하고 문제가 생기더라도 그 취지를 살려 새롭게 개편해 나간다면 혁신은 지속될 수 있다. 큰 혁신은 작은 혁신으로부터 시작된다. 어떤 이가 대통령으로 들어선다고, 혹은 부서장이 바뀐다고 이전의 혁신이 모두 물거품이 되어서는 안 된다.

4.
정부의 역할

혁신국가의 중심에는 혁신 정부가 있다. 정부가 혁신하지 못하면 경제는 물론이고 그 어떤 분야에서도 혁신은 불가능하다. 혁신의 주도적 역할을 맡은 정부는 민간 기업의 기업가 정신을 훼손하는 것이 아니라, 오히려 그 정신을 촉진해야 한다는 목표를 명확히 설정해야 한다. 자율성에 대한 존중을 시작으로 새로운 미래를 만들어야 한다.

다행히 여야를 가리지 않고, 혁신예산을 늘리자는 공감대는 이미 만들어져 있었다. 문제는 혁신예산을 사용하는 데 있어 국가의 역할이 정해져 있지 않다는 것이다. 예산은 늘어났는데, 한국은 아직도 혁신이 민간의 역할이라는 신화에 빠져있다. 이런 비생산적 신화에

서 벗어나기 위해서는 우선 정부의 R&D 예산 지원이 왜 필요한가부
터 따져봐야 한다.

개발네트워크국가에 있어 정부는 다양한 경제주체를 연결하는 브
로커 이상의 역할을 해줘야 한다. 특히 R&D 예산이라는 측면에서
볼 때, 정부는 대규모 투자가 요구되는 경우 등 민간에서 감당하기
어려운 문제를 해결해줄 수 있어야 한다. 단지 규모적인 해결뿐만이
아니라, 예산 네트워크로서의 역할도 해줄 수 있다. 정부에게는 다양
한 문제를 적시에 해결하는데 필요한 인적, 물적 자원이 있기 때문이
다. 첨단 기술을 개발 및 개선하는데 있어 협업을 적극적으로 지원하
고, 개발된 기술이 정착할 수 있도록 수요처를 확보해 주는 등 다양
한 지원을 통해 혁신을 촉진할 수 있다.

R&D 예산은 하나의 지원이기 때문에, 이에 대한 성과를 확실히
하는 것도 중요하다. 이를 위한 실행방안으로 마추카토는 임무지향
형mission-oriented 정책을 집행하는 것이 중요하다는 점을 강조했다.
임무를 명확히 규정하면 성과를 평가할 수 있고, 또 그를 통해 효율
적인 예산 집행을 할 수 있다. 관료주의의 늪에 빠지지 않을 수 있다
는 장점도 있다.

우리는 그동안 정부가 혁신에 기여할 수 있음에도 정부의 역할을
과소평가해 정부의 기능을 움츠러들게 했다. 하지만 이제 더는 정부
가 할 수 있는 일을 민간에게 맡길 수 없다. 다른 국가들은 이미 정부
가 나서서 혁신을 주도하고 있다. 정부에게 다음과 같은 역할을 해주
길 기대해 본다.

첫째, 정부는 민간이 고려하지 않는 국가적 목표를 설정해야 한다. 단순히 새로운 기술을 개발하는 수준에 그치지 말고 국제적인 위상을 가질 수 있는 업적을 목표로 해야 한다. 예를 들어 미국 등 선진국들은 우주 비행, 달 탐사 계획 등을 목표로 삼았고, 그 과정에서 수많은 과학기술의 발전을 달성할 수 있었다. 학자들은 환경 및 대체에너지 분야에서 그 목표를 찾아야 한다고 주장한다.

국가는 국민의 행복을 위해 기업과는 다른 목표를 제시한 후, 민간의 투자를 최대한 집중적으로 유도해야 한다. 목표가 제대로 세워지지 않은 상태에서의 예산 지원은 낭비를 유발할 수 있으므로, 처음부터 정해진 예산에서 최대한의 효과를 발휘할 수 있는 목표를 세워야 한다.

둘째, 민간이 감당하지 못하는 리스크를 대신 부담해야 한다. 민간에서 욕심이 있지만 위험 부담으로 인해 과감히 투자하지 못할 때, 정부가 먼저 나서야 한다. 그루버와 존슨은 바이오산업과 같은 부분에 이런 과감하고, 장기간의 투자가 필요하다고 강조했다. 고급 의료인력이 풍부하다는 한국의 이점을 살린다면 충분히 승산이 있는 분야이기도 하다.

전 세계가 경쟁하고 있는 전략산업의 경우도 마찬가지다. 전기차나 자율주행차, 수소차 등 분야에서 한국 기업들은 해외 기업들과 힘겨운 경쟁을 하고 있다. 정부는 한국경제의 혁신 역량을 집중할 수 있는 청사진을 제시하고, 가용한 자원을 이용해 적절하게 지원하는 역할을 맡아야 한다.

셋째, 파급효과를 고려해 국민에게는 크게 도움이 되지만 개별 기업 입장에서는 수익을 확보하기 어려운 부문에 투자해야 한다. 기초과학 분야가 여기에 해당되며, 정부는 이러한 기초과학 연구가 실질적인 사업화로 이어질 수 있게 체계적인 지원 방식을 만들어내야 한다.

넷째, 네트워크를 조성하는 역할을 해야 한다. 현재 한국 정부는 단순히 자금만 지원하는 역할에 머무르고 있다. 정부가 출연한 연구소와 공기업을 활용하고, 과거의 경험을 잘 살려서, 새로운 목표를 달성하기 위한 효과적인 네트워크를 구성해야 한다.

다섯째, 마추카토가 강조한 대로 정부는 끊임없이 설정한 목표에 대해 평가 및 개선할 수 있는 실행 구조를 만들어야 한다. 현재의 문제는 어떤 목표를 위해 노력하고 있으나, 그만한 성과를 제대로 내지 못하고 있다는 것이다. 해외의 본받을만한 제도는 이미 다 시행하고 있다. 그러나 이것은 흉내 내기에 그칠 뿐이다. 우리는 정부 조직을 성과중심형 조직으로 개편하여, 확실하게 목표를 달성할 수 있는 구조로 만들어내야 한다.

이는 모두 기존의 정부 구조로는 하기 어려운 일이다. 정부 자체가 바뀌지 않는다면 새로운 정부의 역할은 수행할 수 없다.

하지만 무작정 변화만을 추구하면 부작용도 생기기 마련이다. 우리는 철저하게 정부의 운영방식을 바꾸되, 문제가 발생하지 않게 해야 하므로, 그에 필요한 혁신 원칙도 살펴봐야 한다.

5.
정부 혁신 원칙

2018년 노벨 경제학상 수상자 폴 로머Paul Romer는 기술 혁신이 경제성장을 좌우한다는 내생적 성장이론의 주창자로 유명하지만, 그 외에도 창의적인 아이디어를 많이 낸 경제학계의 이단아로 잘 알려져 있다.

그가 낸 기상천외한 아이디어 중 하나는 '차터 시티Charter City'이다. 차터 시티는 하나의 경제특별구역으로, 특정 지역의 도시화를 통해 수백만 명에게 일자리를 제공하고 경제성장을 촉진하는 도시개발 프로젝트다. 여기서 주목할 점은, 경제성장을 위해 이 구역에 기존체제와 다른 제도를 도입한다는 것이다. 법과 제도는 정부의 대표적인 기능으로, 경제를 비롯해 국가 전반에 근간이 될 만큼 중요성을 갖고 있다. 그런데 그걸 바꿀 수도 있다는 이야기다.

이 주장은 권력을 쟁취한 실력자가 정부를 구성하고 국민을 통치하는 전통적인 국가 구성 개념을 바꾸자는 것과 같은 말이다. 쉽게 말하자면, 그동안 정부의 개념이 통치 정부라면 국민을 위한 법과 제도를 도입하는 서비스 정부의 개념으로 볼 수 있다.

전통적인 개념의 정부, 즉 통치 정부는 국민들에게 법과 제도를 강제하는 기구로, 국민들 사이의 갈등을 조정해가며 원만한 국가를 운영해간다. 반면 현대의 민주 정부는 국민이 주인이 되고, 국민에게 봉사하기 위한 기구로 정부를 구성하는 서비스 정부로 생각해 볼 수 있다.

정부의 정의를 어떻게 하는가는, 정부의 혁신 실행에도 많은 차이를 가져온다. 그동안 한국은 전통적인 개념의 정부가 권력을 갖고 있었다. 동시에 정치적 변화를 이루면서 국민에게 봉사하는 선출직 공직자를 배출하기 시작했고, 제도 역시 국민에게 봉사하는 방향으로 많은 진전이 이루어졌다. 하지만 안타깝게도 정부는 권위적이어야 한다는 의견이 아직도 많다. 만약 우리가 서비스 정부의 기능을 활성화하고자 한다면, 정부의 자세도 달라진 상태에서 혁신이 시작되어야 할 것이다.

서비스 정부가 되기 위해서는 많은 연구와 분석이 필요하다. 장관 시절 나는 넛지 방식을 많이 강조하기 위해 처벌보다는 넌지시 옆구리를 찔러 행동을 유도하는 방식으로 행정을 펴자고 주문했다. 중소기업을 지원하는 중소벤처기업부의 입장에서, 규제보다는 제도 개선을 먼저 요청하기도 했다. 불가피한 경우에는 계도를 우선으로 하고, 사전에 경고를 해 마찰을 피하는 동시에 소통으로 문제를 해결하자고도 요청했다. 물론 이 방식은 많은 노력이 필요하다. 나는 서비스 정부라면 그 정도는 해야 한다고 생각했지만, 실제로 현실에서 각 부처가 도입하기는 어려웠다.

또 현재 한국의 행정에서는 현장 공무원들에게 자율적 판단을 허용하지 않고 있다. 공무원에게 우선적인 판단은 규제를 하는 것이고 문제가 있으면 법원에 가서 따져보는, 규제 우선주의 방식이 많이 사용되고 있다. 그러나 규제는 문제를 해결하지 못할 때가 많다.

현대의 법철학에서 법을 징계하는 목적보다 계도하는 목적으로 사용했다. 대다수 국가에서 채택한 방식인 처벌은 사실 범법 행위를 억제하려는 방법의 하나일 뿐이다. 계도를 통해 같은 목표를 달성 할 수 있다면 그것이 더 나은 방법이다.

노르웨이의 경우, 범죄자들을 형무소가 아니라 독립적 도서 지방에서 자유롭게 생활하도록 하는 방식으로 재범률을 최저 수준으로 낮췄다. 이처럼 특정 목적을 위한 새로운 행정 방식은 언제나 시도해볼 만하지만, 현재 국내에서 그런 사례는 발견되고 있지 않다.

최근 이른바 학교 주변 교통사고를 줄이기 위한 '민식이법'이 논란이 되고 있다. 개인적으로 하책이라고 여겨졌다. 강력한 처벌이 틀린 방식은 아니지만, 그전에 다양한 대안에 대해 고민했어야 했다. 단순히 운전자를 처벌하는 것이 아니라, 문제가 발생하는 환경 전체를 보는 것이 우선이 되어야 했다.

나는 오래전부터 초등학교 설계를 바꿔야 한다고 주장해 왔다. 현재의 초등학교들은 자가용이 많지 않을 때를 기준으로 만들어졌다. 그러나 시간이 흐르면서 학교 주변에 다니는 차량이 많아졌다. 보행로와 차로의 설계를 바꿔서 안전하게 만들 수 있었는데도 여전히 과거와 같은 방식으로 설립되는 초등학교를 볼 때마다 안타까웠다. 기존에 있는 도로 역시 경찰서의 협조를 얻어 학교장에게 관리권한을 주면 등교시간에 맞춰 도로를 폐쇄하거나 차로를 줄이는 등의 방법으로 더 안전하게 만들 수 있는 학교도 많을 것이다. 이런 방식으로, 사고가 일어나는 상황에 대한 개선과 함께 민식이법이 시행되었다면 훨씬 더 효과를 발휘할 수 있을 것이다.

민식이법은 이렇게 행정이 쫓아가지 못하는 문제를 보여주고 있다. 국민들의 요구에 부응하고자 하는 국회의원들의 과잉입법은 근본적인 변화가 일어나지 않는 한 지속될 것이고 이는 국가 전체의 규제를 늘릴 것이다. 반면 한편에서는 끊임없이 규제완화를 요구하기도 한다. 정부에 대한 모두의 인식이 변하지 않는 한 이 문제는 계속될 것이다.

규제 완화? 서비스를 늘려라

정부의 의무가 규제의 집행이라고 전제하고 있는 공무원이, 규제를 완화하자는 것은 사실 자기를 부정하는 것과 같다. 중요한 건 인식의 전환이다. 정부를 서비스 기관이라고 생각하면 규제는 얼마든지 신축적으로 적용할 수 있다.

장관시절 나는 납득하기 어려운 규제에 대해 하소연을 하는 기업인들을 많이 만났다. 한번은 간담회 도중에 한 스타트업 대표가 분통을 터뜨리며 자신의 억울함을 이야기하기도 했다. 그는 자신이 개발한 휠체어에 안전바를 부착하는 장치가 간단한 것이었음에도 공산품 인증을 받는데 2년이 넘게 걸린다고 불만을 토로했다. 이는 나 역시도 납득하기 어려워서 직원에게 무엇이 문제인지 파악하도록 했다. 민원 해결의 중요한 사례가 될 것 같았다.

담당 직원이 해당 부처에 이 문제를 전달해 가며 해결을 시도했지만 현행 규정으로는 안된다는 반복된 답변만 돌아왔다. 그리고 이에 대해 기업의 대표는 안 된다는 규정이 없다는 사실을 거론하며 반박해서 논의가 진척되지 않았다.

문제의 해결은 전혀 다른 방향에서 이루어졌다. 논의가 길어지고 기업 대표의 주장도 나름대로 설득력이 있어 담당 직원은 선임 공무원들에게 물어보았고, 이전에 같은 문제를 해결한 사례를 찾은 것이다. 선례가 있었기에 그다음은 일사천리로 해결되었다.

이는 해당 부처나 담당 직원들의 문제가 아니었다. 만약 서비스 정부에 충실했다면 문제를 해결하기 위해 노력했을 것이고 진작에 해답을 찾았을 것이다. 이런 일이 반복될 수 있기 때문에 이런 사례들을 모아서 더 좋은 서비스를 제공하려 노력했을 것이다. 그러나 통치 정부에서는 이것이 민원인의 소임이 된다.

오래전 IBM에서도 비슷한 일이 있었다. 컴퓨터 수리 서비스를 받는데 너무 많은 시간이 든다는 고객의 불평이 잇따르자, 왓슨 회장은 자신이 직접 수리 요청서를 들고 각 부서를 찾아다녔다고 한다. 보통은 보름이 걸렸지만, 회장이 직접 들고 다니니 1시간 만에 처리되었다고 한다. 이 일을 겪고 나서 왓슨 회장은 IBM을 전면적으로 원스탑 서비스 조직으로 개편했다고 한다.

나 역시 이런 사례를 참고로 중기부의 조직을 원스탑 서비스 조직으로 만들겠다고 공언하고 추진했다. 그러나 큰 진전을 보지 못했다. 설령 중기부 전체를 바꾸었다고 해도 이는 진정한 변화가 아닐 것이다. 변화의 바람은 정부 조직 전체에 불어야 한다.

고착화된 시각은 서비스 행정으로의 전면적인 개념 정립이 이루어져야 바뀔 것이다. 공무원들은 국민을 고객으로, 또 국민은 공무원들을 서비스 제공자로 파악해 평가를 할 수 있어야 한다. 그래야 공무원들이 고객인 국민들의 삶에 더 관심을 가질 것이다. 삶의 터진인 기업에도 더 찾아가서 그들의 애로에 관심을 갖는 공무원이 많아져야 한다. 그때 비로소 생산적인 규제완화 논의가 가능할 것이다. 국민의 삶을 개선하기 위해 공직자 한 명 한 명이 노력하고, 그 노력에 상응하는 보상이 이루어질 때 진정한 변화를 이룰 수 있을 것이다.

명시적 비용과 암묵적 비용

최근 지방 도시를 다녀보면 도로를 사거리에서 로터리 방식으로 바꾼 곳이 많다는 것을 확인할 수 있다. 신호등으로 교통을 통제하는 것에 비해 로터리 방식이 사고도 더 줄이고 차량 흐름도 개선한다는 연구결과를 토대로 대거 바뀌고 있다. 그러면서 예산을 아끼지 않고 로터리 중앙을 화단 등으로 장식하고 있다. 국민 편의를 위해 예산 사용을 마다하지 않는 적절한 사례라고 할 수 있다.

반면 내가 30년 동안 주장했는데도 개선이 되지 않는 주차장 사안도 있다. 미국에서는 사선斜線의 주차장이 일반적이다. 이렇게 비스듬하게 주차 공간을 만들면 주차할 때 드는 시간이 훨씬 줄어든다. 반면 한국에는 많은 주차장이 수직으로 주차 공간을 구분해놨고, 그만큼 시간이 많이 든다.

사선이 갖는 효율성에는 특별할 것도 없다. 주차장 설계는 간단한 공학이다. 주어진 주차장 모양과 넓이에 따라, 또 주차장을 이용하는 차량의 성격에 따라 수직으로 할지, 사선으로 할지, 좁게 할지, 넓게 할지를 계산할 수가 있다. 그런데 우리나라에서는 이런 과정 없이 전부 같은 모양으로 만들고 있다. 전형적인 공급자 중심 행정이다.

주차장을 효율적으로 개선해서 창출하는 효율은, '티끌모아 태산'이라 할 수 있다. 우리나라에서 한 사람당 주차시간을 1분씩 절약했다고 가정해보자. 이 1분이라는 시간이 갖는 비용을 계산해보면 어마어마한 금액이 될 것이다. 시간은 금이다. 기름 역시 마찬가지로 절약할 수 있는 전체를 합하면 큰 액수가 될 것이다. 강변 고수부지 같이 넓은 공간은 굳이 수직형으로 만들 이유가 없다. 최근 서비스 경쟁이 치열한 고속도로 휴게소들은 그 공간을 넉넉하게 그려, 시간을 절약하고 있다.

주차장 개선은 공공기관에 더 각별하다. 민원인들의 업무는 1시간 이내로 처리되기 때문에 효율적으로 들어오고 나갈 수 있어야 한다.

그러므로 가장 좋은 위치에 민원인 주차장을 두고, 출퇴근하는 공무원의 차량은 가장 먼 곳에 두는 것이 가장 효율적인 배치이다. 그런데 권위주의적인 기업이나 기관의 경우, 가장 좋은 자리는 고위직들의 차지이다. 고객이나 민원인은 남는 자리를 이용하는 경우가 많다. 기관의 중심이 서비스가 아니라 권위라는 것을 전적으로 드러내는 사례이다. 자주 오가는 차량이 많은 어린이집이나 학원시설 같은 경우도 주차장의 개선이 필요하다고 본다.

정부의 건축 규제에 맞추기만 하면 된다는 편견은 차량의 변화에도 못 따라가고 있다. 차량의 크기는 커졌는데도 주차 공간의 크기에는 변화가 없어 불편이 가중되고 있다. 신축 건물이나 아파트도 공간은 예전과 같다. 한국 건설회사들의 이런 무관심이 답답하지만, 이런 변화를 유도하지 못하는 정부의 건축 규제도 답답하다. 국토부에서 최근 주차면의 권장 규격을 늘리는 개편을 했다고 하지만 정작 현장에서는 큰 변화를 찾기 어렵다. 개선 역시 주도적으로 이끌어 갈 필요가 있다.

7. 혁신을 위한 청사진

1.
코딩국가로의 전환

　인공지능과 빅데이터를 기반으로 4차 산업혁명이 새롭게 떠오르면서 코딩교육이 여기저기서 많이 이루어지고 있다. 한번은 배워봐야지 하고 있던 나도 연초에 8주 동안 코딩교육을 받았다. 수업은 코딩에 문외한인 직장인들을 위한 프로그램이었고, 8명 정원에 튜터 한 명이 실습 위주로 지도하는 방식이었다. 주중반은 3시간씩 두 번으로 나눠서 수업했고, 주말반은 6시간을 한 번에 교육했다.

　코딩에 대한 관심은 교육과정에 코딩을 포함해야 한다는 과학자들의 주장이 정책으로 입안되면서 커졌다. 코딩은 대학 다닐 때 잠시 배운 적이 있었고 계량경제학 프로그램을 잠깐 사용하기도 했었지만, 직접 프로그램을 해 본 기억이 아물아물할 정도로 오래되었다. 그래도 노트북도 새로 구입해가며 멋모르고 신청했다.

코딩 교육

코딩 수업이 무모한 도전이었음은 첫날에 알게 되었다. 강사의 설명을 따라가기도 벅찬데 동시에 프로그램을 작성하는 건 쉬운 일이 아니었다. 아무래도 컴퓨터에 익숙지 않아 옆에 있던 동료 학생들이 여러 차례 도와줘야 했다.

다행히 수업 내용 중 이해가 안 되는 것은 인터넷에서 복습할 수 있었지만, HTML, CSS, JavaScript, Python, MongoDB 등 매주 새로운 언어나 프로그램 패키지를 한두 개씩 새로 배워야 하는 힘겨운 과정이었다.

같이 수업을 듣는 동료들은 창업자들이거나 대학을 갓 졸업하고 창업을 준비하는 청년들이었다. 직장을 다니느라 시간도 부족했을 텐데 마지막 과제를 보니 모두 훌륭한 프로그램을 만들어냈다. 나도 고생 끝에 펀드 수익률을 표시하는 그래프를 만들었다. 공개된 펀드 수익률 정보를 이용하여 소비자가 가입한 펀드 수익률을 다른 펀드와 비교할 수 있게 해주는 것이었다.

코딩 수업을 들어보니, 처음부터 끝까지 직접 프로그램을 만들고 구동시키는 성취감도 느낄 수 있었지만, 그 외에도 많은 것을 알게 되었다. 우선은 컴퓨터 자체에 대해 많이 알 수 있었다. 이전에는 컴퓨터에 대해 모르는 것이 있으면 불편해도 넘어갔는데, 지금은 충분히 친숙해져서, 필요한 정보를 찾아가며 편리하게 사용하고 있다. 화면을 나눠 쓰기도 하고, 아예 모니터를 하나 더 장만해서 두 개의 모니터로 여러 작업을 동시에 수행하기도 하고 있다.

가장 크게 변한 것은 데이터에 대한 인식이었다. 정부가 펼친 공공기관의 데이터 공개 정책에 의해 많은 기관에서 좋은 자료를 공개하는 것도 알게 되었다. 이른바 '공개 API'라 불리는 이것은, 어떤 기관은 잘 되어있지만, 꽤 큰 공공기관인데도 개발이 안 되어 불편한 곳도 있었다. 공개API를 사용해 보면 그 기관이 데이터 경제를 얼마나 쫓아가고 있는지를 짐작할 수 있었다. 자신들의 자료를 어떻게 공개하는지 고민하지 않은 기관도 많았다. 추측건대 간부들이 코딩을 알지 못하는 상황에서 마지못해 외부에 맡긴 탓이 아닌가 싶다.

코딩 중에 내가 제일 관심을 둔 것은 파이썬Python이었다. 파이썬은 1980년대 말 네덜란드 사람인 귀도 반 로썸Guido van Rossum이 주도하여 만든 프로그래밍 언어이다. 읽고 사용하기가 쉬워 초보자들이 시작하는 프로그램이기도 하다. 인공지능 관련 기계학습machine learning에도 많이 사용되고 있다고 해서 더 흥미로웠다. 지금은 민간 비영리 단체인 파이썬 재단에서 주로 관리를 하고 있는데, 그 배경에는 역시 DARPA의 상당한 지원이 있다고 한다.

코딩 수업과 관련한 이런 주변 정보를 알게 되면서 나는 컴퓨터 소프트웨어도 발전을 거듭하고 있음을 알게 되었다. 이제는 모듈화되고 공개된 프로그램이 많아서 짜깁기를 통해 누구나 손쉽게 프로그램을 만들 수 있다. 8주 만에 수강생들은 모두 자신만의 프로그램을 만들어냈다. 일부는 상업적으로도 인기가 있으리라 판단될 정도였다. '스파르타코딩클럽'이라는 스타트업이 작년부터 시작한 이 코딩 프로그램은 문외한들도 쉽게 코딩을 배울 수 있게 하는 새로운 지평을 열었다고 평가받고 있다.

수업을 듣고 나니, 우리 공무원들이 모두 코딩을 배우면 많은 것을 바꿀 수 있으리라 확신하게 되었다. 행정 업무의 많은 것을 더 편리하게 처리할 수 있을 것이고, 더 많은 공적 데이터를 일반인들이 사용하기 쉽게 공개할 수 있을 것이다. 그렇게만 되면 우리가 빅데이터 시대를 선도할 수 있지 않을까?

그러기 위해서는 모든 공무원을 코딩 전문가로 육성하는 목표를 설정해야 한다. 현재 공무원들은 다양한 교육을 받고 있으므로 이 교육 기간 중 일부를 코딩 교육으로 전환하면 쉽게 달성할 수 있다. 아직 코딩의 중요성을 인식하지 못해 교육하지 않고 있을 뿐이다. 직접 배워보니 코딩은 아이들에게 가르칠 것이 아니라, 공무원이 제일 먼저 배워야 함을 깨닫게 되었다.

신규 공무원들은 대학을 졸업한 지 얼마 되지 않아 코딩 교육을 이수하는데 아무런 문제가 없을 것이다. 현재 받게 되는 연수 교육에 코딩을 포함하고, 코딩을 이용하여 행정을 편하게 할 과제를 부여하면 매년 수백, 수천 개의 새로운 행정 프로그램이 만들어질 것이다.

간부급 공무원도 마찬가지다. 1년씩 교육을 받는 프로그램이 있는데, 1년 중에서 2달간 일주일에 10시간 정도 시간을 내면 충분히 자신의 프로그램을 만들어 낼 수 있다. 이렇게 매년 수천 명이 코딩 교육을 받게 되면, 정부의 업무 효율성은 수백 배로 뛰어오를 것이다. 민간과 협업하게 되면 더욱 수준 높은 프로그램을 만들어 낼 수 있을 것이고, 대한민국은 인공지능 시대를 앞서가는 국가로 우뚝 설 것이다.

민간에서는 이미 충분히 코딩에 대한 관심이 증가하고 있다. 인공지능시대를 대비하기 위해 우리 정부에서는 무엇을 해야 하는가? 나는 그 첫 번째로 전 공무원 코딩 교육을 제안한다.

전문지식 교육

국회 기획재정위원회에서 활동할 때 소관부서 중에 국세청이 있었다. 내가 생각할 때 국세청은 본질적으로 '데이터'를 다루는 부서다. 그런데 아직도 국세청을 전통적인 세금 징수 업무에만 치중한 권력기관으로 간주하고 있었다. 권력기관으로 행세하며 잘못된 세무조사에 나선 것에 대한 정치적 논란이 있을 뿐, 나를 제외하면 국세청의 데이터 취급에 대해서 비판이나 제언을 하는 국회의원은 거의 없었다.

당시 국세청 고위공무원 중에는 통계학 전문가를 포함하여 데이터 전문가가 없었다. 내게는 너무도 이상했지만, 이 현상에 대해 아무도 문제의식을 느끼고 있지 않았다. 국세청은 매우 폐쇄적인 조직으로, 국세 통계는 이미 공개된 것을 제외하면 공개하지 않는 것을 원칙으로 하고 있었다. 그러나 국세 통계는 경제 정책에 있어 엄청난 가치를 지닌 정보를 포함하고 있다.

토마 피케티Thomas Piketty가 『21세기의 자본』*에서 주장한 불평등 이론은 주요 국가의 소득세 통계를 이용해 세계적으로 불평등이 심화되고 있다는 데이터 분석 결과의 토대 위에 만들어졌다. 한국의 가계 소득 추이나 불평등 정도를 파악하기 위해서는 국세청이 보유한 납세자 소득을 분석하는 게 필수지만 국세청은 자료를 공개하지 않고 있다.

처음에는 반대하던 국세청은 소득세 100분위 자료를 공개하며 협조하기 시작했다. 전체 납세자 수를 동일하게 100개의 집단으로 분리한 후, 집단의 평균 소득과 소득세액을 공개하는 방식이다. 최근에는 1,000분위 자료까지 공개하는 것으로 알고 있다. 이 자료는 경제학자들의 연구를 위한 귀중한 데이터이다. 개인적으로는 국세청이 보유한 통계를 분석하는 연구센터가 없는 것이 너무나도 아쉽다. 엄청난 데이터를 보유한 국세청이 그 데이터를 제대로 활용하지 못하고 있었다.

과세하거나 탈세를 탐지하는 것도 마찬가지다. 거래 자료는 대부분 전산화되어 있으므로 탈세자를 찾아내는 프로그램을 만드는 것도 어렵지 않으리라고 생각한다. 국세청에 있는 탈세 적발 프로그램은 아쉽게도 초보적인 수준이다. 고도화된 프로그램을 개발할 역량은 부족해 보인다.

---

*   토마 피케티, 『21세 자본』, 장경덕 옮김, 글항아리, 2014.

이스라엘의 창업을 다루고 있는 『창업국가』*를 보면 테러리스트를 쫓던 군사 전문가가 신용카드 전표 자료를 가지고 저신용 거래자를 찾아내는 기법을 개발한 사례를 들고 있다. 이스라엘 병사 출신인 이 전문가는 이 기법을 민간에 적용하기 위해 창업했는데, 미국의 유명 핀테크 회사 페이팔이 그 효율성을 인정해서 인수한 사례이다. 벌써 10여 년 전의 일이니 지금은 빅데이터 분석기법이 그때보다 훨씬 발전했을 것이다.

마찬가지로 모든 자료에 접근할 수 있는 국세청이 적절한 분석 기법을 개발한다면, 지금까지와는 차원이 다른 세무행정을 펼 수 있을 것이다. 국세청을 권력기관이 아니라 효율적인 세무행정을 제공하는 서비스 기관으로 규정한다면, 서비스 기관으로 성과를 올리기 위해 조직 전반을 재정비할 필요가 있을 것이다. 이를 토대로 국세청 직원들을 빅데이터 전문가로 키워내야 한다.

공무원은 단지 표면적인 업무를 하는 것이 아니라 누구보다 근본적인 수준에서 이해해야 한다. 안타깝게도 이런 이해도가 많이 부족하다는 것이 느껴졌다. 중소벤처기업부에 있을 때도 전문지식의 부족을 실감했다. 중소벤처기업부에서는 중소기업에 대한 각종 금융지원이 많았고 특히 모태펀드를 관리하고 있었기 때문에 금융과 재무관리에 대해 전문지식이 필요했다. 그런데 관련 분야를 전공한 간부도 없었고, 임용 이후에 그런 교육을 받은 적도 없었다. 예산과 법을

---

* 댄 세노르, 사울 싱어, 『창업국가』, 윤종록 옮김, 다할미디어, 2010. 원제는 "Start-Up Nation".

집행하는 기관으로서는 큰 문제가 없었으나, 효율적인 지원기관으로 발전할 수는 없을 것 같았다.

중소기업을 지원하는 금융 수단과 관련하여 주요 국가에서는 어떤 정책을 펴고 있는지, 그 장단점은 무엇인지 알고 있어야 했다. 현재 우리의 정책을 보완할 필요가 있는지에 대한 분석자료가 필요했으나 구할 수 없었다. 이를 위해서는 최소한 석사 수준의 금융분석이나 재무관리 지식이 필요했기에 나는 교육 프로그램을 만들 것을 지시했었다. 금융뿐 아니라 중소기업을 지원하는 마케팅이나 수출, 기술지원 등과 관련해서도 고도의 전문성이 요구되는데 그런 전문지식을 습득하는 교육은 이루어지지 않고 있었다.

사정이 이런데도 공무원들에게는 어려운 중소기업을 위해 새로운 정책을 만들어 내라는 갑작스러운 요청이 많이 들어왔다. 평소에 전문지식으로 무장되어 있지 않으니 결국 땜질식 정책을 내놓을 수밖에 없었다. 그렇게 제대로 평가되지 않은 수많은 정책들이 발표되는 현실은 분명 개선이 필요해 보인다.

반면 미국의 공무원들이 작성한 문서를 보며 나는 그 전문성에 놀란 적이 여러번 있다. 최신 이론과 데이터를 거론하며 설명하는 정부 정책은 웬만한 학술논문보다 더 깊이 있고 유익했다. 당연히 이러한 논의를 하기 위해 민간의 전문가들과도 활발한 교류를 하고 있다.

즉, 우리나라 행정부에 필요한 것은 학습조직으로의 개편이다. 불필요한 일을 줄이는 대신 전문지식을 쌓고 튼튼한 토대 위에 부서에서 활발한 토론이 이루어지는 조직으로 만들어야 한다. 활발한 논의가 이루

어지는 가운데 상급자는 단순히 직급이 아니라 우월한 전문지식으로
지휘해야 한다. 이렇게 전문지식으로 무장되었을 때 민간과의 활발한
소통이 가능하고 혁신을 위한 기반을 다질 수 있을 것이다.

2.
인사혁신

조직 이론을 공부한 나에게 한국의 공무원 조직은 납득하기 어려운 부분이 많았다. 같이 대학을 졸업했는데 고시를 붙으면 5급, 일반 공무원 시험에 합격하면 7급 공무원으로 임용되었다. 그런데 놀라운 것은 7급 공무원이 5급이 되는 기간이 10년이 넘는다는 것이었다. 9급 공무원이 고위 공무원이 된다는 것은 거의 불가능에 가까웠다. 고졸 공무원이라도 업무를 열심히 익히고 기회가 될 때마다 학습해서 능력을 발휘하면 장관도 될 수 있는 조직이어야 하는데, 현재로서는 상상하기 힘들었다.

나는 한국의 고시제도는 폐지되어야 한다고 생각한다. 교수직을 시작하면서 고시제도가 경제학 교육마저 왜곡한 것을 깨닫고 답답했던 적이 있다. 경제학 교과서를 주로 보는 이들은 고시준비생이기 때문에 수험서로서 좋은, 다시 말하면 암기하기 좋은 교과서가 한국의 교과서 시장을 장악하고 있다. 이를 바꿔보고자 친한 동료들과 사례 위주의 경제학 교과서를 출간하기도 했지만, 암기 위주의 경제학 교과서 시장을 바꾸기에는 역부족이었다. 여전히 암기 위주의 비효율적인 방향으로 공무원들을 뽑고 있다.

또 현장에서는 고시 출신과 비고시 출신의 차별도 있다. 밤을 새우고 하는 허드렛일은 고시 출신들이 도맡아 했고, 비고시 출신들에게는 어려운 일은 시키지 않았다. 비고시 출신은 승진 때가 되면 일 많은 부서에 배치되어 짧은 기간 열심히 일하다가, 승진이 되고 나면 다시 한직으로 가서 몇 년을 부담 없는 업무를 하는 관행이 자리 잡고 있었다.

상호 간의 불신도 컸다. 고시 출신들은 비고시 출신들에게 일을 맡기기 어려울 정도로 실력 차이가 있다고 생각했고, 비고시 출신들은 고시 출신 고위 공직자들이 편향된 인사를 하고 있다고 믿고 있었다. 이러한 구조는 일종의 자기실현적 예언이 되어있었다. 비고시 출신들은 자포자기하는 경우가 많아 자기 계발에 크게 힘들이지 않았다. 비고시 출신들끼리 순번이 있어서 그 순번대로 승진하는 것을 기대할 정도였다.

고시 출신 남성 위주의 편향된 인사라는 문제도 있었다. 이를 고치려 여러 가지 시도를 했지만 효과를 내기는 쉽지 않았다. 7급에서 5급으로 승진하는 평균 기간을 줄이고 특히 우수한 7급 공무원은 3년에서 5년 정도의 기간에 5급으로 승진하는 제도를 만들고 싶었다. 육아로 인해 부서에서 기피 대상이 된 여성 공무원들에게 더 많은 기회를 제공하는 것도 추진했다. 그러나 짧은 장관 임기로는 변화를 만들어내기는 어려운 시도였다.

전반적으로 공직사회에는 일을 열심히 하는 것을 억제하는 카스트 제도 같은 것이 뿌리 깊게 자리 잡고 있었다. 고시제와 인사제도를 전면적으로 개편해야 이를 고칠 수 있다. 실력 있고 성과를 내는 공무원이 높은 평가를 받을 수 있도록 해야 한다. 행정안전부에서 전반적인 인사 자료를 통계로 만들어 분석하면 문제점을 쉽게 파악할 수 있을 것으로 생각하지만, 그런 시도는 이루어지지 않고 있다. 국회나 감사원, 총리실 등이 이런 문제를 전혀 다루지 않고 있음은 아쉬운 대목이다.

전문가형 공직자 양성

이런 문제를 해결하기 위한 다양한 시도 중 하나는 개방형 임용제이다. 일부 직위를 공모를 통해 임용하는 방식이다. 그런데 현장에서 개방형 임용제는 제 기능을 못 하고 있다. 개방형이라고는 했지만, 사실상은 기존 공무원들이 채우는 자리가 많고, 순수하게 민간 전문가를 채용한 경우에도 생각보다 효과는 크지 않았다.

민간 전문가는 민간의 전문지식과 조직문화를 공직사회에 전할 목적으로 임용된 것이지만, 실제로는 거꾸로 민간의 창의력을 상실하고 빠르게 기존의 공직사회로 동화되고 있다. 개방형 직위로 임명된 사람들의 계속 고용 여부를 고위 공무원이 결정하게 되어있고, 대부분의 고위 공직자들은 고시 출신들이기 때문이다.

외부 전문가가 새로운 시도를 하려면 기존의 조직문화를 바꿔야하는데 그 과정에서의 혼란을 용납하는 문화를 조성하지 못했기 때문이다. 그들 역시 빨리 위계질서에 순종하는 것이 최선이다. 그래서 편안한 공직생활을 즐기는 사람만 남고 도전적인 인사들은 견디지 못하고 다시 민간으로 돌아가고 있다. 이러다보니 공무원 사회에서는 개방형 임용에 대해 대부분 부정적이다.

이를 타개하는 방법은 간단하다. 개방형 인사는 원래 취지에 맞게 민간의 지식과 문화를 얼마나 도입했는지를 외부인사가 평가하도록 하면 된다. 개방형 인사의 원래 취지에 맞게 공직사회에 새로운 영향을 미쳤는가를 가장 중요한 기준으로 평가하면 된다.

또 다른 사례도 있다. 한국의 공무원들이 전문성이 부족하다는 비판에 대응해서 전문직 제도가 도입되어 있다. 인사혁신처에서 전문성과 장기 재직이 필요한 직위에 전문직을 배정하고 월급 이외에 추가적인 보상도 하는 제도이다. 외형상 좋은 제도로 보이지만 현장에서는 이 역시 취지를 살리지 못하고 있었다.

전문직 공무원들은 기존의 고시 출신 조직과 괴리되어 있어 제대로 관리되지 않고 있다. 이들은 자신들이 승진에 차별을 받고 있다고 느끼고 있었고, 반면 일반 공무원들은 보수를 더 받는 전문직들이 승진까지 차지하는 것은 불공평하다고 토로했다. 전문직들이 계속해서 전문지식을 쌓도록 학습을 강조하고 있지도 않기 때문에, 전문지식이 쌓이는지를 확인하기도 힘들었다.

이처럼, 공직사회에 제기되는 비판을 수용하기 위해 다양한 제도가 도입되어 있다. 제도가 도입된 후 일정 기간이 지나면 도입 취지에 맞게 운영되고 있는지 평가해 개선작업을 해야 하지만, 현재까지는 사후 관리가 정착되어 있지 않다. 외부인사에 의한 평가 등 다양한 방법을 통해 적합한 관리 방법을 찾아내는 것도 중요하다.

공공기관 혁신

나는 공공기관 대표를 이른바 낙하산으로 임명하는 것에 반대하지 않는다. 오히려 낙하산이 조직을 개선하는데 새로운 시각을 제시하며 큰 역할을 할 수 있다고 본다. 현장에서는 낙하산보다는 다른 문제가 더 심각했다.

공공기관이 꿈의 직장이 되었다고 한다. 공무원보다 일도 많지 않고 책임질 일도 많지 않은데 대우는 좋고 정년도 보장되는 직장으로 알려져 있기 때문이다. 또 의외로 정부의 많은 업무가 공공기관으로 이전되어 있는 경우가 많았다. 민간이 실행하고 있는 정부 업무도 많았다. 실제로 공공기관이 정부의 손발 역할을 하는 경우가 많아 혁신을 추진하기 위한 중요한 기관인데도, 기대를 충족하지 못하는 기관도 많았다. 취준생에게는 꿈의 직장일지 모르지만 혁신을 주도해야 하는 기관으로써의 역할은 기대하기 어려웠다.

혁신을 하기 위해서는 공공기관의 임무를 재정립하고, 이 임무를 제대로 수행하고 있는지 평가해야 한다. 그런데 현재 공공기관 대표 중에 열심히 일하는 사람을 찾기 힘들다. 이유는 간단하다. 열심히 일해도 그에 맞는 보상이 없기 때문이다.

공공기관의 대표나 이사들은 주무부처가 추천권을 가지고 있다. 많은 경우 주무부처 고위 공무원이 정년이 임박하면 산하 공공기관의 대표로 추천받는다. 외부인사가 임명되기도 하는데 각 부처에서는 퇴직 공무원 자리를 확보하기 위해 필사적으로 노력한다. 그리고 감독권을 지닌 주무부처의 직원들이 상급자로 모시고 있던 공공기관 대표를 제대로 감독하기는 힘들다. 더욱 문제가 되는 것은 공공기관을 잘 운영해도 대부분 단임으로 끝나며 다음 후배를 위해 물러나야 한다.

이런 구조로는 공공기관이 제 역할을 할 수 없음을 쉽게 알 수 있다. 이른바 낙하산들은 모두 무사안일주의에 빠지고 주무부처는 제대로 감독하지 않다보니 대부분의 공공기관은 본래의 설립 목적과 달리 제 기능을 발휘하지 못하고 있다. 성과 평가가 없는 상황에서 각 부처에서는 퇴임 공무원의 자리를 만들기 위해 산하 공공기관을 끊임없이 만들어내고 있다.

이런 문제를 해결하기 위해 기획재정부에서 일괄적으로 공공기관 평가를 한다. 기준을 만들어놓고 외부 전문가들이 평가하는 방식인데, 이러한 평가는 구조적 문제를 전혀 개선하지 못한다. 가장 중요한 '설립 목적의 달성을 위해 얼마나 노력하고 있는가'에 대한 평가는 최소한에 그치고 있고, 설립 목적 외 활동이나 피상적인 경비 절감 등에 과도한 점수를 배정해, 오히려 제 기능을 못 하는 공공기관이 높은 평가를 받는 사례가 많다. 이렇듯 공공기관 대부분이 제 기능을 하지 못하고 있음에도 아무런 비판이 없다. 공공기관들은 평가위원들을 찾아다니기 바쁘고, 평가위원들은 아무런 책임의식을 느끼지 못하고 좋은 게 좋은 식의 평가를 반복하고 있다.

이런 구조에서 낙하산은 큰 의미가 없다. 누가 대표가 되더라도 공공기관은 혁신하지 못한다. 따라서 공공기관 혁신을 위해서는 다음과 같은 방법으로 구조적인 설계를 바꿔야 한다.

첫째, 공공기관의 임무를 명확히 설정해야 한다. 비슷한 일을 하는 기관을 여러 부처가 보유하는 것은 납득하기 어렵다. 여러 부처가 국정과제 추진 업무를 동시에 달려들어 산하 공공기관에게 위탁하고 있는 현실도 납득하기 어렵다. 같은 일을 하는 예산을 여러 부처에 나누어주는 것도 이해하기 어렵다. 임무를 재설정하고 부처별 중복 공공기관에 대해서는 과감한 통폐합이 필요하다.

예를 들어 해외와의 교류가 중요해지고 정부 예산이 충분히 늘어나면서 해외 사업이 많아졌다. 모든 부처가 앞다퉈 해외 교류 사업을 하고 있다. 국내에서도 부처 간 협업이 잘 이루어지지 않는 상황에서 해외에 파견된 여러 부처 직원들의 협조가 제대로 될 리 없다. 제대로 역할을 하는 기관의 규모를 만들어내지 못하면서, 계속 구멍가게들만 늘리고 있다. 해외 파견 공무원이나 공공기관 주재원들의 주 업무는 국내에서 여행 온 고위 공직자나 국회의원의 의전을 하는 일이라는 자조 섞인 평가가 있을 정도이다. 주요국에 시범적으로 대규모 교류를 위한 기관을 설치하고 각 부처가 협업할 수 있는 구조를 만드는 것이 효과를 높일 것으로 판단한다.

둘째, 공공기관 대표 선임 과정을 투명하게 바꿔야 한다. 퇴직 공무원들은 대부분 전문성을 인정받고 있기 때문에 그들을 배제하는 것은 불합리하다. 대신 지원자들의 경영 계획을 발표하도록 해서 공개하고, 스스로 제시한 목표를 달성하는지 여부에 대해 중간평가를 실시해야 한다. 중간평가 결과 자신이 공표한 혁신목표를 제대로 수행하지 못하고 있다면, 중도 사퇴하도록 제도화해야 한다. 반면 제대로 된 공공기관 평가를 통해 우수한 공공기관 대표들은 연임이 가능하도록 해야 한다. 중간평가 결과로 10% 내외를 탈락시키고, 10% 내외의 대표를 연임시키는 정도로 한다고 해도 지금보다는 효율성이 훨씬 높아질 것으로 판단한다.

장관시절 중소벤처기업부가 관여하는 인사에 대해서는 반드시 정책 발표를 하도록 했다. 공개하면 더 좋을 것이지만 일단은 동영상을 보관하도록 했다. 발표를 보면 대부분의 경우 실력이 드러났다. 외부 전문가들은 의외로 지원기관의 역할을 잘 모르면서 지원한 인사도 있었고, 내부 전문가들은 전문성은 높이 평가받았지만, 혁신 의지가 보이지 않는 사람이 많았다.

흔히 국회에서 낙하산을 문제 삼는 경우가 많은데, 국회에서 후보자들의 발표 동영상을 보고 평가하면 대부분 해결될 수 있다. 이러한 발표를 통해 개인의 소견을 알 수 있을뿐더러 조직의 혁신 아이디어가 축적되게 된다. 낙하산을 문제 삼기보다는 후보자의 정책이 포함된 발표 동영상을 보관하도록 촉구하는 것이 더 생산적인 논의가 될 것이다.

셋째, 공공기관 평가의 책임자를 임명해야 한다. 공공기관 운영이 엉망인데도 평가기관인 기획재정부는 아무런 책임을 지지 않는다. 추진력 있게 공공기관 혁신을 이룰 수 있도록 감독하는 책임자를 임명하고, 공공기관 평가에 대한 책임을 지도록 해야 한다. 형식상의 기획재정부 장관이 아니라 공공기관 관리만을 위한 독립부서를 만들어서 권한과 책임을 부여해야 한다.

넷째, 주무부처가 공공기관 관리를 제대로 하고 있는지를 평가해야 한다. 기획재정부가 일괄 평가를 하고 있기 때문에 주무부처는 공공기관을 거의 방치하고 있다. 실제 정책입안은 주무부처가 하는데 통제권한이 없으니, 사업을 제대로 수행하고 있는지를 관리하기 어렵다. 공공기관이 제대로 관리되지 않고 있으면서 서로 권한이 없다며 아무도 책임지지 않는 현재 상태는 개선되어야 한다.

다섯째, 혁신을 평가해야 한다. 혁신은 조직 개혁을 포함하고 있으므로 다양한 갈등을 초래하게 된다. 그런데 지금은 그저 이러한 갈등으로 인한 문제만을 평가하는 경향이 강하다. 문제를 일으키지 않는 조직이 높이 평가받는 현재의 제도는 잘못된 것이다. 잘못되더라도 혁신을 시도하는 것을 높이 평가하는 제도로 바뀌어야 한다.

특히 공공기관의 핵심 임무를 중점적으로 평가해야 한다. 현재와 같은 일률적인 평가가 아니라 공공기관의 목표를 달성하기 위한 혁신 작업을 얼마나 시도했는지를 평가해야 한다. 외부의 의견을 수렴해서 공공기관 자체적으로 목표를 설정하게 하여 구체적인 임무를 부여하고, 각 임무에 대한 난이도를 평가해서 가산점을 주는 방식으로 혁신 작업을 장려해야 한다. 나머지 일상적인 관리 항목인 회계나 조직 부문은 현재와 같은 방식을 병행해도 큰 문제는 없을 것이다.

3.
로드맵 평가

정부가 혁신을 선도하기 위해서는 임무를 명확히 규정하고, 임무의 달성 정도를 계속 평가해서 행정의 효율을 높여야 한다. 현재 새로운 정부가 출범하면 인수위에서 국정과제를 설정하고, 임기 내에 이 국정과제를 달성하기 위해 행정력을 집중하고 있는데 이 또한 정교하게 다듬을 필요가 있다.

참여정부는 '로드맵 정부'라 불릴 정도로 처음으로 행정에서 로드맵의 중요성을 강조했다. 로드맵이란 주어진 국정 목표에 대해 공무원들이 자체적으로 임무와 그 과정을 명확히 규정하고 사전에 계획을 짜는 것이다. 참여정부에서 강조한 이 방식은, 제대로만 활용한다면 마추카토가 강조하는 임무지향형 정책을 수행하기에 적합하다. 시간별로 구체적인 임무를 설정하고 계획대로 진행되는지를 평가한다면 단계별로 임무 달성에 다가갈 수 있다.

안타깝게도 현재 정부의 목표 설정은 부족한 면이 많다. 대부분의 로드맵이 예산 배정과 입법에 맞춰져 있기 때문이다. 예를 들어 인공지능을 선도하기 위한 목표로 '5년 후나 10년 후까지 세계 5대 강국이 되겠다'를 삼는다고 해도, 이것은 사실상 별 의미가 없다. 현재 방식에서 평가받는 것은 이런 실제 목표가 아니라 이를 달성하기 위한 예산 및 입법에 대한 로드맵이기 때문이다. 그저 예산을 확보해서 지출하고 입법이 이루어지면 목표를 달성한 것으로 평가받는다. 만약 국회가 공전되어 입법이 안되면 낮은 평가를 받는 기형적 평가제도이다. 반면 예산은 썼지만, 효과는 없어도 목표는 달성된 것으로 평가하고 있다.

즉, 현재의 평가 방식은 사실상 그저 예산 낭비일지라도 목표는 달성한 것으로 평가받고 있다는 것이다. 정부 관료나 정치인들도 실상을 모른채 목표를 달성했다는 보고를 아무런 의심 없이 받아들이고 있다. 어떻게 이렇게 불합리한 평가제도가 굳어졌는지 모르겠다. 아무도 문제를 제기하지 않는 것도 이해가 가지 않는다.

잘못된 목표설정의 대표적인 사례가 바로 앞서 말한 국가 R&D 사업이다. 엉터리 성공률도 문제지만 더 큰 문제는 R&D 사업을 잘했다고 자랑하듯이 보고하는 것이다. 중요한 것은 성공률이 아니다. 진짜 혁신을 가져올 수 있는 R&D에 대한 평가가 중요하다. 이는 사실

누군가 조금만 신경을 썼다면 조기에 해결할 수 있는 문제였다.

R&D는 혁신적인 과제일수록 그 성공확률이 낮다. 성공확률이 높다는 것은 혁신적이지 않은 제품 개선 과제를 많이 하거나, 아니면 성공하지 않았는데도 성공한 것으로 평가한 결과일 것이다. 실제로 과제 선정위원들이 실현 가능성을 높이 평가하는 경우가 많다고 한다. DARPA도 최근에는 이런 방식으로 성공률을 높이고 있다는 비판이 제기되고 있다. 이것이 미묘한 차이일지 몰라도 결과에는 큰 영향을 미친다.

현재는 제대로 성공하지 못해도 이른바 성공 기술료라는 명목으로 비용의 10%를 회수하는 경우 성공으로 간주했다. 이런 의미 없는 경우까지 성공에 포함시키니 90%를 넘어갈 수밖에 없다.

R&D 지원 결과를 제대로 알기 위해 기술료를 받는 것은 필요해 보였다. 기술개발에 성공한 경우라면 매출액의 일부를 기술료로 회수하더라도 기업 입장에서는 문제가 없을 것으로 보였다. 이것을 바꿔보려고 했더니, 법규상 비용의 10% 이상은 받지 못하게 되어있다고 했다. 논리상 이해하기 어려운 제도가 도처에 있었다.

선정과 평가를 산하기관에 맡겼기 때문에 중소벤처기업부 담당자들은 실제 어떤 R&D가 선정되었는지 통계도 없었다. 책임지는 사람이 없기 때문이다. 중소기업은 R&D 자금을 눈먼 돈으로 취급했고, 선정위원들이 비전문가라는 불만도 지속적으로 제기되었다. 중소벤처기업부 담당자는 R&D 지원을 통해 어떤 제품이 만들어졌는지 전혀 관심이 없었다. 애초에 목표를 잘못 선정한 탓에 성과 평가는 불가능했다.

이렇듯 현재의 정부 평가 방식은 전면 개선이 필요하다. 공급자 입장이 아니라 수요자 입장에서 개선된 사항을 성과 평가 지표로 반영하려는 사고의 전환이 필요하다. R&D 지원의 성공이 중요한 것이 아니라 실제로 무엇이 개발되었는지를 통계화해야 한다. 다른 예를 들어보면, 중소기업의 수출 지원을 위해 어떤 정책에 얼마나 많은 액수를 지원했는가가 중요한 것이 아니라, 그 정책을 통해 중소기업 수출이 얼마나 늘었는가가 핵심 평가 지표가 되어야 한다. 지원이 필요한 수요자에게 적절한 지원이 이루어져서 효과를 발휘했는지를 살펴보는 것이 핵심이기 때문이다. 나는 지속적으로 이런 성과를 요구했는데, 이런 성과를 처음 보고하는 직원들로서는 곤혹스러운 일이 하나둘이 아니었다.

또 다른 문제는 로드맵을 만들어도 정부가 바뀌면 폐기되기 때문에 공무원들 입장에서는 굳이 지키지 않아도 되는 계획이다. 그런 탓인지 대부분의 로드맵은 현 정부에서는 시범사업 정도로 추진하다가 정부 임기 말에 가서야 비중을 대폭 늘리는 방식으로 만들어진다. 그런데 임기말 성과는 다음 정부에 가야 평가되기 때문에 공무원들에게 책임을 묻기 어려워진다. 이전 정부에서 만들어진 로드맵의 성과를 측정하려면 다음 정부에도 지속되어야 한다. 이런 성과가 제대로 측정되지 않기 때문에 무능한 공직자들이 계속 정부의 중책을 맡는 문제가 생긴다. 성과로 보상받지 않기 때문에 현장과 밀착해서 소통하고 성과를 내는 공무원을 찾기 힘들다.

국정과제와 대통령 프로젝트 등 각 부처 평가에 포함되는 정책을 제외하고, 부처의 관행적인 행정이 맡고 있는 부분에 대한 개선도 필요하다. 임무지향적인 행정을 위해 각 부서의 임무를 명확히 설정할 필요도 있다. 정부 출범 후에 새롭게 창의적인 정책이 제안되면 반영할 수 있어야 적극적인 행정이 가능하게 될 것이다.

정부 출범시 100대 국정과제를 선정하게 되는데, 이 국정과제는 대부분 대선 공약을 토대로 만들어지게 된다. 정부 출범 1년 후쯤 각 부처가 선정한 중요 100대 과제를 재선정해서 추진해보면 어떨까? 그래야 비로소 각 부처에서 적극적으로 창의적인 행정을 할 수 있다. 그런데 이런 제도를 도입해도 현재의 성과 평가 목표는 예산 확보와 지출로 잡혀 있어서, 각 부처에서는 불필요한 예산을 끊임없이 요구하게 된다. 공무원들의 부처 챙기기가 구조화된 이유는 이렇듯 성과 평가 제도가 잘못된 이유가 크다. 성과 평가제도를 제대로 바꾸면, 각 부처에서도 불필요한 기관을 만들었다는 비판을 받는 것을 피하려고 꼭 필요한 기관과 예산만 요청하게 될 것이다.

제대로된 로드맵을 세우고, 유지하기 위한 정부의 혁신 역량과 의제 설정 능력은 현재 현저히 떨어져 있다. 인공지능과 빅데이터 시대에 대처하는 정부의 정책은 너무 늦었다. 이런 중요한 의제를 선점하기 위해 공무원들은 전문가들과 소통하고 교류해야 하지만, 현재 공무원들에게는 그럴 동기가 없다. 향후에도 새로운 기술에 대해 적절히 대응하리라는 생각은 들지 않는다. 현행 정부 구조상 미국의 DARPA과 같이 미래기술에 대비하는 전략 단위는 보이지 않기 때문이다.

관련 부처에게 책임을 물을 수도 없다. 각 부처로서는 사실상 자신들의 의제 설정 권한에 제한이 있고, 자신들의 제안을 정치권에서 제대로 받아들이지 않았다고 항변할 수 있다. 공무원들 스스로 의제를 설정하고 실행해 나갈 수 있는 제도를 도입해야 한다.

임무지향형 정책을 펴기 위해서는 공무원들 스스로 평가 가능한 목표를 세우도록 해야 한다. 목표는 세부적인 사항까지 포함하고 그 하나하나의 달성여부를 평가할 수 있는 치밀한 로드맵을 작성해야 한다. 예산과 법안이라는 수단은 간접 지표로 사용하고 대신 직접적 성과를 낼 수 있는 목표를 찾아야 한다. 단기간에 성과를 확인할 수 없다면 장기 성과를 확인할 수 있도록 정책의 연속성이 보장되어야 한다. 상당한 자율권을 제공해 적극적이고 창의적으로 목표를 달성할 수 있도록 권한과 책임을 부과해야 한다. 성과를 달성하지 못하면 실패 원인을 자세히 분석해 계획을 수정해야 한다. 열심히 노력해서 성과를 내는 공무원에 대해서는 충분한 보상이 이루어져야 한다.

4.
업무혁신

앞서 거듭 말한 문서 수정에서의 비효율성은 바꿔야 할 수많은 업무방식 중 하나이다. 실무자에게만 일을 맡기면 시간이 지체되고 결국 능률이 떨어진다. 이것부터 바꿔야 한다. 업무 효율성을 높이지 못하면 정부 혁신은 불가능하다. 중기부 시절, 나는 대부분 직원들이 평소에도 과로에 시달리는 모습을 많이 보았다. 업무 효율성이 낮아 맡은 일을 끝내는데도 벅찬 그들에게 혁신에 대한 절박성을 강요할 수 없었고, 내가 하고 싶었던 수많은 새로운 사업 역시 시작조차 할 수 없었다. 이런 상황인데도 아무도 문제를 제기하지 않고 있다는 것 자체가 심각하다고 느끼게 되었다.

누군가에게 지시를 받아 일하는 수직적 관계가 이런 문제의 원인으로 보였다. 실무자로 지정된 이들은 고민할 틈도 없이 위에서 전달받은 대로 끊임없이 일해야 했다. 수평적 논의는 거의 없었다. 부서 간 칸막이가 심해서 다른 부서의 일은 거론하지 않았다. 나는 프로젝트별 채팅방을 만들어 간부들과 관련 직원들이 참석해 논의하도록 지시했다. 장관이 지켜보는 상황에서 자연스러운 논의가 이루어지리라는 것은 기대하지도 않았지만, 그래도 내 지시를 모두 동시에 알게 되어 전체적인 방향을 신속하게 조율하는 효과는 있었다. 수직적 조직에서는 사고가 날 확률이 매우 높다. 비공개로 담당자와 책임자, 그리고 간부급이 검토한 후 최종 결정을 하는 상황에서는 빈틈이 많을 수밖에 없다. 국가의 중요한 정책이 소수에 의해서 결정되는 결과가 되었다. 이런 상황에서 정책이 발표되었을 때 국민들의 반응까지 염두에 두는 것은 불가능했다. 누군가 잠시 소홀하면 하면 황당한 정책이 발표되기 마련이다. 모두 바쁜 상황에서 누군가 꼼꼼하게 챙기지 않으면 평소 보고서의 품질도 제고하기를 요청하기도 쉽지 않았다.

기존의 방식에서는 토론이 별로 없어서 그런지, 부서 내에 직원들이 편하게 사용할 회의실도 부족했다. 사실은 필요성을 느끼지 않는 듯했다. 반면 장관실은 불필요하게 컸다. 행정안전부에서 정해 놓은 장관실 규격에 맞춘 모양인데, 장관실에서 간부회의를 하는 것을 상정하여 크게 만들었다. 직원들 회의실이 부족하면 장관실을 쪼개 회의실을 만들어야 하는데, 사실상 수직적 조직에서는 상상할 수 없는 일이었다.

중소벤처기업부에는 직원들을 위한 변변한 휴게실도 없었다. 점심 식사 후에 휴게실에 들러 다른 부서의 직원들과 함께 차를 마시며 이런저런 이야기를 하다가, 가끔은 업무 이야기도 하는 모습을 기대한 나에게는 실망스러운 현실이었다. 현대 조직인데도 불구하고 소통과 교류가 얼마나 중요한가에 대한 고민이 없었다.

스크럼 마스터 도입

나는 중소벤처기업부에 스크럼 조직*을 시범적으로 운영하기도 했다. 지금까지 과장의 지시를 받아 업무를 실행했다면, 과장은 지시자가 아니라 조정자, 즉 스크럼 마스터가 되어 전체적인 계획을 수립하고 정보를 공유하면, 과원들이 자발적으로 의견을 제시하여 업무를 처리하는 식으로 변화를 주었다. 작은 프로젝트는 과원 중에서 스크럼 마스터를 임명했다. 스크럼 조직에서 가장 중요하게 여기는 것은 정보의 공유다. 전체 팀원이 정보를 공유해서 함께 업무를 처리한다. 자율적으로, 그리고 신속하게 일을 처리하는 것이 스크럼 조직이 지향하는 바이다.

정부의 각종 위원회는 비효율적으로 운영되고 있다. 자문위원회는 수많은 전문가들의 의견을 수렴하는 좋은 도구이지만, 사실상 권한과 책임이 없는 조직이기 때문에 실행 공무원들에게 정보를 제공

---

* 제프 서덜랜드, 『스타트업처럼 생각하라』, 김원호 옮김, 알에이치코리아, 2015. 원제는 "Scrum".

하는 역할만을 수행하고 있다. 좋은 제안을 하고 싶은 자문위원은 자신의 의견을 수용하지 않는 정부 부처에 실망하기 쉽다. 바쁜 공무원들 역시 자문위원의 의견을 비현실적으로 간주하기 쉽다. 실행 부서는 편의상 책임을 전가하는 수단으로 위원회를 사용하고 있다. 이러다 보니 성과를 올리는 위원회는 찾기 힘들다.

이 문제를 해결하기 위해 나는 스크럼 조직을 참고해 중소벤처기업부에도 자문위원회를 두고, 대신 목표를 명확히 했다. 실행계획을 세워 부서에서 실행하도록 하고 부서가 보고하는 체제로 운영한 것이다. 물론 부서원들은 새로운 방식에 당혹감을 감추지 못했다. 위원회와 상당한 갈등이 있었음을 알 수 있었다. 그래도 오히려 작은 성과들을 낼 수 있었기 때문에 자문위원들은 다소나마 보람을 느낄 수 있었다.

반면 가장 중요한 과제를 다루는 대통령이나 총리 직속 위원회는 대통령실이나 총리실에 의견을 수렴할 행정 조직이 없다 보니 제 역할을 못 하고 있다.

헌법기구인 국민경제자문회의가 대표적이다. 헌법기구인 만큼 충분한 인원과 예산이 지원되어야 하는데 그렇지 못하다 보니 회의하는 게 일의 대부분이다. 대통령 자문기구라면 대통령의 정책에 필요한 중요한 사항들에 대해 구체적인 정책 대안들을 만들어 내야 하는데 현재의 여건에서는 불가능하다. 그러다보니 정책기획위원회를 따로 만들어서 중요한 정책에 대한 자문 역할을 한다. 그러나 정책기획위원회도 예산이 부족하고 자문기구라는 한계로 인해 제 역할을 못하고 있다.

이렇듯 위원회가 제 역할을 하지 못하고 있는데도, 새로운 과제가 생기면 계속 위원회를 만들어 문제를 해결하는 방식이 반복되고 있다. 결과적으로 책임지는 사람이 없어 임무지향형 정책 수립과 실행을 불가능하게 한다.

정부 부처가 학습조직으로 전환한다면 민간 부문의 자문은 상시적으로 이루어질 수 있다. 반면 핵심 과제에 대해서는 추진력을 가지고 실행할 수 있는 기구를 설정할 필요가 있다.

유명무실해진 수많은 출범식

최근들어 과기정통부도 마침내 실패가능성이 높은 초고난도 연구과제 개발에 나섰다. 그런데 주무부처가 추진하는 것이 아니라 위원회 방식으로 시작했다. 2020년 5월 과기정통부는 '혁신도전 프로젝트 제1차 추진위원회'를 개최하여 '임무 중심의 연구'가 이루어지도록 하는 방안을 마련했다. 사실상 부처에서 만든 문건을 위원회에서 검토하는데, 다른 위원회처럼 운영되고 있다면 추진위원들의 의견은 참고에 그칠 가능성이 높다.

보도자료는 지금까지의 '기술 로드맵을 바탕으로 하는 기술 중심 기획에서 탈피'하는 것을 천명하고 있다. 특히 주목할 부분은 '임무지향적 기획' 방식을 도입한다는 것이다. 이는 '문제해결 수요를 바탕으로 문제정의-임무설정-연구수행-현장적용의 흐름'으로 이어지는 방식이다. '경쟁형R&D' '정책지정' 등 다양한 평가방식'과 '기술구입' '해외 연구팀 활용' '목표 재조정moving target · 조기종료early exit'

등 기존 R&D에서 잘 활용되지 않던 효율적이고 유연한 연구제도도 적극 활용한다고 발표했다.

이런 연구제도들은 DARPA에서 사용한 방식을 본뜬 것이 많다. 실제로 과기정통부는 2018년 5월 4차 산업혁명위원회 보고자료를 통해, 인공지능 R&D를 수행함에 있어 '미 DARPA 프로젝트와 같이 특정 분야를 대상으로 확실한 목표를 가지고 핵심기술부터 응용기술까지 최대로 개발 추진'한다고 공개적으로 DARPA 방식을 채택할 것을 천명한 바 있다. 과기정통부에서도 DARPA 방식을 따라 사업을 수행해야 한다는 공감대가 만들어진 것으로 보인다.

그런데 앞서 분석했듯이 블록과 와이스, 마추카토는 DARPA의 성공에는 임무지향적 정책 수행과 함께 고도의 자율성을 지닌 전문가 운영진들이 크게 기여했다고 밝히고 있다. 과기정통부의 방안에는 이 부분이 보이지 않는다.

2010년 지식경제부(현 산업자원부)는 국가 지식경제 연구개발 전략기획단을 출범시켰다. 황창규 전 삼성전자 반도체 부문 사장을 단장으로 하고 재계 인사들을 중심으로 5명의 MD를 임명해 지식경제부 연구개발 사업의 최고 의사결정기구로 만들었다. 5명의 MD뿐 아니라 가히 과학기술계의 드림팀이라고 불릴 정도로 유명 인사들을 비상근단원으로 임명해서 의견을 수렴하도록 했다.

이는 성과를 내지 못하고 있는 국내 상황을 개선하기 위한 새로운 시도였다. 이런 기구를 만들기 위해서는 법을 개정하고 많은 노력을 기울여야 한다. 또, 유명 인사들이 참여하게 하려고 많은 권한을 부여했을 것이다.

화려하게 출범한 이 기구는 정부가 바뀌면서 다시 유명무실해졌다. 세계 1위 사업을 100개 육성하겠다는 원대한 목표를 달성하기 위해 어떤 노력을 기울였는지는 알기 어렵다. 2020년이 되어 산업자원부는 다시 연구개발 전략기획단을 강화하겠다고 발표하고 있고 또 새로운 목표를 제시하고 있다. 화려한 출범식, 원대한 목표를 담은 방대한 정책 발표는 계속되지만 아무도 사후관리는 하지 않는다.

기술을 책임질 이들이 필요하다.

우리에게는 배니바르 부시가 필요하다. 배니바르 부시를 키우기 위한 시스템을 만들어야 한다. 굳이 외부 전문가일 필요는 없다. 고위 공무원도 충분히 맡아서 새로운 임무를 수행할 수 있다. 그가 민간에서 오든 아니면 공무원 출신이든 권한과 책임을 명확하게 해야 한다. 다양한 사업에서 권한과 책임을 가진 책임관들을 임명하고, 성공적인 책임관들을 키워내면 정부의 역량은 배가될 것이다. *

나는 오래전부터 국가 최고기술책임자Chief Technical Officer, CTO 제도를 제안해 왔다. 오바마 정부에서 아니시 초프라Aneesh Chopra를 국가 최고기술책임자로 임명한 것처럼, 중요한 과학기술 과제를 총

---

* 현재 각 부처는 MD, PD라는 명칭으로 많은 책임관들을 임명하고 있다. 그러나 이들에게 권한을 부여하지 않거나 자율적 권한을 부여받은 MD들이 연고주의에 의한 선정을 한다는 의혹에 대해 감사를 받는 등 제대로 정착하지 못하고 있다.

괄하는 최고기술책임자를 임명해서 권한과 책임을 부여할 것을 제안해 왔다. 국가 최고기술책임자의 지휘 하에 반도체, 인공지능, 자율주행차, 수소 등 중요 분야 최고기술책임자를 임명하고, 이들로 4차 산업혁명위원회를 구성하는 것을 제안했었다.

최고기술책임자는 단순히 자문을 하는 것이 아니라 각 부처의 정책을 총괄 조율하고 실행을 점검해서, 애로를 해결하는 기능을 통해 목표를 달성하는 책임자가 되어야 한다. 예를 들어, 인공지능 최고기술책임자라면 과기부, 산업부, 중소벤처기업부, 교육부, 국방부, 기획재정부의 인공지능 관련 공무원들을 조정 통솔하는 것이다. 교육부에 인력 양성 방안을 요청하고, 국방부의 신무기에 인공지능 제품을 조기 적용하고 기획재정부에는 관련 예산을 요청하는 등 인공지능 분야 종사자들의 요구하는 다양한 요구사항을 해결하는 역할을 하는 것이다.

이슈가 생겼을 때도 관계부처 합동으로 대책을 발표하는 대신, 최고기술책임자가 주관하면 권한과 책임이 명확해진다. 현재 관계부처 합동 대책 발표는 사후관리의 책임이 명확하지 않아서 발표를 위한 발표에 그치는 경우가 많다. 자문기구 역시 최고기술책임자의 책임 하에 구성해서 관련 기업과 학계의 최고 전문가들이 전문적 지식을 논의하는 장이 되어야 한다. 기업이 요구하는 사항과 학계에서 필요한 지원 등을 조정하고, 인력을 양성하거나 해외의 핵심 기술과 기업들을 파악해서 구매와 인수를 요청하는 정도의 전략적 판단을 할 수 있어야 한다.

미국의 DARPA의 놀라운 성과와 성공요인은 이미 공개된 정보다. 당연히 각국은 이러한 성공모형을 벤치마킹하기 위해 노력하고 있다. 대표적인 기구가 일본의 경제산업성 산하의 신에너지·산업기술종합개발기구The New Energy and Industrial Technology Development Organization, NEDO이다.

일본의 NEDO는 산업과 학계, 정부의 기술적 능력과 연구 능력을 조정하고 통합하여 획기적인 기술 발전을 추진하는 혁신 악셀러레이터Innovation Accelerator의 기능을 수행하고 있다. 일본의 NEDO가 어떻게 기능하는지는 한국과 일본의 수소경제 발전 전략을 비교하면 쉽게 알 수 있다.

한국과 일본은 수소 자동차 분야에서 다른 나라보다 앞서고 있는데, 이를 위해 한국은 기술 경쟁력을 확보하기 위해 세계 최초로 수소산업 지원법을 제정한 바 있다. 그리고 총리 직속의 수소위원회를 만들어 수소산업 전반의 지원정책을 추진하고 있다.

반면 일본은 NEDO가 중심이 되어 수소관련 정책을 주도하고 있다. NEDO에는 수소 연료전지 분야를 선도한 도요타 자동차의 전문인력이 다수 파견되어 있다고 한다. 사실상 도요타와 수소 산업계를 위해 일본 정부와 학계의 연구능력을 통합하는 추진력을 발휘하고 있다. 이렇게 양국의 차이를 기준으로 판단할 때 현재로서는 한국의 수소위원회가 NEDO를 쫓아가기는 힘들 것으로 보인다.

필요한 과제에 대해 우리는 다양한 기구를 만든다. 그런데 그 기구의 임무가 명확하지 않고 권한과 책임이 모호하다. 기술을 선도하는 추진력을 갖춘 주체는 없고, 전문 지식 없이 관리만 하려고 하는 공무원들로는 성과를 기대하기 어렵다. 지금까지 이러한 잘못된 제도로 성과를 내지 못했다. 이제는 구조를 혁신해야 한다.

나는 과학기술연구 통괄 기구를 만들 것을 제안한다. 미국의 DARPA과 일본의 NEDO를 연구해 한국형 새로운 기구를 만들어 관료주의를 극복해야 한다. 네트워크와 애로사항 해결이라는 핵심 기능을 어떻게 구현할 것인지를 고민해 새로운 연구개발 지원 방식을 찾아야 한다. 국가의 명운을 걸고 국가의 과학기술 혁신을 주도할 기구를 만들어야 한다.

5.
금융혁신

2018년 1월 금융위원회는 '생산적 금융을 위한 자본규제 등 개편 방안'을 발표했다. 은행의 예대율 산출방식에서 기업대출의 가중치를 하향 조정하여 기업대출을 늘리도록 하고, 가계 대출 가중치는 상향 조정하고, 그 편중리스크를 중점 관리하는 한편, 추가자본 적립의무도 부과하기로 했다. 특히 고위험 주택담보대출의 위험가중치를 강화하는 방안도 포함했다.

2년이 지났으나 큰 효과는 없어 보인다. 코로나 위기로 인해 기업의 대출은 더 줄어들었고, 은행들은 정부의 보증이 수반된 대출로 안전한 수익 올리기에 급급하다. 반면 저금리로 인해 주택담보대출은 급격히 증가하여 급기야 직접 규제를 통해 고가 주택의 주택담보대출을 원천 봉쇄하는 처방을 내려야 했다.

　과거에도 비슷한 일이 있었다. 외환위기 이후 은행들은 안정적으로 수익을 올릴 수 있는 담보 대출에 집중했다. 은행은 허가 산업이기 때문에 정부가 수익을 보전해 주는 셈이다. 정부는 기업 금융과 벤처에 집중투자하는 혁신 금융을 장려해야 했으나 은행의 안정성만 관리했다.

　그렇다고 혁신 금융이 부족하다는 비판에 직면한 금융위원회가 가만히 있었던 것은 아니다. 금융위원회는 코스닥 시장을 활성화시켜 벤처붐이 일기를 기대했으나, 기술주 거품이 붕괴되면서 오히려 긴 침체에 빠졌다. 1996년 출범한 코스닥 시장은 현재, 출범시보다 주가지수가 낮을 정도로 좀체 활력을 되찾지 못하고 있다.

　코스닥에 상장하지 못한 기술기업들을 위해 코넥스 시장을 개설하고, 창업기업의 자금조달 창구로 활성화되기를 기대했으나 역시 미진하다.

　나는 국회의원 시절 코넥스 시장 활성화를 위해 세제 개편을 심의했으나, 기획재정부는 그 내용을 잘 알지 못했다. 코넥스 시장 활성화를 위한 여러 정책 중 세제 개편안을 제안한 것도 금융위원회가 아니었다. 오히려 금융투자협회의 요청에 의해 금융위원회가 기획재정부에 재요청한 사항이었고, 금융투자협회가 직접 국회의원들을 만나고 다녔다. 이런 상황에서 코넥스 시장의 활성화가 이루어지기는 어려워 보였다.

해외투자기법을 배운다고 해외의 유수 국부펀드를 본뜬 한국투자공사Korea Investment Corporation를 설립했으나, 설립 직후부터 정치적인 스캔들에 빠져 제 역할을 못 하고 있다. 국회 기획재정위원회 시절, 이 기구의 개선을 위해 노력했으나 기획재정부는 철저히 정보 공개를 방해하고 나섰다. 국정감사는 아무런 의미가 없었고, 한국투자공사는 아무런 통제를 받지 않은 채 국내 금융에 무슨 기여를 하는지 알 수 없는 폐쇄적 조직으로 전락했다.

2017년에는 역시 기업금융을 장려하기 위해 초대형 투자은행Investment Bank을 지정했으나, 이들이 혁신금융이나 생산적 금융에 어떻게 기여했는지는 잘 드러나지 않고 있다. 여전히 국내 금융시장은 부동산 담보 대출 위주로 운영되고 있고, 투자은행의 부동산 투자 건만 언론을 통해 알려지는 실정이다.

벤처캐피털을 육성하기 위해 실리콘밸리의 대규모 사모펀드나 손정의의 소프트뱅크를 본떠, 한국에도 사모펀드를 허용해 주었다. 사모펀드 업계의 요청을 받아들여 공모 자금으로 사모펀드를 운영할 수 있는 편법을 열어준 것이다. 그러나 사모펀드들 역시 벤처캐피털의 역할을 제대로 수행하지는 못하고 있다. 부동산 프로젝트 파이낸싱에 치중하는가 하면, 최근에는 부실경영으로 수많은 투자자에게 손실을 안기기도 했다. 자금을 모으는 방식은 공모방식이면서 금융감독원의 감독을 받지 않는 편법적인 사모펀드를 허용한 부작용이 드러난 것이다.

이렇듯 금융위원회는 금융시장의 요청을 받아들여 수많은 기구를 만들고 규제를 완화했으나, 그 원래 목적인 생산적 금융이나 혁신금융은 여전히 부족한 형편이다. 여기서도 임무를 명확히 부여받지 못한 금융위원회의 관료주의가 득세한 탓이다.

그렇다면 금융시장의 활성화와 안정성을 동시에 달성해야 하는, 어찌 보면 상반된 목표를 추진해야 하는 금융위원회의 기능에 대해 전면적으로 재검토해야 한다. 상반된 목표를 한 기관에서 추구하는 데서 오는 비효율은 그동안 많이 거론되었다. 더 중요한 것은 금융시장이 혁신기업을 지원하는 기능을 오랫동안 못하고 있는데도, 금융위원회는 책임을 회피하기에만 급급하다는 것이다.

금융정책에 대한 최종 권한을 지닌 한국은행도 이러한 근본적인 금융시장의 문제에 대해서는 개선 의지를 보이지 않고 있다. 이런 상황을 방치하고 금리만 계속 낮추다 보니 부동산 담보 대출만 계속 늘어나고 있다. 국회 역시 기능을 하지 못하는 금융시장의 문제를 거론조차 못 하고 있다.

은행의 가장 핵심적인 기능은 건전하고 미래 가능성있는 기업을 찾아내 적극적으로 지원하는 심사에 있다. 그런데 한국의 은행 심사 기능은 거의 마비된 상황이다. 외환위기 이후 은행은 정책 금리에 의해 결정되는 예대 차이에 의해 막대한 수익을 올리고 있다. 기술보증기금이나 신용보증기금의 보증을 받아온 기업들에게 대출해서, 위험의 90%는 정부에 미룬 채 막대한 수익을 올리고 있다.

금융시장의 구조가 이렇게 기형적으로 운영되다 보니, 한국의 기업들은 크지 못하는 반면 부동산은 계속 거품이 낄 수밖에 없다. 담보대출을 받아서 가격을 올리고, 다시 담보가격이 올라가서 더 대출을 받는 인위적 자산 거품을 정부의 잘못된 정책이 계속 양산하고 있다. 부동산 가격이 폭락하면 정부가 부담할 수밖에 없음을 버젓이 알기 때문에, 금융기관들은 위험을 정부에 전가하고 수익만 올려 자기들 잔치를 벌이는 이른바 '살찐 고양이'로 전락했다. 이런 구조를 그대로 방치하는 금융당국의 문제는 심각하다.

계속해서 문제가 되는 한국의 주택가격 거품도 금융적 현상이다.* 이런 금융적 현상을 이해하지 못한 탓에, 한국은행과 금융위원회는 아무런 책임의식을 느끼지 못하고 방관하고 있고, 그 사이 한국 경제는 무너져 가고 있다.

이러한 현상을 해결하기 위해서는 기존의 금융기관이 혁신금융의 비중을 늘리도록 하는 방안과 혁신금융을 전담하는 새로운 금융기관을 설립하는 방안, 또는 두 방안을 병행해서 시행하는 방안이 있을 것이다. 은행세나 부동산 담보대출세를 부과하여 혁신기금으로 사용하는 정책이나 생산적 금융의 실적에 따라 부동산 담보대출을 허용하는 등의 강력한 정책을 통해 금융시장의 근본구조를 바꿔야 한다.

---

* 금융적 현상과 함께 지역불균형으로 인한 근본적 원인을 방치하면서, 미봉책인 세제나 거래 규제, 공급 확대 정책 등으로는 효과를 발휘하기 어렵다.

6.
예산혁신

현안과 기획을 같이 담당하게 되면, 기획은 우선순위에서 밀리는 경우가 많다. 당장 급한 현안부터 하기 때문이다. 한국경제의 백년대계를 기획하기 위해서는 기획에만 집중할 수도 있게 해주어야 한다. 이를 위해 참여정부(노무현 정부)는 기획예산처를 독립시킨 바 있다. 이명박 정부는 그걸 다시 원위치시켰다. 솔직히 기획재정부 체제에서는 야심 찬 경제 기획을 하기 어렵다.

정부의 가장 중요한 정책 행위는 국가적 목표를 설정하는 것이다. 이 목표가 시장참여자와 공감대를 이루게 되면, 시장은 자연스럽게 변한다. 조정이 이루어지는 방식으로 정부가 시장을 이끌어가는 것이다. 목표를 설정하고 실행하기 위해 기획이 중요하다는 것은 굳이 언급할 필요도 없다.

하지만 기획예산부서가 현안업무와 기획을 같이 해야 하는 현 상황에서는, 이렇듯 가장 중요한 기획이 후순위로 처지는 모순이 발생한다. 게다가 정부의 기획기능은 마비된 상태다. 최고의 엘리트 공무원들이 기획하는 것이 아니라, 여의도 정치인들이 급하게 만든 공약을 따르는 데 급급하다. 대중적인 공약과 장기적인 비전을 조합해 국정과제를 만들어야 하는데, 공감할 수 있는 장기 기획이 부실한 상태에서는 단기 과제에 치중할 수밖에 없다. 당연히 정부간 연속성이 떨어지고 이전 정부의 성과에 대한 사후관리는 뒷전에 밀리게 된다.

국가 혁신을 위한 장기 기획서가 필요하다. 이를 위해서는 기획예산처를 복원하고, 대통령실이 직접 관리해야 한다. 혁신에 참여할 개별 주체들의 임무를 규정해 로드맵을 만들어야 한다.*

혁신을 주도하는 정부의 역할을 명확히 해야 정부가 임무를 효과적으로 수행할 수 있고, 시장과의 교감을 넓힐 수 있다. 정부의 역할이 규정되고 나면, 정부는 혁신을 달성하기 위해 어떤 정책을 어떻게 추진할 것인지를 설계해야 한다. 각 부처의 임무를 명확히 하고, 각 부처의 노력을 평가하고 관리할 방안도 함께 정해야 한다. 부처의 임무 수행에 필요한 자원을 적절히 제공하는 계획도 마련되어야 한다.

---

* 과거의 경제개발 5개년 계획과는 다르다. 강제적인 성격을 띠는 것도 아니고, 정부의 권한 내에서 정부의 자원을 적절히 사용해 민간을 선도하기 위한 조정 역할을 하자는 이야기다.

정책기획위원회와 함께 장단기 정부 과제에 대해 논의하고 최고의 정책을 만들어가는 제도적 장치가 기획예산처 내에 만들어져야한다. 각 부처의 중요 정책이 장기 목표에 부합하는 성과를 내고 있는지도 수시로 토론하는 장이 마련되어야 한다. 이러한 과정을 통해 자원이 적절히 배분되고 있는지 평가할 수 있다.

전략적 재원을 제외하고는 탑다운 예산제도(총액배분 자율편성 예산제도)가 효율적이다. 정보를 잘 알고 있는 현업의 부처를 배제한 채 기획재정부에서 부처 예산을 총괄하다 보면, 효율적인 예산 배정도 안 되고 관리도 소홀해지는 이중의 문제가 발생한다. 현재 부처에서 불필요한 예산을 통폐합해 새로운 혁신 예산을 만들려 해도 기획재정부에서 받아들이지 않는 경우가 많다. 기획예산처는 세부 예산에 관여하지 않는 대신, 예산의 사후관리를 철저히 해야 한다.

현재는 기획재정부가 세부 예산에 관여하는 바람에, 예산 배정도 자의적으로 되어 예산제도 자체를 왜곡하고 있다. 주무부처 장관의 요청도 무시하고 예산실 마음대로 예산을 배정하는 황당한 상황도 경험한 바 있다. 예산을 사용하는 기관이나 민간단체와 관련된 정치인이나 실력자들이 주무부처와 관계없이 예산실 담당자와 직접 논의하는 사례도 있었다. 이런 일을 당해도 부처에서는 다른 예산 배정에 불이익을 받을까 봐 받아들일 수밖에 없다.

예산실이 세부 예산에 관여하고, 거기에 엉뚱한 예산들이 포함되다 보니, 낭비되는 예산에 대한 관리는 이루어지지 않고 있다. 예산당국은 예산의 평가에만 집중해 예산을 관리해야 한다. 현행 법규상 사후관리는 결산 과정에서 이루어져야 하는데, 정부 내에서나 국회에서의 결산은 형식적으로 이루어지고 있다.

이런 '낭비적 예산'에 대해 비판하거나 제재하는 기관이 없다. 국회의 예산협의는 지역구 국회의원이 요청하는 낭비적 예산을 확보하는 데만 집중하고, 정작 필요한 낭비적 예산의 감독은 하지 않고 있다. 기획재정부와 국회의 짬짜미 때문에 낭비적 예산을 줄이기 어려운 구조다.

남는 예산을 반납하면, 불필요한 예산을 신청했다고 불이익을 주는 것도 고쳐야 할 문제다. 감사원과 국회가 예산 반납을 권장하는 것이 아니라 문제 삼고 있다. 그러다 보니 정부는 수동적으로 따라갈 수밖에 없다. 엉뚱한 예산이 끼어 들어와도 다 쓰는 걸 목표로 해야 한다. 장기 계획에 의해 다년간 나눠서 집행해야 할 예산도 그 진행 상황과 상관없이 미리 정한 만큼 써야 한다. 반납 예산에 대한 보상 제도도 활성화하고, 효율적인 예산 사용을 위해 부처에도 자율권을 줘야 한다.

임무지향형 정책 수행을 위해서는
임무지향형 예산제도가 필수적이다.
국가적 목표에 대해 로드맵이 만들어 지고
주어진 로드맵에 의해 예산이 집행되면서,
단계별로 제대로 성과가 나고 있는지를 점검해 나가야 한다.

이를 위해 성과중심형 예산제도가 철저하게 정립되어야 한다. 예산 사용하는 것을 성과로 생각하는 부처 평가방식을 바꿔야 한다. 원래 의도했던 성과가 나지 않는 예산은 과감히 줄이고, 대신 새롭게 혁신 성과를 낼 수 있는 예산을 늘려야 한다.

현재 예산은 사후관리를 전혀 하지 않는다고 봐도 무방하다. 이번 정부가 그렇다는 말이 아니다. 지금까지 계속 그래왔다. 한 해에만 20조 원이 넘는 연구개발비를 다양한 부처에서 지출하고 있는데, 그 연구개발비로 어떤 성과를 얻었는지는 제대로 평가한 적이 없다. 그냥 계획대로 썼는지만 확인하는 것은 평가가 아니다. 결과물이 없다 해도 실패는 아니다. 같은 실패를 경험하지 않도록 실패의 과정을 공유만 해도 연구개발의 성과는 있다고 할 수 있다.

연구개발비를 어떻게 써야 더 큰 효과가 나올지에 대한 고민이 없으면, 금년도 연구개발비가 작년보다 더 나은 곳에 지급되는지 알 수 없다. 연구개발비를 늘리기 이전에 그 성과를 어떻게 판단할 것인지를 먼저 정해야 한다. 다른 예산도 모두 마찬가지이다.

현재 형식적으로 이루어지고 있는 결산제도를 강화해야 한다. 예산 집행 실적을 점검하는 현행의 결산제도를 바꿔서, 임무지향형 예산의 성과를 점검하는 결산제도를 정립해야 한다.

정부 혁신의 핵심 중의 핵심이 예산혁신이다. 모두가 비효율적임을 알면서도 아무도 언급하지 않는 대표적인 분야이다. 주먹구구식 예산 배정으로는 혁신국가를 만들 수 없다.

7.
국회의 역할

국회가 혁신에 더 관심을 가져줬으면 한다. 지역구 민원도 중요하겠지만, 미래를 위해서는 혁신이 더 시급하다. 또 지금의 문제가 아니라 혁신을 통해 만들어지는 미래의 문제를 먼저 고민해야 한다.

그러면서 혁신국가가 되기 위해 정부를 어떻게 바꿔야 하는지 논의해야 한다. 국회가 정부 혁신을 요구해야 하고, 그 과정을 관리해야 한다.

혁신에 대해 고위 공직자들과 논의하다 보면 이구동성으로 감사원과 국회 때문에 혁신할 수 없다는 이야기를 많이 듣는다. 핑계를 대기 위한 구실이 담겨있음을 감안하고 들어야 하지만, 감사원과 국회도 이 상황을 타개할 의무가 있다. 규정만 지키면 비효율적으로 일을 해도 아무런 지적을 받지 않지만, 새로운 시도를 했다가 실패하면 징계를 받는다는 불만을 불식시키지 않으면 무사안일주의를 타파하기 어렵다.

개인적인 바람이지만, 국회가 혁신에 동의한다면, 국정감사의 절반을 할애해 각 부처가 얼마나 혁신했고 그래서 어떤 성과를 냈는지 감사해줬으면 한다. 현재와 같이 정쟁을 위한 흠집내기식 국정감사가 무슨 의미가 있는지 항상 답답했다.

더 나은 미래를 위한 혁신이 주제로 다루어졌으면 한다. 여당이 왜 무조건 정부를 변호하는지도 이해하기 어렵다. 혁신을 선도하고 정부를 이끌어야 하는 게 여당이다. 부처 장관에게 호통치는 여당의원과 이를 달래는 야당의원을 볼 수 있었으면 한다.

행정부의 가장 큰 문제는 혁신하지 않는다는 것이다. 말 그대로 복지부동이다. 국회와 감사원은 이 중요한 문제는 제외하고, 규정의 준수만을 감사하며 상황을 악화시키고 있다.

국회의 각 위원회들도 혁신을 위해 해줬으면 하는 일이 많다.

기획재정위원회는 혁신국가로 가기 위한 로드맵을 요청하고, 기획부서와 실행부서를 분리하는 방안을 마련해야 한다. 예산을 더 효율적으로 사용하기 위한 예산혁신에 대해서도 논의해야 한다. 탑다운 예산제도를 전면적으로 도입하고 성과주의 예산제도로 개편해야 한다. 성과가 나지 않는 예산을 과감히 폐지하고 새로운 혁신 예산을 만들어야 한다.

정무위원회는 혁신금융의 비중을 대폭 늘릴 방안을 만들어야 한다. 생산적 금융을 위해 만들어진 기관들이 부동산 담보대출에 치중하고 있는 문제를 밝히고 제 기능을 하도록 하는 방안을 논의해야 한다. 부동산 담보대출이 자산가격 거품을 일으키고 있는 데 대해 금융위원회와 금융기관에 책임을 묻고 해결책을 만들어야 한다.

행정안전위원회는 행정 혁신을 논의해야 한다. 공무원 문서만 바꿔도 절반은 이루어진 셈일 것이다. 정부 부처가 제안과 토론을 일상적으로 하는 학습 조직이 되도록 요구해야 한다. 고시제도를 전면 재검토해서 열심히 일하는 공무원들이 보상받는 제도를 확립해야 한다. 업무혁신을 통해 공무원들이 창의적인 행정을 하도록 하고, 제 기능을 하지 못하는 공공기관을 폐쇄하거나 줄여야 한다.

과학기술정보방송통신위원회는 정부 연구개발비 제도를 다시 점검하고 개편해야 한다. 아무도 책임지지 않는 구조에서 벗어나, 권한과 책임이 명확한 기구가 연구개발비를 다룰 수 있도록 바꿔야 한다. 정부에서 추진하고 있는 혁신 과제가 제대로 성과를 낼 수 있도록 정부와 함께 고민해야 한다. 성공률이 90%가 넘는 연구개발제도를 전면 개편해야 한다. 성과를 내는 연구개발 과제를 함께 검토해서 발전하도록 해야 한다. 또한 교육위원회와 협력해 대학을 중심으로 하는 사이언스파크를 조성해야 한다.

산업통상자원중소벤처위원회는 산업부의 수많은 산하기관이 과연 제 기능을 하는지 아니면 예산만 낭비하고 있는지 철저히 검토해야 한다. 기업을 지원하는 기관들이 실질적으로 도움이 되는지, 오히려 걸림돌이 되는 건 아닌지 논의해야 한다. 중소벤처기업부의 사업들이 실질적으로 성과를 내고 있는지도 검토해서 단순화해야 한다.

교육위원회는 대학의 혁신 역량에 대해 논의해야 한다. 대학을 중심으로 사이언스파크가 운영되고, 대학이 주체가 되는 펀드를 통해 혁신 클러스터가 활성화되도록 해야 한다. 혁신국가가 되기 위해 입시제도를 바꾸고 낡은 교육과정을 전면 개편해야 한다.

그 외 위원회에서도 혁신에 대해 논의해야 한다. 바뀌지 않으면 한국경제의 미래는 어둡다. 우선적으로는 국회가 선도해야 한다. 국회가 혁신에 대한 논의를 시작할 때 기능이 위축된 국회 예산정책처와 입법조사처가 활성화될 수 있다. 두 기관에는 전문가를 대폭 배치해서, 정부와 생산적인 논의가 가능하도록 정비해야 한다.

기왕이면 정부와 데이터를 가지고 성과를 논의할 수 있는 자리가 많았으면 좋겠다. 거창한 말만 외칠 것이 아니라, 실질적인 데이터 국회가 되어야 한다.

감사원 역시 혁신 행정을 촉진하는 감사제도에 대한 논의를 시작해야 한다. 법규의 준수만을 감사할 때 혁신이 저해되는 현상에 대한 진단과 함께 혁신을 촉진할 수 있는 구체적인 감사 규칙이 만들어져야 한다.

정부가 혁신을 논의하도록 국회가 요구해야 한다.

국회 스스로 혁신에 대해 공부해야 한다. 국가 혁신을 위해 수없이 많은 간담회와 토론회, 청문회를 해야 한다. 국회가 혁신에 대해 답을 찾을 때 비로소 혁신국가의 길이 열릴 것이다.

8. 개방형 혁신국가를 위한 제언

1.
개방형 혁신국가

　　2차 세계대전은 연합군이 이기기 힘든 전쟁이었다. 독일은 앞선 과학기술을 이용해서 최신예 탱크와 전투기와 잠수함을 만들었고, 첨단 로켓과 제트 엔진 비행기, 그리고 핵무기를 만들 수 있는 능력까지 보유하고 있었다. 이러한 열세를 극복하기 위해 영국은 자신들이 보유한 과학기술과 첨단 무기 정보를 미국에 제공했고, 미국에서는 전국의 과학자들을 총동원해서 전쟁을 승리로 이끌 수 있는 연구에 돌입했다. 미국이 보유한 산업 생산능력에 과학자들의 연구가 더해지면서 레이더를 비롯한 첨단 무기들이 대량으로 만들어졌고, 전쟁의 추세를 바꾸었다. 승리의 원동력은 정부와 군, 산업과 학계가 정보를 공유한 개방형 혁신이었다. 그 후, 전쟁을 승리로 이끈 과학 기술이 민간에 전파되면서 미국은 혁신을 선도하는 일류 선진국가로 우뚝 서게 되었다.

소련이 최초의 인공위성 스푸트니크를 쏘아 올리자, 미국은 2차 세계대전을 승리로 이끌었던 개방형 혁신전략을 다시 꺼내 들었다. DARPA의 과학기술 연구 지원은 수많은 첨단 기술을 탄생시켰는데, 그 원동력 또한 개방형 혁신전략에서 나온 것이다. '소통과 교류를 중시하는 네트워크'를 바탕으로 한 미국의 지원정책은 실리콘밸리의 개방형 혁신으로 이어졌다. 대기업과 대학의 전문가들이 대거 기술 창업에 나섰고, 스타트업과 벤처캐피털, 과학기술 연구자들이 모여 자유롭게 소통하고 교류하며 시장경제 개방형 혁신의 모범이 되었다. 대기업들은 많은 스타트업을 인수합병하면서 외부의 혁신을 스펀지처럼 빨아들였다. 그렇게 혁신은 가속화되었다.

미국은 2차 세계대전 당시만 하더라도 산업생산 능력은 뛰어났지만 기술에 있어서는 추격자에 지나지 않았다. 그러나 1970년대 이후 혁신적 기술들은 대부분 미국에서 나오고 있다. 1960년대 미국은 위계질서를 중시하는 거대 기업이 경제의 핵심이라는 점에서 현재 한국과 크게 다르지 않았다. 인텔은 혁신적 기술을 기반으로 관료주의를 타파하기 위해 창업한 기업이었고, 이를 지원하기 위해 벤처캐피털이 처음 등장했다. 이를 기점으로 기업가 정신에 투철한 창의적인 스타트업들이 대거 등장하고 때마침 정부의 기술지원정책에 힘입어 개방형 혁신의 문화가 지배하는 실리콘밸리가 형성되었다. 최근 미국의 혁신적 성과는 이렇듯 정부와 기업이 합심해서 만든 혁신생태계의 결과이다. 추격자에게 선도자로의 전환을 추구하는 한국의 입장에서 미국의 이러한 변화, 특히 개방형 혁신의 문화를 만들어 내는 것이 중요하다.

뒤늦게 출발한 중국은 빠른 속도로 미국의 개방형 혁신을 받아들였다. 중관촌처럼, 대학과 창업기업이 교류하는 대규모 사이언스파크를 만들어 기술혁신의 성과를 내고 있다. 대학과 연구소, 기업 간 교류가 성과로 이어지면서 세계적인 기업들이 빠른 속도로 늘고 있다. 반면 폐쇄형 혁신을 고집하고 있는 일본은 쇠퇴하고 있다.

한국은 개발국가 정책으로 경제성장의 동력을 얻었다. 그 성과 또한 개방형 혁신에 의한 것이었다. 목표를 달성하기 위해, 기술을 습득하기 위해 국내외를 막론하고 가용한 재원을 모두 동원했다. 뒤처진 기술을 쫓아가기 위해 정부의 주도하에 대기업, 중소기업, 대학, 연구소의 기술진이 소통과 교류를 통해 혁신을 추구했으며, 그 결과 경제가 성장하고, 세계적인 경쟁력을 갖춘 대기업들이 탄생했다.

그러나 경제 규모가 커지고 각 경제주체가 자급 구조로 전환되면서 점차 폐쇄형 혁신 구조로 바뀌었으며, 다른 경제 부문과의 소통과 교류는 줄어들었다. 세계 최고의 공급망 관리 능력을 자랑하고는 있지만, 폐쇄형 혁신의 한계로 인해 일부 부문을 제외하고는 첨단 기술 분야에서 뒤처지고 있다. 정부의 조정능력은 상실되었고, 연구진은 연구진대로 기업은 기업대로 모두 각개 약진 중이다. 늘어난 정부의 지원금은 사후관리가 되지 않으면서 목표를 상실한 채 낭비되고 있다.

한국의 대학과 연구소는 뛰어난 연구진을 보유하고 있고, 고등교육을 받은 인력 비중도 세계 최고 수준이며, 대기업과 중소기업이 잘 발달해 첨단 기술의 산업화에도 유리한 산업구조를 보유하고 있다. 그러나 폐쇄형 혁신에서 벗어나지 못하면서 한국경제의 잠재력을 충분히 발휘하지 못하고 있다.

답은 개방형 혁신에 있다. 이제라도 전문가들의 소통과 교류를 통해 혁신적 기술을 개발할 수 있는 플랫폼을 만들어나가야 한다. 개발 네트워크 국가의 핵심은 개방된 과학기술 교류 커뮤니티에 있다. 최신 정보를 공유하고 필요한 부분에 적절한 지원을 해야만 첨단 기술 경쟁에서 우위를 점할 수 있다. 네트워크가 효과적으로 작동할 수 있도록 많은 투자가 뒤따라야 한다.

혁신 국가가 되기 위해서는 세미나 국가가 되어야 한다.

첨단 기술을 논의하는 세미나가 상시로 열리는 개방형 네트워크 국가가 만들어져야 한다. 그래야만 한국경제의 미래가 보장될 것이다.

2.
지역 균형 사이언스파크 조성

"창의적 인재와 기술의 원천인 대학을 산·학·연 협력 중심체로 육성하고 출연(연)과 지자체의 역할을 재정립하여 지역 대학 산업 연구소와 지자체를 과학기술을 매개로 한 융합공동체로 클러스터화하여 창업과 신산업 창출을 위한 생태계를 조성한다."

---

* 제18대 대통령직 인수위원회, 『백서: 박근혜 정부, 희망의 새시대를 위한 실천과제』, 49쪽, 2013.

산업생태계 조성은 박근혜 정부 인수위원회의 국정과제였다. 실제 성과는 많지 않았고 문재인 정부 들어서도 큰 성과는 없었다. 그만큼 힘든 과제이지만, 그래도 다시 노력해서 반드시 성과를 내야 하는 과제이다. 그래서 나 또한 같은 주장을 하고 싶다. 전국 주요 대학을 중심으로 사이언스파크를 만들자.

지금까지 우리는 오랜 기간 실리콘밸리나 중관촌을 배우자고 외치기만 했을 뿐, 본질적으로 유사한 모델을 만들어 보겠다는 의미 있는 시도는 하지 않았다. 그저 건물을 지어서 관련 기업들의 클러스터를 만드는 정도로는 큰 성과를 내기 힘들다. 그런데도 여전히 건물 올리는 방식의 스타트업 공간 확보에만 열중하고 있다. 이제는 새로운 시도를 해야 한다.

이제 우리는 개방형 혁신국가를 건설하기 위해 새로운 모험 투자에 나서는 기업가 정신을 발휘해야 한다. 스마트 정부가 이끌어가는 혁신국가의 틀을 잡기 위해 관료들에게 새로운 임무를 부여해야 한다. 무사안일주의에서 벗어나 담대한 투자를 하고 이를 세심하게 관리해서 성공시켜야 한다.

실리콘밸리나 중관촌의 핵심적 교훈은 대학과 스타트업, 벤처캐피털과 정부가 생산적인 소통과 교류를 통해 함께 발전하는 개방형 혁신 모형에 있었다. 그 핵심은 상시적 기술 네트워크를 구성하여 협업하는 것이고, 대학의 첨단 기술 연구, 스타트업의 기업가 정신, 벤처캐피털의 혁신금융 그리고 정부의 적절한 애로 해결기능이 합해져 성과를 내는 것이었다.

그렇다면 우리가 해야 할 일은 첫째로 개방형 혁신을 위한 물리적 환경을 만드는 것이다. 앞에서 그루버와 존슨이 미국 내 수십 개의 사이언스파크를 만들자고 제안했듯이, 장기적으로 10개 내외의 사이언스파크를 만들 것을 제안한다. 그루버와 존슨이 강조했듯이 지역마다 하나씩 만드는 게 중요하다. 지역균형 발전이 뒷받침되어야 경제도 살고 기술개발 경쟁도 가능하다.

각 지역마다 좋은 후보지가 있다. 서울의 명문 대학 주변에 있는 고시촌과 유흥가 대신에 사이언스파크가 만들어져야 한다. 지방의 시도마다 좋은 후보지들이 있다. 각 지역의 정치인들은 이제 불필요한 건설 투자 요청은 그만했으면 좋겠다. 대학을 중심으로 한 장기적 투자 계획을 만들어서 사이언스파크를 만들어야 한다. 미래의 중심 지역이 되기 위해서는 미래 기술을 선도하는 사이언스파크가 활성화되어 있어야 한다는 엄중한 현실을 깨닫기 바란다.

현재 가장 좋은 후보는 대전이다. 대전과 세종 사이에 유휴부지도 충분하다. 카이스트와 충남대를 비롯하여 여러 대학이 있고 대덕연구단지가 있다. 세종시가 가까워 정부와의 소통도 원활하다.

물론 벤처캐피털이 부족하고 기술기업이나 스타트업도 많지 않다는 단점도 고려해야 한다. 이는 인센티브를 제공하면 어느정도 해결할 수 있다. 정말 어려운 것은 대덕연구단지의 연구원들을 클러스터 협업에 적극적으로 참여하도록 하는 일이다. 이 경우에도 정부의 연구개발비를 통해 협업을 촉진해야 한다. 이렇게 협업을 촉진하기 위해서는 권한과 책임을 가진 조정자가 있어야 한다.

지금까지 클러스터만 만들었다면 이제는 클러스터를 총괄 지휘하는 지휘자로서 클러스터 지주회사를 설립하고, 이 지주회사의 대표가 네트워크를 구성하고 애로를 해결하는 역할을 하도록 해야 한다.

새롭게 한전공대 건립이 추진되고 있는 전남 지역은 아예 사이언스파크를 염두에 두고 대학부지를 잡아야 한다. 70년대 방식의 산업단지나 신도시 개발 방식은 이제 종식되어야 한다. 최고의 정주여건을 마련하여 연구자들이 연구하기 좋고 살기 좋은 사이언스파크를 만들어서 전 세계 최우수 연구자들이 몰릴 수 있도록 해야 한다.

과거에 유사한 시도를 했지만 아쉬운 결과가 된 곳이 인천의 송도다. 클러스터를 형성하기 위해 대학과 연구소, 기업이 다 들어와 있는데도 과거 방식의 개발로 인해 성공작이 되지 못했다. 신도시와 사이언스파크를 구분하지 못한 탓이다. 송도는 지금이라도 사이언스파크의 기능을 살려 나가면 무한한 가능성이 있는 곳이다.

이러한 교훈을 살려서 새롭게 조성되는 사이언스파크는 연구능력과 기업가 정신이 넘치는 젊은 연구진이 소통하고 교류할 수 있는 새로운 대학 문화를 만들어 내야 한다.

정부는 과학 클러스터가 성공할 수 있도록 기반작업을 해 왔다. 연구소 기업이나 교수 기업의 설립을 장려해서, 여건만 되면 연구소와 대학이 적극적으로 참여할 수 있도록 했다. 대학의 창업보육센터가 미약하게나마 창업을 지원하고 있고, 창조경제혁신센터가 네트워크 구성을 위해 노력하고 있다.

여기에 더해, 내가 새롭게 주장하는 것은 사이언스파크의 중심이 대학이 되어야 한다는 것이다. 단순히 연구소를 모아 놓는다고 사이언스파크가 되는 것이 아니라, 대학이 중심이 되어 첨단 과학기술 분야의 지식이 공유되는 개방형 혁신이 작동할 때 비로소 성과가 난다는 것이다.

이를 위해 대학이 직접 투자 펀드를 운용해야 한다. 중국 정부가 베이징대나 칭화대에 펀드를 조성해 주었듯이, 늦었지만 우리도 10년 20년 뒤를 바라보고 대학에서 운영하는 펀드를 시작해야 한다. 대학의 재산을 투자하고 매칭펀드 방식으로 정부가 지원할 것을 제안한다.

현재 대학은 폐쇄적으로 운영되고 있다. 이런 현실에서 정부 지원 펀드는 예산 낭비가 될 것이라는 비관적 전망이 많다. 대학의 경영능력에 대해 의심하는 것이다. 그러나 역으로 대학의 경영능력을 키우지 못하면 실리콘밸리나 중관촌을 쫓아갈 수 없다. 성과를 올리는 대학을 중심으로 대학에 지원하는 금액을 높여가면서 대학의 기업가 정신을 육성해야 한다. 벤처에 투자하듯, 열 개 대학에 지원했을 때 한두 개만 성공해 기틀이 만들어지면, 충분히 투자할 가치가 있다.

그야말로 한국경제의 미래를 보장하는 담대한 투자를 해야 한다. 매년 조 단위의 펀드를 대학에 투자해야 한다. 현재 연간 R&D 예산이 20조 원이 넘는다는 것을 감안하면, 충분히 감내할 수 있는 액수이다. 지금까지처럼 성과를 알 수 없는 지원이 아니라, 펀드 평가액에 따라 대학 자체의 노력을 쉽게 판단할 수 있는 성과지향형 지원책이다. 현재 대학지주회사를 활성화하기 위해 TIPS 운용사로 등록하는 것도 장려하고 있다. 그동안의 형식적인 창업보육센터 운영에서 벗어나, 대학이 본격적으로 첨단 기술을 이용한 창업의 요람이 되어야 한다.

사이언스파크의 기술 창업 기업에 지원하는 벤처캐피털에 대해서는 중소벤처기업부의 모태펀드와 금융위의 성장펀드가 적극적으로 지원하도록 해서, 사이언스파크에 혁신금융 자본이 몰리도록 해야 한다. 이렇게 하면 대학의 펀드와 민간의 펀드가 경쟁하는 구도가 만들어질 것이다.

이제 더는 대학에 기부하지 않았으면 좋겠다. 대신 대학의 펀드에 투자금이 몰렸으면 한다. 대학은 자기 자본과 정부 지원금을 투자해 그 투자 수익으로 학교를 운영하고, 투자자들 또한 수익을 기대할 수 있다. 외부의 투자금이 많아지면 더 많은 창업기업에 투자하거나, 대규모 투자를 통해 기업을 지원할 수 있다. 경제 혁신에 기여하면서 대학도 발전하는 새로운 모형을 만들자는 것이다. 나는 대학의 펀드에 많은 자금이 몰리리라 생각한다. 소속 대학의 교수와 연구원들의 연구 성과를 누구보다 잘 알고 있는 대학 당국이 직접 펀드를 조성해서 사업화하면 위험이 줄어든다. 물론 대학이 제대로 운영된다는 전제하에서 그렇다.

사이언스파크를 설계할 때는 소통과 교류를 제일 먼저 생각해 줬으면 한다. 공원을 만들어놓고도 광폭도로로 둘러 접근을 막는 낡은 설계는 이제 그만해야 한다. 지금이라도 공원을 두른 광폭도로는 폐쇄해야 한다. 광폭도로로 전체 단지를 조각낸 후 분양해서 건물끼리의 소통을 막는 방식도 이제 중단해야 한다. 단지 전체에서 소통과 교류가 활발하게 이루어지도록 설계한 후, 전체 설계에 맞춰 개별 건물의 동선이 짜여야 한다.

실리콘밸리의 역동성은 대학가의 카페거리에서 나온다는 교훈을 잊지 말아야 한다. 공원과 카페거리를 중심으로 사람들이 산책할 수 있도록 해야 하고 주변의 건물에서 쉽게 접근할 수 있어야 한다. 도로는 그 외곽이나 지하에 있어야 한다.

판교 테크노밸리를 비롯해 지금까지 각 지역에 무분별하게 건설한 지식산업센터나 스타트업 공간들도 이제 재정비해야 한다. 건물이 아니라 소통과 교류를 통한 개방형 혁신을 달성해야 성과를 낼 수 있음을 알아줬으면 좋겠다. 같은 실수를 반복하는 하드웨어 투자를 할 것이 아니라, 운영방식부터 명확히 하고 대대적인 투자를 통해 성과를 내면서 다시 투자에 나서야 한다. 이제 아무 목표 없이 콘크리트에 투자하는 것은 중단되어야 한다.

3.
새로운 시대를 위한
새로운 교육

　4차 산업혁명 시대에는 새로운 교육이 필요하다. 인공지능 등 신기술이 대체할 수 있는 주입식 교육은 더이상 설자리가 없는데도 한국 교육은 아직도 50년 전 교육의 틀에서 벗어나지 못하고 있다. 일론 머스크는 아이들을 명문 사립학교에 보냈다가 시대에 맞지 않는 교육을 하는 것에 놀라, 아예 자신이 새로 학교를 설립했다. '별을 향해'라는 뜻의 라틴어라는 '애드 아스트라Ad Astra'를 설립해서 공장의 조립라인과 같은 학교 교육 대신 적성과 능력에 맞는 교육을 시도하고 있다. 다양한 교육이 가능한 미국에서도 이럴 정도라면 한국은 위기의식을 가져야 한다.

아이들에게 무엇을 가르치느냐가 중요한데, 교육계는 여전히 평준화와 특수목적고 존폐 논란만 하고 있다. 이명박 정부 시절 교육개혁을 추진했던 선진화재단의 박세일과 이주호*는 수월성 교육만 강조하며 교육불평등을 심화시켰다. 자율과 책무의 교육을 강조했지만 대학의 자율적 권한은 늘어나지 않았다. 고시제도를 그대로 두고 대학의 자율성을 높인다는 것 자체가 무리한 시도였다.

그루버와 존슨은 생산가능인구 중에서 대학 졸업생의 비중이 사이언스파크의 성공 여부를 가르는 중요한 요인으로 구분했다. 그런 면에서 대학 졸업생 비율이 세계 최고 수준인 한국은 4차 산업혁명 시대의 경쟁에 유리하다.

그러나 대학 교육을 들여다보면 통계와 다른 면이 보인다. 한국의 대학에서는 학과 공부를 열심히 하기보다 고시 공부나 입사 시험을 준비하기 바쁘다. 물론 학점도 중요하지만 될 수 있으면 부담 없이 좋은 점수를 받을 수 있는 과목을 선택한다. 어려운 내용을 가르치면 인기 없는 교수가 되어 수강생이 줄어든다는 이유로 교수들은 쉬운 과목에만 집중하고 있다. 한마디로 말해, 대학 교육은 하향평준화의 길을 걷고 있다. 이미 손을 대기 힘들 정도로 피폐해져 개선하기 위해선 상당한 노력이 필요할 것이다. 4차 산업혁명 시대에, 대학의 강의는 질이 떨어지고, 학생들은 주입식 고시나 입사 시험에 몰두하고 있다는 것리 현실이다.

---

* 박세일 외, 「자율과 책무의 학교 개혁」, 한국개발연구원, 2002. 이주호 외, 「평준화를 넘어 다양화로」, 학지사, 2006.

나는 다양하고 자율적인 교육을 위해서는 대학입시보다 대학 이후의 제도가 중요하다고 항상 강조해 왔다. 공무원이나 일반 기업의 선발에 있어 고시나 입사 시험 대신 현재 일부 적용하고 있는 지역별 선발 방식을 확대해야 한다.

대학의 학점으로 평가하고 지원자가 수강한 과목과 담당 교수를 확인해서 대학 교육의 내실화를 추진해야 한다. 블라인드 테스트를 한다고 대학 교육을 제대로 평가하지 않는 것은 잘못된 일이다. 대학에서의 공부는 그것대로 평가하고, 인성과 자질은 아무런 서류 없이 블라인드 테스트하면 될 것이다. 많은 지원자가 몰리는 로스쿨 역시 지역별 경쟁으로 바꿔 대학입시 단계에서 잠시 뒤처져도 최고의 로스쿨에 갈 수 있는 재기의 기회를 제공해야 한다.

대학의 펀드를 활성화하여 열심히 연구하는 대학이 발전하는 기틀을 마련해 주는 한편, 대학의 자율적 운영을 확대해야 한다. 반면 대학도 지역별, 소득별 기회균등 선발제로 전환하도록 하여, 중고등 교육을 정상화해야 한다.

기회균등 선발제 하에서 교육부는 교육과정의 최소 요건만 정하고, 대신 각 시도 교육감이 다양한 교육과정을 정할 수 있도록 할 수 있다. 학교와 교사에게도 자율적인 교육 권한을 부여할 수 있다. 이렇게 해야 다양한 교육이 가능해진다. 획일적 교육을 강요하는 현재의 중앙통제식 교육 시스템은 조속히 종식되어야 한다.

각 시도의 교육감이 자율적으로 교육과정을 시도하면서도 학생들이 불이익을 당하지 않도록 하는 제도적 보완이 필요하므로, 기회균등 선발제가 꼭 필요하다. 불공정, 불이익을 없애야 좋은 교육과정이 자연스럽게 확산된다.

혁신학교에서 주입식 교육 대신 창의적이고 토론을 위주로 한 교육을 받았다 하더라도, 같은 교육을 받은 학생들과 경쟁하도록 해야 한다. 어려서부터 코딩을 배우고, 이를 응용해 수학 문제를 푸는 학생과 지금처럼 주입식으로 문제집을 풀어 수학을 배우는 학생 중에 누가 더 수학을 잘하는지도 실험해봐야 한다.

기회균등 선발제 하에서 특수목적고의 존폐는 중요하지 않다. 특수목적고에 다니는 학생들은 그들끼리 경쟁하게 되고, 일반고 학생들과 대학입시에서 같은 조건으로 입학하게 된다. 대학입시만을 따지자면, 지금 기준으로 학업성적이 좋은 학생들이 몰리는 특수목적고에 입학하면 오히려 손해를 보게 되기 때문에, 자율적으로 교육과정을 선택하는 학생들이 늘어날 것이다.

기회균등 선발제를 채택하는 대학에 입시자율권을 부여하고, 펀드 방식의 투자를 대폭 늘려, 개방형 혁신을 실천하며 효율적으로 운영하는 대학이 발전할 수 있도록 해줘야 한다.

교육부가 예산 지원을 수단으로 획일적 교육 행정을 강요하는 방식을 바꿔야 한다. 대학의 혁신을 지원하는 교육부가 되어야 한다.

개방형 혁신국가에서 기회균등 선발제는 필수적이다.
입시제도 개선의 차원이 아니라,
4차 산업혁명에 대비하기 위한 자율적이고
다양한 교육과정의 도입을 위해 반드시 도입해야 한다.*

현재 천안 이남의 지역에서는 고급 인력을 구하기 어렵다. 대기업들이 수도권에 대규모 공장단지를 요구하는 것도 같은 이유이다. 자녀 교육을 위해 지방에 거주하는 것을 기피하는 성향 때문이다. 지역 균형 발전을 위해 공공기관 지방 이전을 실시하고 행정수도를 세종에 옮겼지만, 많은 사람들이 서울과 두 집 살림을 하거나 아니면 서울에서의 출퇴근을 고집하고 있다. 아울러 수도권 대학의 집중화로 인해 수도권의 인구 집중 현상은 심화되고 있다. 이를 해결할 수 있는 중요한 정책이 기회균등 선발제라 하겠다.

혁신적인 교육과정의 정착을 위해, 그리고 지역균형발전을 위해 기회균등 선발제가 도입되어야 한다. 지역에 사이언스파크를 만들어도 현재와 같은 입시 상황에서는 활성화되기 어렵다. 교육정책과 독립적으로 추진하는 혁신 정책은 성공하기 어렵다.

지역마다 학교마다 끊임없이 교육과정을 실험해야 한다. 대학과 교육부는 어떤 교육과정이 더 효과적인지 끊임없이 연구하고 검토해서 전반적으로 더 나은 교육과정을 찾아갈 수 있도록 해야 한다. 교육의 발전을 위해서는 입시제도만 고민할 것이 아니라, 어떻게 다양한 실험을 도입할 수 있는지 고민해야 한다.

인공지능 등 새로운 기술이 떠오르는 시대에 필요한 창의성 교육은 호기심의 역사를 가르치는 것이다. 사회과학이나 인문과학이나

※ 잘 알려져 있지 않지만, 미국의 입시제도는 사실상 기회균등 선발제에 가깝다. 우리의 수능에 해당하는 SAT성적이 좋아도 입학허가를 받지 못하는 경우가 많다. 반면 저소득층이나 소수 인종, 낙후 지역 입학생들에게는 더 많은 기회를 제공한다.

자연과학이나 모두 같다. 예를 들어, 나는 강의할 때 철로 만든 무거운 비행기가 어떻게 하늘을 나는가를 학생들에게 질문한다. 분명 학교에서 베르누이 정리와 양력을 배웠지만, 그것이 비행 원리에 어떻게 적용되는지 연결하는 학생은 많지 않았다. 비행기가 왜 뜨는지에 대한 호기심에서 시작해서, 과거 같은 호기심을 가졌던 과학자들이 어떻게 실제 비행기를 만들었는지를 가르쳐야 했다. 뉴턴이 이야기한 대로 이렇게 하면서 과거의 호기심 많았던 천재들과의 교감을 통해, '거인의 어깨 위에 올라' 세상을 바라보는 훈련을 하는 것이 교육이다. 과거의 거인들과 함께 새롭게 세상을 바라보도록 해야 창의적인 아이디어를 만나게 된다.

우리에게 필요한 교육은 개방형 혁신을 추진할 수 있는 인재를 길러내는 것이다. 한국 교육이 과거에서 벗어나지 못하는 이유는 한국 사회가 과거에 머물러 있기 때문이다. 공무원들도 마찬가지다. 이들은 제안, 토론, 학습하며 외부인사들과 활발한 교류를 통해 개방형 혁신을 해 본 경험이 없다. 대신 상명하복 조직을 운영하고 있으니 새로운 교육의 필요성을 느끼지 못한다. 교육부부터 외부와의 교류를 활발히 하며 토론과 창의적 발상을 높이 평가하는 조직 문화로 바꾸어야 한다.

혁신은 도발적 토론에서부터 시작한다. 이스라엘이 창업 국가로 우뚝 서게 된 근본 원인에 대해 학자들은 후츠파 정신 *을 들고 있다.

---

*　「창업국가」, 댄 세노르, 사울 싱어 지음

후츠파는 버릇이 없다고 느껴질 정도로 끈질기게 따지는 태도를 의미한다. 학교에서부터 끊임없이 질문하도록 교육을 받아, 군대와 같은 수직적 관계에서조차 대담하게 질문하는 문화가 자리잡은 것이 이스라엘을 세계 최고의 창업국가로 만들었다는 것이다.

4.
중소벤처기업부의
개방형 혁신 촉진 사례

혁신국가가 되기 위해서는 혁신 정부가 필요하며, 이를 위해 현재의 정부를 혁신하고, 개방형 혁신을 이루어야 한다. 개방형 혁신을 위해 사이언스파크를 만들고 대학이 변해야 한다.

이게 지금까지의 내용이었다면 이번 장에서는 내가 중소벤처기업부에서 일하며 직접 경험한 개방형 혁신 사례를 몇 가지 소개해보고자 한다. 내가 하지 않은 것도 있으니 내 자랑만은 아닐 것이다. 사례연구라 생각하고 읽어주기 바란다. 앞으로 더 좋은 방법이 나올 수 있는 단서가 되었으면 한다.

민관협력 스마트 공장 지원

장관에 취임하자마자 혁신 성장과 관련해 대통령 보고 일정이 잡혀 있었다. 직원들과 논의해 중기부의 보고 과제로 스마트 공장을 선택했는데, 보고하기에는 내가 아는 게 너무 없었다. 스마트 공장이 중요하다는 제안에 동의하며 대통령 후보 공약에 반영한 기억은 있지만, 그 내용은 잘 몰랐다.

나는 현장에 답이 있다는 생각으로, 자동차 피스톤 부품을 생산하는 동양피스톤(주)의 스마트 공장을 방문했다. 스마트 공장으로 전환을 고민하는 중소기업인들이 견학할 수 있도록 공장을 공개하는 회사였다. 공장은 거의 자동화되어 있었고, 자동화된 기계와 동기화된 화면들이 조정실에 설치되어 있었다. 조정실에서 화면을 보면서 공장 전체의 자동화 공정을 통제할 수 있었다.

제품의 기획, 설계, 생산, 유통, 판매에 이르기까지 전 과정을 ICT 기술로 통합한 이 공장은 100만 개의 부품을 생산했는데 단 한 개의 불량품도 없을 정도로 세계적인 수준의 품질을 자랑하고 있었다. 세계 자동차 열 대 중 한 대는 이 회사 피스톤을 장착하고 있다는 이야기에, 듣는 내가 다 뿌듯했다. 모두 스마트 공장에 막대한 투자를 한 덕분이었다.

스마트 공장 지원 사업은 문재인 정부 중소기업 관련 핵심 정책이다. 중소기업들의 생산성을 높이기 위해 정부가 적극적으로 지원했고, 그 성과를 바로 확인할 수 있었다는 점에서, 성과를 강조하는 나로서는 최선의 정책이었다. 스마트 공장 지원을 받은 중소기업들의 만족도도 매우 높았다. 공장 환경이 개선되고 생산성도 높아지니 직원들도 좋아했다. 불량률과 납품기한이 줄어들어 대부분 매출이 늘어나는 덕분에, 줄어들까 걱정했던 일자리는 오히려 늘어나고 있었다. 스마트 공장을 설치하는 공급기업들의 기술 수준이 아직은 일본이나 독일보다는 뒤처진 상황이지만 우리 기술의 장점을 살리면 충분히 쫓아갈 수 있는 분야로 보았다.

이 지원 사업은 중소기업 전부를 스마트 공장으로 전환하겠다는 성과 지향적인 정책의 대표적인 사례로 꼽을 수 있다. 초보적인 자동화 단계에서부터 동양피스톤과 같이 조정실에서 모든 통제가 가능한 고도화단계까지 단계별로 구축할 수 있었다. 초보적 단계를 설치한 공장이 효과를 체험하고 나서는 고도화 단계로 점차 투자를 늘리는 경우가 많았다.

스마트 공장은 작은 소기업에도 효과를 발휘했다. 전라남도에 있는 김 공장을 방문한 적이 있다. 간단한 공정 개선이었지만, 식품제조기준HACCP 검사를 걱정할 필요가 없을 정도로 공장은 깨끗해 졌고 김에 이물질이 포함되는 불량률도 크게 개선되어 수출물량이 늘고 있었다. 그런데 이 공장의 개선에는 삼성전자 기술진의 지원이 큰 도움이 되었다고 한다.

이전 정부에서는 산업부에서 이 사업을 진행했는데, 정부가 지원하는 사업과는 별개로 삼성전자와 현대차 등 대기업에 참여를 요청했었다고 한다. 이때부터 삼성전자는 자금 뿐만 아니라 퇴직을 앞둔 기술자들을 파견해 스마트 공장으로의 전환과 직원 교육, 사후 관리까지 도맡아 지원해 주었다.

한국의 대기업들은 오래전부터 스마트 공장으로 전환 및 운영해 왔기 때문에, 기술진들의 경험도 풍부했다. 삼성전자가 자금을 지원하고, 삼성전자의 전문가들이 성심성의껏 도와준다는 소문에 중소기업들의 지원이 몰리기 시작했다. 사실 스마트 공장이 좋다는 말만 듣고 설치했다가, 수리 비용만 많이 들고, 직원들이 제대로 운용하지 못해 공장을 작동하지 못하는 회사도 꽤 있었다. 그러던 차에, 삼성전자의 기술진이 설치 단계에서부터 사후 관리까지 지원해 주니, 훨씬 더 효과적이고 효율도 높아진 것이다.

대기업과 중소기업의 협업은 당연히 중요하다. 거기에 내가 더 중요하게 생각하는 것은 자발적인 참여여야 한다는 것이다. 그래야만 소통도 가능하고 효과도 기대할 수 있다.

삼성전자 입장에서 스마트 공장 지원 사업은 사회공헌 차원에서 시작한 일이었다. 그러다, 정부와의 협업을 통해 중소기업을 지원하는 일이 '한국경제 전반의 생산성을 높이는 중요한 사업'임을 알고 나서는 그 지원을 더 늘려주었다. 너무도 감사한 일이었다.

중소벤처기업부도 여기에 힘을 보탰다. 이전에는 중소기업이 비용의 50%를 부담하는 방식이었는데, 정부, 대기업, 중소기업의 부담 비율을 3:3:4로 바꾸어 중소기업의 부담을 줄였다. 정부가 추진하는 사업도 삼성전자의 방식을 받아들여, 중장년 기술자를 고용해 중소기업 지원단을 만들었다. 평생 축적해 온 기술을 활용할 수 있는 자리를 제공한 것이다. 중장년 일자리도 늘리고 중소기업의 생산성도 높이는 이중의 효과를 기대할 수 있는 좋은 정책이었다.

다른 대기업들의 참여도 독려했다. 대기업 입장에서는 이것보다 더 좋은 사회공헌 활동은 없어 보일 정도로 효과가 좋았다. 중소기업들도 대기업의 지원을 받아 효과를 보고 나니, 대기업 칭찬을 아끼지 않았다. 특히 관계 회사들의 생산성이 높아지면 대기업에도 직접적 이익이 된다.

정부와 대기업, 공급기업, 중소기업들이 협업을 통해 대한민국의 공장을 모두 스마트화하는 사업이 지금 진행되고 있다. 일부이긴 하지만 한국경제의 혁신이 조용히 이루어지고 있다.

내 생각에, 스마트 공장 지원에서 얻은 가장 큰 효과는 대기업과 중소기업이 협업할 수 있는 네트워크가 만들어졌다는 것이다. 삼성전자의 최고 기술진들이 중소기업의 실정을 파악하고 지원을 해 본 경험을 쌓았다는 것이 중요하다. 이 경험은 앞으로도 무슨 일이 생긴다면, 필요하다면, 언제든지 또 중소기업을 도울 수 있다는 의미이기도 하다.

최근 코로나 사태로 인한 진단키트, 마스크 파동을 극복하는 과정에서도 이 개방형 혁신 네트워크의 진가가 드러났다. 한번 형성된 네트워크는 강력한 힘을 발휘한다. 부족한 진단키트나 마스크 생산량을 대폭 늘려야 되는 긴박한 상황이 발생하자, 중소벤처기업부는 삼성전자에 도움을 요청했고, 삼성전자의 스마트 공장 지원단은 중소기업과 함께 제조 공정을 개선하는데 착수했다. 지원 경험이 있었기에 중소기업 기술진과의 협업이 효과적으로 이루어져 큰 성과를 냈다고 한다. 개방형 혁신의 가능성을 확인할 수 있었던 사례였다.

한국의 실수 TIPS

스타트업계에서는 TIPS 프로그램을 '한국의 실수'라고 부른다. 부정적인 의미는 아니다. 낮은 품질의 제품만 만들던 중국에서 흔치않게 나온 양질의 샤오미를 지칭할 때 쓰는 '대륙의 실수'에서 따온 말이다. TIPS 프로그램도 실수라고 불리는 이유는 정부의 지원 정책이라고 보기에는 매우 파격적이기 때문이다. 이른바 운용사로 활동하는 창업보육기관이 1억 원을 기술창업기업에 투자하면, 정부가 5억 원을 연구개발비로 지원하는 제도이다.

민간의 운용사가 유망한 기술창업기업을 선별해 투자하는 과정에서 설계상 문제로 인해 나 역시 꼼꼼히 따져 보아야 했다. 악의를 품은 운용사가 창업기업과 짬짜미해서 정부의 지원금만 받아내는 불법을 방지할 방안이 필요했다. 다행히 운용사들은 대부분 평판을 소중히 여기는 투자기업들이었기 때문에 부작용이 크지 않았다. 물론 사후 관리를 철저히 하지 않으면 언제든 사고가 날 수 있는 위험한 구조인 건 사실이다.

그래도 스타트업 기업에게는 파격적인 지원책이었다.

업계의 전문기업인 운용사가 직접 투자를 한 경우에 정부가 지원하는 방식을 채택해서, 정부가 선발할 때의 임의성을 줄였다.

창업기업에는 조건 없는 R&D자금으로 5억 원을 지원하다 보니 초기 기업이 연구개발에 몰두할 수 있는 기회를 제공했고, 운용사 입장에서도 초기 투자 후 기업의 안정성이 높아져 2차 투자를 촉진하는 역할을 했다.

TIPS에 선정이 되면 광고효과도 상당해서 각종 투자를 받는데 유리하다. 게다가 정부는 서울 강남에 TIPS 타운을 운영하며 여러 방식으로 선정 기업을 지원하고 있다. 작년에는 대전에 TIPS 타운을 선정했으며, 향후 각 지역으로 확산할 예정이다. 현재 소규모 예산으로 독립적으로 지어지고 있는데, 대규모 사이언스파크가 만들어지면 TIPS 타운을 설립해서 시너지 효과를 낼 수 있을 것이다.

현재는 TIPS 프로그램의 인기가 높아지다 보니 지원 기업이 늘어나고 있고, 운용사도 대학지주회사나 창조경제혁신센터 등으로 확대해 창업 지원의 핵심 수단으로 활용되도록 하고 있다. TIPS 참여를 희망하는 기업을 위한 'Pre-TIPS 프로그램'과 TIPS를 통해 성공적인 성과를 낸 기업을 다시 선발해 더 많이 지원하는 'Post-TIPS 프로그램'으로 확대해 나가고 있다. 좋은 기술을 지닌 기업을 확실하게 지원하는 지원 사업으로 자리를 잡아가고 있다 하겠다.

지금은 소수의 기업이 대상이기 때문에 성과를 평가하기가 어렵지 않지만, 기업의 수가 늘어나게 되면 언제든 설계상 문제가 드러날 수 있다. 그렇기에 앞으로는 무의결권 주식 투자 방식으로 바꿔야 한다고 생각한다. 아무튼, 현재로서는 일반적으로 보수적인 성격을 지닌 정부의 지원 정책으로는 상상하기 힘든 파격적인 실험이 중소벤처기업부에서 이루어지고 있다.

개방형 혁신의 모습이 이런 것이다. 정부와 민간의 기업들이 지혜를 모으고 재원을 동원해, 뛰어난 기술을 보유한 창업기업을 지원할 때 성과가 나온다. TIPS 프로그램에 대학과 연구소가 참여하도록 동기부여를 하고 있어, 앞으로는 지금까지와는 또 다른 성과가 기대된다. 그런데 가장 중요한 축인 대기업이 빠져있다. 해외 대기업과 200대 1의 경쟁을 하고 있음을 깨닫지 못하고 있기 때문일 것인데, 적은 비용으로 국내 신기술을 활용할 기회에 대기업이 적극적으로 참여해야 한다. 그렇게만 된다면 이 프로그램은 큰 성과를 낼 수 있을 것이다.

중소벤처기업부는 대중소기업 협업 정책을 만들어 오래전부터 강조하고 또 추진해 왔다. 중소기업이 혁신을 통해 생산성을 높일 수 있다면, 이를 통해 대기업의 경쟁력도 높아진다. 그러기 위해서는 대기업의 관련 기술이 중소기업으로 퍼져야 한다. 그래서 만들어진 것이 민관합동 R&D 지원 정책이다. 대기업이 5천만 원, 정부가 5천만 원을 더해, 중소기업에 1억 원의 R&D 자금을 지원하는 제도다.

사실상 사장되어 가고 있던 제도인데, 현 정부에서 부활시킨 제도이다. 정부가 원하니 대기업이 돈을 내라는 사업이 아니다. 대기업이 중소기업의 연구개발 활동을 지원하겠다는 의지를 보이면 정부가 지원하겠다는 정책이고, 실제로 의미 있는 결과가 나오면서 활성화되고 있다.

르노삼성자동차는 이 제도를 통해 백미러에 요금이 표시되는 택시 미터기를 장착할 수 있었고, 타이어 모양의 LPG통을 개발하여 택시 트렁크 공간을 넓히는 성과를 올린 후 추가로 지원을 신청했다. 이후 다른 대기업들의 신청도 잇따랐다.

조금 과장해서 말하면 중소기업을 지원하는 모든 정책이 제도화되어 있다. 개별 성과를 확인해 좋은 제도라 판단되면, 그 활용과 범위를 확대해 나가는 노력이 필요하다.

창조경제혁신센터

창조경제혁신센터는 이전 정부의 핵심 국정 목표였던 창조경제를 위해 설립된 기구다. 지역마다 대기업을 중심으로 창업기업을 지원하는 센터를 만들었다. 창업기업을 지원하는 데 있어 대기업의 참여를 활성화하기 위한 기구였다. 대기업의 성격에 따라 센터의 성격이 결정되었는데, 예를 들어 롯데가 참여한 부산센터는 마케팅 지원이 활발했다.

나는 창조경제혁신센터가 개방형 혁신을 위한 핵심 기구로 기능하기를 원했다. 그래서 창조경제혁신센터를 '개방성' '자율성' '다양성'의 3대 원칙으로 운영되는 '지역의 혁신창업 허브'로 육성하고자 했다.

창조경제혁신 센터는 기술 창업자들에게 창업과 관련해 다양한 정보를 제공하는 등 실질적인 도움을 줄 수 있어야 한다. 개방형 기술 커뮤니티를 운영하는 핵심 기구가 되어야 한다. 나중에 사이언스 파크가 만들어지면 개방형 혁신의 허브로 기능해야 한다.

첨단 기술과 다양한 지원 수단에 대한 정보를 교류하며 실질적인 창업지원 기구로 작동해야 하며, 대기업이 자발적으로 참여할 정도로 교류가 활성화 되어야 한다. 물론 대기업 이외에도 참여기업이 늘어나야 한다.

창조경제혁신센터와 함께 각종 전문 협회 및 학회 등도 개방형 기술 커뮤니티를 만드는 데 주력해 줬으면 한다. 정부의 지원을 받는 협회나 학회 등이 친목도모형 모임으로 국한되고 있는 것이 현실이다. 기술 커뮤니티로 기능하는 협회나 학회에 대한 지원을 강화해야 한다.

나는 그런 학회에 R&D 예산 선정권을 부여할 것을 제안한 바 있다. 초기에는 추천권을 부여해 심사에 우선권을 주고, 운영에 문제가 없다면 아예 선정권을 부여하는 방식이다. 현행 R&D 지원 심사는 매우 형식적으로 운영되고 있다. 실현 가능성이 있는 기술을 선정하는 데에도 부족함이 많다. 도덕적 해이만 막을 수 있다면, 전문가 집단으로 구성된 협회나 학회에서 더 나은 선정이 가능하리라 판단한다.

기술개발제품 시범구매제도

개방형 혁신의 핵심은 목표를 달성하기 위해 네트워크를 구성한 다양한 주체들이 모여 해답을 찾는 과정에 있다. 미국 DARPA는 개발된 신기술 제품의 판로를 확보해 주기 위해 국방부에 요청하는 대리인 역할까지 했다.

한국의 경우는 상황이 더 나빴다. 정부의 R&D 지원을 통해 개발된 중소기업의 신기술 제품의 성능이 더 우수하더라도 기업들은 구매를 꺼렸다. 장기간 사용하던 제품을 그냥 사용하면 아무런 문제가 없지만, 만약 신기술 제품을 사용하다가 문제가 발생하면 책임을 져야 하는 구조상의 문제가 있기 때문이다. 이러한 진입 비용 문제로 신기술 제품이 개발되더라도 활용되지 않는 경우가 많았다.

그래서 중소기업들은 정부나 공공기관이 우선 구매해 주기를 원했다. 공공기관에 판매 실적이 있으면 민간 기업을 설득하기가 훨씬 쉬웠기 때문이다. 오랫동안 지적되어 온 문제지만 역시 정부나 공공기관도 상황은 같았다. 신기술 제품을 새롭게 구매했다가 문제가 발생하면 감사를 받거나 국회에서 질책의 대상이 되기 때문이다. 정부에 신기술 제품 구매를 독려한 지 오래됐지만, 효과는 없었다.

결국, 새로운 방법을 찾아 나섰다. 중소벤처기업부가 신기술 제품 인증을 통해 제품을 보증하고, 해당 제품을 공공기관이 구매하면, 혹시라도 문제가 발생했을 때 책임을 줄여주는 방식이다. 2018년에 도입한 이 기술개발제품 시범구매제도는, 2019년 중소벤처기업부 선정 192개 제품에 대해 355개 기관이 1,775억 원을 구매하는 성과를 올렸다. 지금까지 판매처가 없어 신기술 개발을 포기했던 중소기업들에게 이 일이 동기부여가 되어, 많은 신기술 제품이 개발되기를 바란다. 개방형 혁신은 이렇게 다양한 기관의 협업으로 성과를 올릴 수 있다.

마치며

한국경제는 무한한 잠재력을 지녔다. 60년대에 경제학자들은 폐허가 된 한국에 대해 회의적이었지만, 우리는 보란 듯이 한강의 기적을 이루었다. 당시 그 원동력이 교육열에 의한 고급 인력의 육성이었던 것처럼, 빅데이터와 인공지능 기술이 중요한 4차 산업혁명 시대의 경쟁력은 기술 인재에 의해 좌우된다. 고등교육을 받은 인재의 비중이 가장 높은 우리에게는 세계 최고 수준의 경쟁력과 함께 많은 가능성이 남아있다.

해마다 새롭게 매출액이 1000억 원이 넘는 벤처기업을 포상하는 행사가 있다. 매년 50개 내외의 회사가 새롭게 매출 1000억 원을 넘기고 있다. 대기업 위주의 경제에서 벤처 꿈나무들이 무럭무럭 자라고 있음을 확인할 수 있다. 혁신의 바람이 불면 뛰어난 인재들이 스타트업을 차리고, 매출 1000억 원을 기록하는 벤처 회사가 되고, 유니콘이 되어 세계적인 기업으로 성장할 것이다.

혁신을 선도하는 국가의 역할을 명확히 하고, 효율적인 정부 조직을 만들어 민간 기업과 학계, 금융회사와 협업하는 개방형 혁신을 추진할 때 한국경제의 미래는 활짝 열릴 것이다. 그동안의 노력으로 각 분야에서 내실이 튼튼하게 다져지면서 혁신을 통한 도약을 위한 만반의 준비는 마친 상태다.

나는 지난 30년간 한국경제의 혁신을 위해 노력해 왔다. 현안의 비효율성을 해소하기 위해 노력해 왔지만, 이제 와 되돌아보면 모두 한국경제의 혁신을 위한 기초 작업이었다.

재벌의 지배구조 개선을 위한 노력은 외환위기 전후부터 시작했다. 대마불사의 신화에 기대어 방만한 경영을 일삼던 재벌의 핵심적 문제는 계열사 채무보증이었다. 재벌이 지배하던 시기에 채무보증의 불합리성을 설득하기 위해 삼국지 적벽대전에 나오는 '연환계'와 같다고 주장했다. 단기간에는 배가 흔들거림을 막아주지만 화공을 당하면 꼼짝없이 모두 침몰하는 계책이다. 거짓말처럼 재벌들의 줄도산이 이어졌고, 재계가 완강하게 반대하던 채무보증을 없애면서 재벌 대기업들은 건전하게 재탄생했다.

2000년 초반 카드 사태로 인해 많은 사람들이 비극적으로 삶을 마쳤다. 기업대출이 막힌 금융회사들이 수익확보를 위해 가계대출에 집중하면서, 낡은 금융관행으로 인해 발생한 문제였다. 갚지 못할 대출을 해주는 금융회사의 책임을 강화하는 선진적 금융이론을 소개하고, 채무자에게 유리한 개인회생 및 파산제도를 도입하기 위해 노력했다. 대출이 부실화되었을 때 채무자에게만 책임을 돌리는 전근대적 사고에 물든 전문가들과 일반 대중과의 힘겨운 싸움이었다.

2004년 개인회생을 위한 법이 새롭게 제정되면서, 또 채무자를 괴롭히지 못하도록 공정채권추심법을 강화하면서 조금씩 개선되었다. 이 때 주장하던 채무자의 방어권을 강화한 공정채권추심법의 최종판을 2014년 국회의원 시절 발의해 통과시키기도 했다.

이러한 나의 노력은 '새출발Fresh Start'을 원활하게 해서 혁신 경제의 토대를 쌓는 과정이었다. 기업가 정신에 의해 새로운 도전에 뛰어들고 실패했을 때 재도전의 기회를 주어야 혁신은 가능하게 된다. 한 번 실패하면 다시는 회복할 수 없게 만드는 낡은 금융관행은 한국경제의 혁신을 막는 큰 저해요인이었다.

국가의 역할은 기업가들의 위험을 줄여주는 일이다. 실패했을 때의 위험을 줄이고 성공 가능성을 높이는 정부의 역할이 기업가 정신을 함양한다. 이 간단한 경제원리를 한국 사회에 전파하기는 너무도 어려웠다. 최근까지 기업인의 연대보증을 요구하는 관행이 재기를 어렵게 해 왔고, 이를 해소하기 위해 국회의원으로, 그리고 장관으로서 노력해 왔다.

안타깝게도, 낡은 금융관행은 한국경제의 다양한 부작용을 낳았다. 가계대출에서 무분별한 확대가 나타났다. 한국의 주택담보대출은 투기를 부추이는 '약탈적 대출'임을 밝혔을 때, 금융전문가들의 반응은 냉담했다. 처음으로 상환능력을 고려하는 총부채상환비율DTI, Debt to Income Ratio 규제를 주장했지만 정책당국은 받아들이지 않았다. 결국 부동산 가격이 폭등한 이후에야 비로소 제도화되었다.

경제혁신을 위해서는 일반국민들도 안전한 경제적 복지를 받을 수 있어애 한다. 다행히 사회안전망을 확충하는 작업은 아직도 미진하지만 그래도 꾸준히 확대되고 있다.

신혼부부들에게, 청년들에게 과감하게 임대주택을 공급하자는 주장 역시 혁신 경제의 토대를 만들기 위한 것이었다. 한국경제에서 부담이 큰 주거문제를 해결해 주어 청년들이 열심히 기술개발과 창업에 매진하도록 하기 위한 정책이었다.

또한 도처에 있는 대기업의 기득권을 위해 진입을 막는 규제를 해소하기 위해 노력했다. 국가가 특허권을 부여하면서도 특정 재벌에게만 특혜를 부여하는 면세점 제도를 공정한 경쟁입찰제도로 바꾸었다. 공익을 위한 나의 노력에 대해 가짜뉴스를 앞세워 재벌의 기득권을 수호하는 정치권과 언론의 공격은 지금도 계속되고 있다.

완고한 국세청과 다퉈가며 수제맥주 활성화를 위해 세법을 개정했다. 최근까지 개선이 이루어지면서 이제는 다양한 수제맥주 회사들이 우후죽순처럼 생겨나고 있다. 조금만 관심을 가지면 이렇게 한 분야가 완전히 새롭게 탈바꿈할 수 있다. 다양한 수제맥주를 즐기며 사회가 다양성과 창의성을 추구할 때, 창의적인 문화가 자리 잡고 경제 혁신은 속도를 내게 된다.

누구보다 먼저 데이터 경제의 중요성을 강조하며 국세청을 대상으로 소득 자료 공개를 요청했다. 국세청은 권력기관이 아니라 데이터 분석 기관이 되어야 한다는 나의 주장은 아직 실현되지 못했다. 실용적인 교육을 위해 예제 위주의 경제학 교과서를 발간했으나 바뀐 것은 없었다. 창의적인 교육을 위해 기회균등선발제를 주장해 왔지만, 교육계는 엉뚱한 입시제도 논쟁만 하고 있다. 보이지 않는 사회적 비용을 고려할 때 고속도로를 개방형 무료 도로로 바꾸고 혼잡통행료 방식을 조합해야 한다는 정책, 주차장을 사선형으로 바꾸고 넓혀야 한다는 작은 정책도 아직 실현되지 않았다.

오픈 이노베이션은 나를 괴롭혀 왔던 오래된 질문에 대한 해답이었다. 한 국가의 흥망성쇠는 오픈 이노베이션에 의해 결정된다. 소통과 교류를 통해 새로운 사고가 봇물처럼 터져 나올 때 한 국가는 번영한다. 국가가 발전하면서 조직이 비대해지고 기득권이 똬리를 틀 때 오픈 이노베이션은 작동하지 않고, 국가는 쇠락한다.

오랜 기간 한국 경제의 혁신을 위해 기존의 관념과 싸워왔다. 보이지 않는 관념, 그 관념에 기반한 거대한 기득권과 싸우면서 만신창이가 되었다. 원군을 찾기 힘든 외로운 싸움이었다. 새로운 것을 찾아나서는 즐거움이 없었다면 견디기 어려웠을 것이다.

이 책은 한국경제 혁신의 길을 찾아 온 나의 여정의 종착점이다. 나는 혁신의 길을 보았다. 미래의 혁신가들에게 작은 길잡이가 되길 바란다.

참고문헌

1부: 혁신을 위한 네 가지 새로운 시각

- 윌리엄 더건, 『제7의 감각: 전략적 직관』, 윤미나 옮김, 황상민 감수, 비즈니스맵, 2008. 원제는 "Strategic Intuition".
- 카알 폰 클라우제비츠, 『전쟁론』, 김만수 옮김, 갈무리, 2016.
- 강철규, 신봉호, 「금리규제하의 재벌의 금리차지대추구모형」, 한국경제학회, 경제학연구, 41집 2호. 1993.
- 유귀훈, 『호암의 마지막 꿈』, 블루페가수스, 2018.
- 김현수, 염희진, 「'이병철, 반도체 진출 도쿄선언' 최고의 장면」, 동아일보, 2019년 12월 9월.
- 「30대재벌 주력업체 재무구조 악화」, 연합뉴스, 1992년 8월 3일.
- 양희동, 「500대 기업, M&A에 4년간 42조 9,000억 투입…… 372사 인수」, 이데일리, 2018년 12월 16일.
- 리카이푸, 『AI 슈퍼파워』, 박세정, 조성숙 옮김, 이콘, 2019.
- 사피 바칼, 『룬샷 전쟁, 질병, 불황의 위기를 승리로 이끄는 설계의 힘』, 이지연 옮김, 흐름출판. 2020년. 원제는 "Loonshots: How to Nurture the Crazy Ideas That Win Wars, Cure Diseases, and Transform Industries"
- 곽노필, 「민간 유인 우주선 시대가 시작됐다」, 한겨레, 2020년 5월 31일.
- 마리아나 마추카토, 『기업가형 국가』, 김광래 옮김, 매경출판, 2015. 136쪽. 원제는 "The Entrepreneurial State".
- 「현대차 30년간 직원제안으로 1조5천억 절감」, 연합뉴스, 2010년 1월 14일.
- 이경탁, 「삼성전자, 지난해 전 세계 스마트폰 판매량 1위 지켜」, 조선비즈, 2020년 3월 4일.
- 애슐리 반스, 『일론 머스크, 미래의 설계자』, 안기순 옮김, 김영사, 2015.

- Robert E. Lucas Jr, "Making a Miracle", *Econometrica*, Vol. 61, No. 2, Mar, 1993.
- Alwyn Young, "Lessons from the East Asian NICS: A contrarian view", *European Economic Review*, Vol. 38, 1994.
- Paul Krugman, "The Myth of Asia's Miracle", *Foreign Affairs*, Vol. 73, No. 6, 1994.
- Jonathan Gruber, Simon Johnson, "Jump-Starting America: How Breakthrough Science Can Revive Economic Growth and the American Dream", *Public Affairs*, 2019.
- David M. Hart, "Forged Consensus: Science, Technology, and Economic Policy in the United States, 1921–1953", *Princeton University Press*, 1998.
- Fred Block, Matthew R. Keller, "Where Do Innovations Come From? Transformations

in the U.S. National Innovation System, 1970–2006", *The Information Technology and Innovation Foundation*, 2008.

- Fred Block, "Swimming Against the Current: The Rise of a Hidden Developmental State in the United States", *Politics and Society*, Vol. 20, No. 10, 2008.
- Linda Weiss, "America Inc.?: Innovation and Enterprise in the National Security State", *Cornell University Press*, 2014.
- James Larson, Jaemin Park "From developmental to network state : Government restructuring and ICT-led Innovation in Korea," *Telecommunications Policy*, Vol. 38, Issue 4, 2014.

2부: 개방형 혁신국가로 가는 길

- 제임스 P. 워맥, 대니얼 T. 존슨, 대니얼 루스, 『린 생산』, 현영석 옮김, 한국린경영연구원, 2007. 원제는 "The Machine That Changed the World: The Story of Lean Production".
- 김종민, 「年 3억대 삼성 폰, 'Made In Korea'는 10% 미만」, 뉴시스, 2019년 12월 17일.
- 「노무현 이 남자, 알고보니 '덕후'였다」, 한겨레, 2012년 10월 26일.
- 다니엘 핑크, 『드라이브』, 김주환 옮김, 청림출판, 2011. 원제는 "Drive: The Surprising Truth About What Motivates Us".
- 리처드 탈러, 캐스 선스타인, 『넛지』, 안진환 옮김, 리더스북, 2009. 원제는 "Nudge".
- 토마 피케티, 『21세 자본』, 장경덕 옮김, 글항아리, 2014.
- 댄 세노르, 사울 싱어, 『창업국가』, 윤종록 옮김, 다올미디어, 2010. 원제는 "Start-Up Nation".
- 제프 서덜랜드, 『스타트업처럼 생각하라』, 김원호 옮김, 알에이치코리아, 2015. 원제는 "Scrum".
- 개방형 혁신국가를 위한 제언
- 제18대 대통령직 인수위원회, 『백서: 박근혜 정부, 희망의 새시대를 위한 실천과제』, 제18대 대통령직 인수위원회, 2013
- 박세일 외, 「자율과 책무의 학교 개혁」, 한국개발연구원, 2002. 이주호 외, 「평준화를 넘어 다양화로」, 학지사, 2006.
- 댄 세노르, 사울 싱어, 『창업국가』.

- Global Market 2020. Honda reached the podium, while Toyota increased the gap from Volkswagen", *focus2move*, 2020.
- Annie Jacobsen. "The Pentagon's Brain: An Uncensored History of DARPA", Hachette Audio, 2015.

K-이노베이션: 한국형 혁신전략에 대하여

초판 인쇄   2020년 8월 31일
초판 발행   2020년 9월 9일

지은이   홍종학
펴낸이   김승욱
편집   김승욱 심재헌
디자인   최정윤
마케팅   백윤진 이지민 송승헌
홍보   김희숙 김상만 지문희 우상희 김현지
제작   강신은 김동욱 임현식

펴낸곳   이콘출판(주)
출판등록   2003년 3월 12일 제406-2003-059호
주소   10881 경기도 파주시 회동길 455-3
전자우편   book@econbook.com
전화   031-8071-8677
팩스   031-8071-8672

ISBN   979-11-89318-19-2 03320

＊ 이 도서의 국립중앙도서관 출판예정도서목록(CIP)은 서지정보유통지원시스템
홈페이지(http://seoji.nl.go.kr)와 국가자료공동목록시스템(http://www.nl.go.kr/kolisnet)에서
이용하실 수 있습니다. (CIP제어번호: CIP2020035944)